Das

Gerichtsvollzieherwesen

in Bayern

(Abdruck der amtlichen Ausgabe)

mit allen Formularen, einem Inhaltsverzeichnis,
alphabetischem Sachregister

und

einer Einführung in die einfachsten Begriffe
des Wechselrechts

herausgegeben von

einem praktischen Juristen.

München 1900.
J. Schweitzer Verlag (Arthur Sellier).

Druck von Rudolf Abt in München.

Vorwort.

Die vom K. Staatsministerium der Justiz veranstaltete und in einer amtlichen Ausgabe herausgegebene Zusammenstellung der Vorschriften über das Gerichtsvollzieherwesen war im Verkehre bisher nicht zu erlangen. Der vorliegende Abdruck verfolgt den Zweck, die amtliche Sammlung weiteren Kreisen zugänglich zu machen. Zur Erleichterung des Gebrauches wurde ein ausführliches Sachregister beigegeben.

Außerdem enthält die Ausgabe eine kurze Einführung in die einfachsten und häufigsten Begriffe des Wechselrechts. In die Geschäftsanweisung konnten Erläuterungen über diese Begriffe nicht aufgenommen werden; die Vorschriften der Geschäftsanweisung über den Wechselprotest setzen ihre Kenntnis voraus. Die kurze Abhandlung beabsichtigt nun, im unmittelbaren Anschlusse an die Bestimmungen der Geschäftsanweisung zu erläutern, welche Bezeichnungen im Wechselverkehre häufig vorkommen und an der Hand von Formularen insbesondere die Vorschriften über die Protesterhebung zu veranschaulichen. Sie soll lediglich dem Gerichtsvollzieher ermöglichen, bei der Erhebung von Protesten Personenverwechslungen zu vermeiden, die eine schwere Haftung herbeiführen können. Ausführungen über das materielle Wechselrecht oder gar über die wirtschaftliche Bedeutung des Wechsels bietet sie nicht.

Der Herausgeber.

Inhalts-Verzeichnis.

Anhang.

Berichtigung:

Seite 218 in der Ueberschrift:

IV. statt **VI.**

I.

Gerichtsvollzieherordnung.

(Gesetz- und Verordnungs-Blatt 1899 S. 1015, Justizministerialblatt 1899 S. 517.)

Im Namen Seiner Majestät des Königs.

Luitpold,

von Gottes Gnaden Königlicher Prinz von Bayern, Regent.

Wir finden Uns bewogen, auf grund des § 155 des Gerichtsverfassungsgesetzes, des Artikel 65 des Ausführungsgesetzes hiezu und des Artikel 5 des Gesetzes über das Gebührenwesen über die Dienstverhältnisse der Gerichtsvollzieher zu bestimmen, was folgt:

I. Organisation.

§ 1. Die Gerichtsvollzieher werden bei den Amtsgerichten aufgestellt. In der Regel wird bei jedem Amtsgericht ein Gerichtsvollzieher aufgestellt.

Sofern die Geschäftsverhältnisse es gestatten, kann das Gerichtsvollzieheramt als Nebenamt einem Amtsgerichtsdiener übertragen werden, der die Prüfung für das Gerichtsvollzieheramt bestanden hat.

Auch kann dem Gerichtsvollzieher auf Ansuchen die Besorgung des Gefängnisdienstes übertragen werden.

§ 2. Wenn bei einem Amtsgerichte mehrere Gerichtsvollzieher aufgestellt sind, werden sie in eine Gerichtsvollzieherei vereinigt. Eine Gerichtsvollzieherei kann bei einem Amtsgericht auch für mehrere Amtsgerichte eingerichtet werden, die ihren Sitz am nämlichen Orte haben.

Die Bestimmungen über die Errichtung und die Einrichtung einer Gerichtsvollzieherei trifft das Staatsministerium der Justiz.

§ 3. Die örtliche Zuständigkeit der Gerichtsvollzieher ist auf den Bezirk des Amtsgerichts beschränkt, bei dem sie angestellt sind.

Ist für mehrere Amtsgerichte eine Gerichtsvollzieherei eingerichtet, so erstreckt sich die örtliche Zuständigkeit der zu der Gerichtsvollzieherei vereinigten Gerichtsvollzieher auf den Bezirk dieser mehreren Amtsgerichte.

Eine amtliche Handlung eines Gerichtsvollziehers ist nicht aus dem Grunde unwirksam, weil sie von einem Gerichtsvollzieher außerhalb seines Amtsbezirks vorgenommen ist.

§ 4. Die Gerichtsvollzieher zählen zu dem nichtpragmatischen statusmäßigen Personal im Sinne der Verordnung vom 26. Juni 1894, die Dienstverhältnisse der nichtpragmatischen Staatsbeamten und Staatsbediensteten betreffend.

In bezug auf den Gehalt werden sie in zwei Klassen: Gerichtsvollzieher I. Klasse und Gerichtsvollzieher II. Klasse eingeteilt. Jeder Klasse soll die Hälfte der Zahl der Gerichtsvollzieher angehören. Die Gerichtsvollzieher I. Klasse werden in die Klasse V, die Gerichtsvollzieher II. Klasse in die Klasse VIII des der Verordnung vom 26. Juni 1894 beigegebenen Gehaltsregulatives für die nichtpragmatischen Staatsbeamten und Staatsbediensteten im Ressort des K. Staatsministeriums der Justiz eingereiht.

§ 5. Die Gerichtsvollzieher führen ein Dienstsiegel mit dem bayerischen Wappen und der Umschrift: „Gerichtsvollzieher bei dem K. B. Amtsgerichte N." Das Siegel der zu einer Gerichtsvollzieherei vereinigten Gerichtsvollzieher hat die Umschrift zu erhalten: „Gerichtsvollzieherei bei dem K. B. Amtsgerichte N."

Als Dienstzeichen tragen die Gerichtsvollzieher eine Dienstmütze von dunkelblauem Tuche mit dem gekrönten Löwen ohne Scepter und Schwert in weißem Metall auf einer kreisförmigen Unterlage von schwarzem Tuche. Es ist ihnen gestattet, einen Rock von dunkelblauem Tuche mit liegendem Kragen von schwarzem Tuche und zwei Reihen Knöpfen von weißem Metalle zu tragen. Bei Verrichtung des inneren Dienstes bei den Amtsgerichten ist der Gerichtsvollzieher zum Tragen dieses Rockes verpflichtet.

Amtsgerichtsdiener, denen das Gerichtsvollzieheramt als Nebenamt übertragen ist, tragen den für die Gerichtsdiener vorgeschriebenen Dienstrock und die in Abs. 2 vorgeschriebene Dienstmütze.

§ 6. Die Aufstellung als Gerichtsvollzieher setzt voraus, daß der Bewerber,

1. die deutsche Reichsangehörigkeit besitzt,
2. der Militärpflicht und im Falle der Aushebung der aktiven Dienstpflicht genügt hat,
3. 25 Jahre alt ist,
4. einen ungetrübten Leumund genießt,
5. die für den Gerichtsvollzieherdienst erforderliche körperliche Rüstigkeit besitzt,
6. sich in geordneten Vermögensverhältnissen befindet und
7. die Prüfung für das Gerichtsvollzieheramt bestanden hat.

Von der Ablegung der Prüfung sind diejenigen Bewerber befreit, welche die Prüfung für das Gerichtsschreiberamt bestanden haben.

§ 7. Die Prüfung ist eine schriftliche und eine mündliche. Sie ist darauf zu richten, ob der Bewerber das für das Gerichtsvollzieheramt erforderliche Maß von Kenntnissen und praktischer Erfahrung erworben hat.

Die Prüfung wird bei den von dem Staatsministerium der Justiz zu bezeichnenden Landgerichten von Prüfungskommissionen, welche aus Richtern und Staatsanwälten zusammengesetzt sind, abgehalten.

Die Vorschriften über die Einrichtung der Prüfung, über die Voraussetzungen der Zulassung zu derselben und über die Beschäftigung, der die geprüften Bewerber sich zum Behuf ihrer weiteren Ausbildung zu widmen haben, werden vom Staatsministerium der Justiz erlassen.

§ 8. Der Gerichtsvollzieher soll vor dem Antritte des Amtes schwören, daß er die ihm obliegenden Amtspflichten nach bestem Wissen und Gewissen den Gesetzen gemäß mit Fleiß und Sorgfalt erfüllen werde.

Der Eid wird bei dem Amtsgericht in öffentlicher Sitzung geleistet.

Ein Gerichtsvollzieher, der den Amtseid geleistet hat, braucht ihn im Falle der Versetzung nicht nochmals zu leisten.

§ 9. Der Gerichtsvollzieher erhält seine Geschäftsräume im Gebäude des Amtsgerichtes oder in einem besonders gemieteten Gebäude angewiesen. Die Kosten für die Geschäftsräume einschließlich der Beheizung und Beleuchtung werden aus der Staatskasse bestritten.

Der Gerichtsvollzieher hat an dem Sitze des Amtsgerichts, bei dem er aufgestellt ist, zu wohnen. Inwieweit mehrere Orte im Sinne dieser Vorschrift als ein Ort zu betrachten sind, bestimmt das Staatsministerium der Justiz.

II. Zuständigkeit.

§ 10. Die Gerichtsvollzieher haben außer den ihnen durch Reichs- und Landesgesetze zugewiesenen Geschäften

1. die Befehle, welche eine Anheftung von Schriftstücken oder die Vorführung, Festhaltung oder vorläufige Festnahme einer Person sowie die Vornahme von Durchsuchungen und Beschlagnahmen betreffen, zu vollziehen oder bei der Vollziehung Hilfe zu leisten,
2. die gerichtlichen Kostenbeträge und Strafgelder zu erheben und erforderlichen Falles im Zwangswege beizutreiben und
3. soweit ihre freie Zeit es gestattet, in der Gerichtsschreiberei des Amtsgerichts bei der Besorgung des Schreibwerks mitzuwirken.

§ 11. Die Gerichtsvollzieher sind ferner zuständig:

1. zur Übernahme des Auftrags, dem Gläubiger die geschuldete Leistung thatsächlich anzubieten und
2. mit dem Auftrage zur Erhebung des Wechselprotestes auch den Auftrag zur Empfangnahme der Zahlung für den Fall zu übernehmen, daß die Zahlung noch vor der Rückgabe des protestierten Wechsels erfolgt.

§ 12. Das Staatsministerium der Justiz kann auf Antrag des Landesgerichtspräsidenten, sofern es die örtlichen Verhältnisse als im Interesse der Bevölkerung gelegen erscheinen lassen, die Gerichtsvollzieher in jederzeit widerruflicher Weise für zuständig erklären:

1. auf Verlangen Mahnbriefe an die Schuldner zu schreiben.
2. bei Gelegenheit auswärtiger Dienstgeschäfte oder auch brieflich sich den Auftrag zur Erwirkung von Zahlungs- und Vollstreckungsbefehlen, sowie zur Erwirkung der Terminsfestsetzung für den Fall, daß der Schuldner gegen einen Zahlungsbefehl Widerspruch erhoben hat, erteilen zu lassen,
3. freiwillige Versteigerungen beweglicher Sachen vorzunehmen.

§ 13. Die Gerichtsvollzieher sind zugleich Gerichtsdiener. Als solche haben sie insbesondere die Zustellungen von Amtswegen und solche Zustellungen vorzunehmen, für welche die in der Zivilprozeßordnung vorgeschriebenen Formen nicht maßgebend sind, Behändigungen mit oder ohne Beurkundung und schriftliche und mündliche Mitteilungen zu besorgen und auf Anordnung des Richters Ermittelungen jeder Art zu pflegen.

Auf Anordnung des Gerichtsvorstandes haben sie ferner den inneren Dienst in den Sitzungen des Amtsgerichts zu übernehmen, bei der Besorgung des Ein- und Auslaufs von und zu der Post mitzuwirken und nötigenfalls den Amtsgerichtsdiener im Gefängnisdienste zu vertreten.

§ 14. Die Verteilung der Geschäfte unter die mehreren Gerichtsvollzieher einer Gerichtsvollzieherei wird von dem Amtsgerichtsvorstande durch allgemeine Anordnung bestimmt.

Auf die Zuständigkeit der Gerichtsvollzieher hat die Verteilung keinen Einfluß.

III. Dienstverhältnisse und Geschäftsführung.

§ 15. Bezüglich der Übernahme von Nebengeschäften unterstehen die Gerichtsvollzieher den für öffentliche Diener geltenden Vorschriften.

§ 16. Der Gerichtsvollzieher darf die Ausübung seines Amtes nicht ohne rechtfertigenden Grund verweigern.

§ 17. Der Gerichtsvollzieher hat sein Amt persönlich auszuüben. Schriftliche Arbeiten, die er nicht selbst bewältigen kann, werden durch die Gerichtsschreiberei geleistet.

Der Gerichtsvollzieher ist nicht berechtigt, die ihm erteilten Aufträge oder zugeteilten Geschäfte durch eine der ihm beigegebenen Hilfskräfte besorgen zu lassen oder einen Auftrag einem anderen Gerichtsvollzieher zu übertragen.

Die Übertragung eines Auftrags an einen andern Gerichtsvollzieher darf nur dann erfolgen, wenn sich herausstellt, daß der Auftrag innerhalb des Bezirkes, für den die örtliche Zuständigkeit begründet ist, nicht ausgeführt werden kann, wohl aber in einem anderen Bezirke. In diesem Falle hat der Gerichtsvollzieher den Auftrag an den zuständigen Gerichtsvollzieher oder die zuständige Gerichtsvollzieherei zu übermitteln und davon, daß dies geschehen ist, dem Auftraggeber Kenntnis zu geben. Handelt es sich um den Auftrag zu einer unmittelbaren Zustellung, so ist bei Gefahr im Verzuge die Zustellung durch die Post zu bewirken.

Im übrigen hat der Gerichtsvollzieher, wenn er an der Ausführung eines Auftrags rechtlich oder thatsächlich verhindert ist, den Auftraggeber von der Verhinderung zu benachrichtigen. Ist die Benachrichtigung nicht thunlich oder erscheint im Interesse des Auftraggebers die sofortige Ausführung des Auftrags geboten, so ist dem Amtsgerichtsvorstand Anzeige zu machen.

§ 18. Der Gerichtsvollzieher darf ohne Urlaub von seinem Amtssitz über Nacht nur dann entfernt bleiben, wenn eine dienstliche Verrichtung ihn ferne hält.

§ 19. Der Gerichtsvollzieher hat dafür zu sorgen, daß nicht Unberufene durch Anwesenheit bei seinen Diensthandlungen oder durch Einsicht der in seiner Verwahrung befindlichen Schriftstücke von Privatgeheimnissen Kenntnis erlangen.

IV. Gebühren.

§ 20. Die Gebühren und Auslagen, die der Gerichtsvollzieher auf grund der Gesetze und Verordnungen zu beanspruchen hat, werden für die Staatskasse erhoben.

§ 21. Der Gerichtsvollzieher und, falls bei einem Amtsgerichte mehrere Gerichtsvollzieher aufgestellt sind, die Gerichtsvollzieherei erhält von den in dem Geschäftsjahr eingehenden Gebühren für Zwangsvollstreckungen, Wechselproteste und die im § 11 bezeichneten Geschäfte einen Anteil.

§ 22. Der Anteil beträgt, falls bei dem Amtsgerichte nur ein Gerichtsvollzieher aufgestellt ist, bei einem Gebühreneingange

1.	bis zu	200 ℳ	50	vom Hundert,		
2.	von	200— 400 „	45	„ „	mindestens aber	100 ℳ
3.	„	400— 600 „	40	„ „	„ „	180 „
4.	„	600— 800 „	35	„ „	„ „	240 „
5.	„	800—1000 „	30	„ „	„ „	280 „
6.	„	1000—1500 „	25	„ „	„ „	300 „
7.	„	1500—2000 „	20	„ „	„ „	375 „
8.	„	2000—3000 „	15	„ „	„ „	400 „

Soweit mehr als 3000 Mark Gebühren eingehen, wird ein Anteil nicht mehr gewährt.

Bei besonders gelagerten Verhältnissen kann der Anteil durch das Staatsministerium der Justiz im Benehmen mit dem Staatsministerium der Finanzen erhöht werden.

§ 23. Der Anteil einer Gerichtsvollzieherei wird vom Staatsministerium der Justiz im Benehmen mit dem Staatsministerium der Finanzen bestimmt. Die Verteilung des Anteils bestimmt das Staatsministerium der Justiz. Der einzelne Gerichtsvollzieher soll nicht weniger erhalten, als er zu erhalten hätte, wenn sein Anteil unter entsprechender Anwendung der im § 22 aufgestellten Grundsätze berechnet würde.

§ 24. Falls während des Geschäftsjahres ein Gerichtsvollzieher versetzt wird oder aus dem Dienste ausscheidet, haben er und sein Nachfolger sich in den Anteil (§ 21) nach dem Verhältnisse der Zeitdauer zu teilen, während deren sie die Stelle bekleidet haben.

§ 25. Als Ersatz für den von dem Gerichtsvollzieher auf seinen Dienstreisen zu bestreitenden Aufwand werden ihm die nach den Gesetzen und Verordnungen anfallenden Reiseentschädigungen von der Staatskasse bezahlt.

§ 26. Den Gerichtsvollziehern werden die Gebühren hinausvergütet, die für die Vornahme der im § 12 bezeichneten Geschäfte bei der Staatskasse eingehen. In die aus diesen Geschäften bei einer Gerichtsvollzieherei eingehenden Gebühren haben sich die einzelnen Gerichtsvollzieher, wenn das Staatsministerium der Justiz nicht ein Anderes bestimmt, gleichheitlich zu teilen.

Ist der Anfall in dem Geschäftsjahre besonders hoch, so kann das Staatsministerium der Justiz im Benehmen mit dem Staatsministerium der Finanzen verfügen, daß der dem Gerichtsvollzieher nach den §§ 21 bis 23 zu gewährende Anteil ganz oder teilweise für die Staatskasse einbehalten wird.

§ 27. Der Amtsgerichtsvorstand kann dem Gerichtsvollzieher in einzelnen Fällen die Benützung eines Fuhrwerks zu dienstlichen Verrichtungen auf Kosten der Staatskasse gestatten. Die leitenden Grundsätze, von denen hiebei auszugehen ist, bestimmt das Staatsministerium der Justiz.

§ 28. Die Besorgung des Gebührenwesens der Gerichtsvollzieher obliegt dem rechnungsführenden Gerichtsschreiber des Amtsgerichts. Zur Besorgung des Gebührenwesens einer Gerichtsvollzieherei von größerem Geschäftsumfange kann dem Amtsgericht ein eigener, rechnungsführender Gerichtsschreiber beigegeben werden.

Dem rechnungsführenden Gerichtsschreiber steht in Ansehung der Gebühren und Auslagen der Gerichtsvollzieher das Vollstreckungsrecht zu.

§ 29. Auf die Besorgung des Gebührenwesens der Gerichtsvollzieher finden die verordnungsmäßigen Bestimmungen über den Tantiemenbezug Anwendung.

§ 30. Über die Auszahlung des im § 21 bezeichneten Anteils, der Reiseentschädigungen und der Gebühren für die Vornahme der im § 12 bezeichneten Geschäfte werden die erforderlichen Bestimmungen von den Staatsministerien der Justiz und der Finanzen getroffen.

§ 31. Die Gebührenanteile derjenigen Amtgerichtsdiener, welchen das Gerichtsvollzieheramt als Nebenamt, und derjenigen Gerichtsvollzieher, welchen auf Ansuchen die Besorgung des Gefängnisdienstes übertragen wird, werden im einzelnen

Falle durch das Staatsministerium der Justiz im Benehmen mit dem Staatsministerium der Finanzen festgesetzt.

V. Dienstaufsicht und Disziplin.

§ 32. Die Aufsicht über die Gerichtsvollzieher wird durch den Amtsgerichtsvorstand und die diesem vorgesetzten Aufsichtsbehörden geführt.

§ 33. Zur Unterstützung des Amtsgerichtsvorstandes bei der Aufsicht und Leitung der Geschäfte einer Gerichtsvollzieherei mit größerem Geschäftsumfange kann dem Amtsgericht ein Gerichtsschreiber beigegeben werden. Ein solcher Gerichtsschreiber kann mit der Eigenschaft eines Gerichtsvollziehers ausgestattet werden und hat sich alsdann auch an der Besorgung der Gerichtsvollziehereigeschäfte zu beteiligen.

§ 34. Die Disziplinargewalt sowie die Befugnis zur Auflegung von Zwangsstrafen gemäß dem Artikel 71 des Ausführungsgesetzes zum Gerichtsverfassungsgesetze steht dem Amtsgerichtsvorstande zu.

§ 35. Wegen Verletzung der dem Gerichtsvollzieher obliegenden Pflichten (§ 3 Abs. 1 der Verordnung vom 26. Juni 1894, die Dienstverhältnisse der nichtpragmatischen Staatsbeamten und Staatsbediensteten betreffend) findet disziplinäre Bestrafung statt.

Die Disziplinarstrafen sind:

1. Verweis,
2. Geldstrafe bis zu hundert Mark,
3. Haft bis zu einer Woche.

Für das Disziplinarverfahren gelten folgende Bestimmungen:

Der beschuldigte Gerichtsvollzieher ist vor der Entscheidung zu hören. Gegen eine Entscheidung, durch die eine Disziplinarstrafe ausgesprochen ist, findet Beschwerde statt. Die Beschwerde ist binnen einer Woche nach der Verkündung oder der Zustellung der Entscheidung bei dem Amtsgerichtsvorstand oder dem Präsidium des Landgerichts anzubringen. Die Entscheidung erfolgt durch das Präsidium nach Anhörung des Beschwerdeführers. Eine weitere Beschwerde findet nicht statt.

§ 36. Wenn gegen einen Gerichtsvollzieher die öffentliche Klage wegen eines Verbrechens oder eines Vergehens erhoben ist, das den Verlust des Amtes zur Folge haben kann, steht dem Amtsgerichtsvorstande das Recht zur Suspension des Gerichtsvollziehers zu. Gegen seine Verfügung findet Beschwerde an den Präsidenten des Landgerichts statt. Die Beschwerde wird im Aufsichtsweg erledigt. Sie hat keine aufschiebende Wirkung.

§ 37. Die Gewährung des im § 21 bestimmten Anteils sowie die Belassung der Gebühren für die Vornahme der im § 12 bezeichneten Geschäfte hat zur Voraussetzung, daß der Gerichtsvollzieher seinen Dienstpflichten im vollen Umfange nachkommt. Vernachlässigt der Gerichtsvollzieher seine Pflichten, so hat der Amtsgerichtsvorstand sofort an das Staatsministerium der Justiz zu berichten; das Staatsministerium der Justiz kann die Gebührenanteile kürzen oder dem Einzug unterstellen.

VI. Amtsverweser.

§ 38. Für die Dauer der Beurlaubung, der Suspension, der sonstigen Behinderung des Gerichtsvollziehers oder der vorübergehenden Erledigung einer Gerichtsvollzieherstelle soll die Wahrnehmung der Amtsgeschäfte einem Amtsverweser übertragen werden.

Innerhalb einer Gerichtsvollzieherei sollen im Falle des Abs. 1 die Geschäfte durch die übrigen Gerichtsvollzieher erledigt werden. Sofern dies nicht möglich ist, kann der Gerichtsvollzieherei ein Hilfsgerichtsvollzieher beigegeben werden.

§ 39. Auf den Verweser gehen die dem Gerichtsvollzieher erteilten Aufträge über.

§ 40. Als Verweser kann nur aufgestellt werden, wer den im § 6 Nr. 1 bis 6 bezeichneten Erfordernissen entspricht und genügende Vorbildung besitzt.

Personen, welche nicht die Prüfung für das Gerichtsvollzieheramt oder die Prüfung für das Gerichtsschreiberamt bestanden haben, sollen nur in Ermangelung solcher geprüfter Personen aufgestellt werden.

§ 41. Auf den Verweser finden die für den Gerichtsvollzieher gegebenen Vorschriften entsprechende Anwendung. Er führt das Dienstsiegel des Gerichtsvollziehers, für den er aufgestellt ist. Auch ist ihm gestattet, die für den Gerichtsvollzieher vorgeschriebene Dienstmütze zu tragen.

§ 42. Die Aufstellung des Verwesers erfolgt durch den Präsidenten des Oberlandesgerichts. Soll die Verwesung länger als zwei Monate dauern, so ist die Genehmigung des Staatsministeriums der Justiz erforderlich. In dringenden Fällen, sowie wenn die Verwesung nicht länger als vierzehn Tage dauern soll, kann die einstweilige Aufstellung durch den Amtsgerichtsvorstand erfolgen.

§ 43. Die Bestimmungen, die für die Aufstellung der Verweser gelten, finden auch auf die Aufstellung der Hilfsgerichtsvollzieher Anwendung.

§ 44. Einem Verweser oder Hilfsgerichtsvollzieher, der von einem andern Ort als dem Sitze des Amtsgerichts zur Dienstleistung berufen wird, wird neben dem Ersatze der Reisekosten eine Vergütung gewährt.

Unter besonderen Umständen, insbesondere bei längerer Dauer der Dienstleistung, kann eine Vergütung einem Verweser oder Hilfsgerichtsvollzieher auch dann gewährt werden, wenn er am Sitze des Amtsgerichts wohnt.

Die Vergütung wird durch das Staatsministerium der Justiz bestimmt.

VII. Gerichtsvollzieher für Strafsachen.

§ 45. Das Staatsministerium der Justiz kann Amtsgerichtsdienern die Eigenschaft von Gerichtsvollziehern zum Zwecke der Beitreibung der in Strafsachen anfallenden Strafgelder und Kostenbeträge beilegen.

Diese Bedienstete führen in ihrer Eigenschaft als Gerichtsvollzieher ein Siegel mit dem königlichen Wappen und der Umschrift: „Gerichtsvollzieher in Strafsachen bei dem K. B. Amtsgerichte N“ und tragen die für die Gerichtsvollzieher vorgeschriebene Dienstmütze.

Diesen Bediensteten können die eingehenden Zwangsvollstreckungsgebühren zugewiesen werden.

VIII. Schluß- und Übergangsbestimmungen.

§ 46. Die Verordnung vom 6. September 1879, die Gerichtsvollzieherordnung betreffend, wird aufgehoben.

Diese Verordnung tritt mit dem 1. Januar 1900 in Kraft.

§ 47. Die bisher abgelegte Prüfung für das Gerichtsvollzieheramt ersetzt die im § 6 Nr. 7 vorgeschriebene Prüfung.

§ 48. Den am 1. Januar 1900 im Dienste befindlichen Gerichtsvollziehern wird bei der Festsetzung des Gehalts die volle Dienstzeit angerechnet, die sie seit dem 1. Juli 1870 in der Eigenschaft eines Gerichtsvollziehers oder eines ständigen Verwesers im Gerichtsvollzieheramt älterer Ordnung oder eines Amtsgerichtsdieners, dem das Gerichtsvollzieheramt als Nebenamt übertragen war, zurückgelegt haben. Bei den vor dem 1. Januar 1897 ernannten Gerichtsvollziehern wird diese Dienstzeit in der vollen Höhe auch der Berechnung des Gehalts eines Gerichtsvollziehers I. Klasse zu grunde gelegt, gleichviel ob die Ernennung zu dieser Eigenschaft sofort mit dem Inkrafttreten dieser Verordnung oder erst später im Wege der Beförderung sich vollzieht.

Die gleiche Anrechnung der Dienstzeit findet bei der Berechnung der Pensionen statt, wobei gegebenenfalls der § 55 der Verordnung vom 26. Juni 1894, die Dienstverhältnisse der nichtpragmatischen Staatsbeamten und Staatsbediensteten betreffend, sinngemäße Anwendung zu finden hat.

Die vorstehenden Grundsätze (Abs. 1 und 2) gelten auch für diejenigen Gerichtsvollzieher, die im Zeitpunkt des Inkrafttretens dieser Verordnung zeitweise des Dienstes enthoben sind und nach diesem Zeitpunkte wieder zum aktiven Dienste berufen werden.

§ 49. Bleibt der nach vorstehender Bestimmung sich berechnende Gehalt nebst der Gehaltszulage hinter dem reinen Einkommen der Vergangenheit zurück, so werden die vor dem 1. Januar 1900 ernannten Gerichtsvollzieher für den Einkommensentgang in Form einer nichtpensionsfähigen persönlichen Zulage entsprechend entschädigt.

§ 50. Als reines Einkommen der Vergangenheit im Sinne der vorstehenden Bestimmung gilt derjenige Betrag, welcher von der Summe aller von dem Gerichtsvollzieher im

Durchschnitte der Jahre 1897, 1898 und 1899 bezogenen Gebühren, Staatszuschüsse, Schreibgebühren und Nebeneinnahmen — ausschließlich der Reiseentschädigungen — verbleibt, nachdem dreißig vom Hundert dieses Anfalls als für den Dienstaufwand erforderlich in Abzug gebracht sind. War der Gerichtsvollzieher am 1. Januar 1900 noch nicht drei Jahre im Dienste, so wird für die fehlende Zeit auf das Einkommen zurückgegriffen, das während dieser Zeit der Vorgänger auf der von dem Gerichtsvollzieher bei der ersten Anstellung bekleideten Stelle bezogen hat.

Hat das reine Einkommen der Vergangenheit für den Gerichtsvollzieher nicht mehr als 2000 Mark betragen, so wird ihm dieses Einkommen im vollen Betrage, mindestens jedoch die Summe von 1620 Mark gewährleistet. Den vor dem 1. Januar 1897 ernannten Gerichtsvollziehern werden, falls sie mehr als 2000 Mark reines Einkommen hatten, neunzig vom Hundert dieses Einkommens, mindestens aber 2000 Mark, bis zum Höchstbetrage von 3500 Mark gewährleistet. In besonders gelagerten Fällen kann das bisherige reine Einkommen bis zum vollen Betrage, jedoch nicht über 4000 Mark hinaus, gewährleistet werden.

Die Gewährleistung erstreckt sich auf die ganze Dauer der aktiven Dienstzeit des Gerichtsvollziehers.

§ 51. Die Zahlung der persönlichen Zulagen erfolgt nach Feststellung des reinen Einkommens mit Wirkung vom 1. Januar 1900 in monatlichen Teilbeträgen. Ergeben sich bei der Berechnung der persönlichen Zulagen nicht volle Markbeträge, die durch die Zahl 12 ohne Pfennigbruchteile teilbar sind, so sind dieselben auf den in dieser Weise teilbaren nächsthöheren vollen Markbetrag aufzurunden.

Die persönliche Zulage tritt an die Stelle der Gebühren und Gebührenanteile, die der Gerichtsvollzieher auf grund der §§ 21, 26 Abs. 1 dieser Verordnung. zu beziehen hätte.

Würde sich die Einnahme eines Gerichtsvollziehers in einem Geschäftsjahre höher stellen, wenn ihm neben dem Gehalt und der Gehaltszulage statt der persönlichen Zulage die ihn für dieses Jahr treffenden Gebühren und Gebührenanteile nach den §§ 21, 26 Abs. 1 gewährt würden, so kann die persönliche Zulage durch das Staatsministerium der Justiz auf den höheren Betrag ergänzt werden.

§ 52. Denjenigen Amtsgerichtsdienern, denen das Gerichtsvollzieheramt im Nebenamt übertragen war, kann, sei es, daß sie zu Gerichtsvollziehern mit oder ohne Übertragung des Gefängnisdienstes ernannt werden, sei es, daß sie in ihrer Stellung als Amtsgerichtsdiener mit dem Gerichtsvollzieheramt im Nebenamte verbleiben, durch das Staatsministerium der Justiz im Benehmen mit dem Staatsministerium der Finanzen eine persönliche Zulage nach Maßgabe der gegebenen Verhältnisse gewährt werden.

§ 53. Wird ein Gerichtsvollzieher mit Wirkung vom 1. Januar 1900 zum Gerichtsschreiber ernannt, so bemißt sich sein Gehalt als Gerichtsschreiber nach demjenigen Gehaltsbetrage, den er erhalten haben würde, wenn er im gleichen Zeitpunkt als Gerichtsvollzieher I. Klasse aufgestellt und von da ab zum Gerichtsschreiber ernannt worden wäre.

Im übrigen soll ein solcher Gerichtsschreiber als Einkommen mindestens den Betrag erhalten, der ihm nach den §§ 49 bis 51 zukommen würde, wenn er Gerichtsvollzieher geblieben wäre.

§ 54. Hinsichtlich der Pensionen der Gerichtsschreiber, die mit Wirkung vom 1. Januar 1900 aus der Zahl der bisherigen Gerichtsvollzieher ernannt werden, sowie hinsichtlich der Pensionen ihrer Hinterbliebenen finden die Bestimmungen in den §§ 43, 55 der Verordnung vom 26. Juni 1894, die Dienstverhältnisse der nichtpragmatischen Staatsbeamten und Staatsbediensteten betreffend, sinngemäße Anwendung.

§ 55. Die zur Ausführung dieser Verordnung erforderlichen Vorschriften werden, soweit nicht ein Anderes bestimmt ist, vom Staatsministerium der Justiz erlassen.

München, den 16. Dezember 1899.

Luitpold, Prinz von Bayern,
des Königreichs Bayern Verweser.

Dr. Frhr. von Leonrod.

Königlich Allerhöchste Verordnung, die Gerichtsvollzieherordnung betr.

Auf Allerhöchsten Befehl:
Der General-Sekretär:
Ministerialrat v. Thelemann.

II.

Gebührenordnungen für die Gerichtsvollzieher.

I. Reichsgebührenordnung vom 24. Juni 1878 in der Fassung der Bekanntmachung vom 20. Mai 1898.

(Reichs-Gesetzblatt S. 683.)

§ 1. In den vor die ordentlichen Gerichte gehörigen Rechtssachen, auf welche die Civilprozeßordnung, die Strafprozeßordnung oder die Konkursordnung Anwendung findet, werden Gebühren und Auslagen des Gerichtsvollziehers nur nach Maßgabe der folgenden Bestimmungen erhoben.

§ 2. Die Gebühr für jede Zustellung beträgt .... 80 Pfennig, in den amtsgerichtlichen und den schöffengerichtlichen Sachen, soweit diese Sachen nicht durch Einlegung eines Rechtsmittels an ein höheres Gericht gebracht sind .... 50 Pfennig, für die Zustellung durch Aufgabe zur Post (Civilprozeßordnung § 175), für das an die Post gerichtete Ersuchen um Bewirkung einer Zustellung (Civilprozeßordnung § 194), sowie für die im Auftrag eines Anwalts an den Gegenanwalt bewirkte Zustellung die Hälfte jener Sätze.

Die Zustellung an den Zustellungsbevollmächtigten mehrerer Beteiligter (Civilprozeßordnung § 189 Abs. 2) gilt als Eine Zustellung.

§ 3. Ist eine Zustellung durch den Gerichtsvollzieher bewirkt, obgleich sie mit geringeren Kosten durch die Post hätte erfolgen können, so erhält derselbe die Mehrkosten nur, wenn er zur Vornahme der Zustellung ohne Benutzung der Post ausdrücklich ermächtigt worden ist.

§ 4. Die Gebühr für die Pfändung von beweglichen körperlichen Sachen (Civilprozeßordnung §§ 808, 809), von Früchten, welche von dem Boden noch nicht getrennt sind (Civilprozeßordnung § 810), sowie von Forderungen aus Wechseln oder anderen Papieren, welche durch Indossament übertragen werden können (Civilprozeßordnung § 831), beträgt nach der Höhe der beizutreibenden Forderung:

bei einem Betrage bis	50 Mark	einschließlich	1 Mark,
" " " "	100 "	"	2 "
" " " "	300 "	"	3 "
" " " "	1 000 "	"	4 "
" " " "	5 000 "	"	5 "
" " " über	5 000 "	....	6 "

Erfolgt die Pfändung zur Vollziehung eines Arrestes, so ist der in dem Arrestbefehle nach § 923 der Civilprozeßordnung festgestellte Geldbetrag maßgebend. Bei der Pfändung eines im Schiffsregister eingetragenen Schiffes (Civilprozeßordnung § 931) ist der Mindestbetrag der Gebühr 3 Mark.

Nimmt die Pfändung einen Zeitaufwand von mehr als zwei Stunden in Anspruch, so erhöht sich die Gebühr für jede angefangene weitere Stunde um ein Vierteil.

Ist eine versuchte Pfändung ohne Erfolg geblieben, weil nach Inhalt des Protokolls pfändbare Gegenstände nicht vorhanden waren oder die Pfändung nach § 803 Abs. 2, § 812 der Civilprozeßordnung zu unterbleiben hatte, so erhält der Gerichtsvollzieher die Hälfte der Gebühr.

§ 5. Für die Übernahme beweglicher Sachen zum Zwecke der Verwertung in den Fällen der §§ 790, 847, 854 der Civilprozeßordnung, sowie im Falle des Ausscheidens des Gerichtsvollziehers, welcher die Pfändung vorgenommen hat, und für die Pfändung bereits gepfändeter Sachen (Civilprozeßordnung § 826) erhält der Gerichtsvollzieher die Hälfte der in § 4 bestimmten Gebühr.

§ 6. Der Gerichtsvollzieher erhält für die Wegnahme beweglicher Sachen einschließlich der Übergabe derselben (Civilprozeßordnung § 883) eine Gebühr von 3 Mark.

Nimmt das Geschäft einen Zeitaufwand von mehr als zwei Stunden in Anspruch, so erhöht sich die Gebühr für jede angefangene weitere Stunde um 1 Mark.

Ist eine versuchte Wegnahme ohne Erfolg geblieben, weil nach Inhalt des Protokolls die herauszugebenden Sachen nicht aufzufinden waren, so erhält der Gerichtsvollzieher die Hälfte der Gebühr, jedoch nicht unter 2 Mark.

§ 7. Für die Versteigerung oder den Verkauf aus freier Hand von beweglichen Sachen, Früchten, welche von dem Boden noch nicht getrennt sind, Forderungen oder anderen Vermögensrechten erhält der Gerichtsvollzieher

von dem Betrage des erzielten Erlöses bis zu 100 M.				5 v. Hundert,		
von dem Betrag über	100 M.	bis	300 „	3 „	„	
„ „ „ „	300 „	„	1000 „	2 „	„	
„ „ „ „	1000 „	„	5000 „	1 „	„	
„ „ „ „	5000 „	. . . .		1/2 „	„	

jedoch nicht unter 2 Mark.

§ 8. Der Gerichtsvollzieher erhält

1. für die Entsetzung aus dem Besitz unbeweglicher Sachen oder bewohnter Schiffe und die Einweisung in denselben (Civilprozeßordnung § 885),
2. im Falle der Zuziehung zur Beseitigung des Widerstandes des Schuldners gegen die Vornahme einer Handlung (Civilprozeßordnung § 892)

eine Gebühr von 3 Mark für jede angefangene Stunde von dem Erscheinen an Ort und Stelle bis zur Beendigung seiner Thätigkeit.

In die Dauer der unter Nr. 1 erwähnten Vollstreckungshandlungen ist auch die Zeit einzurechnen, welche der Gerichtsvollzieher zu verwenden hat, um bewegliche Sachen, welche nicht Gegenstand der Zwangsvollstreckung sind, wegzuschaffen, zu übergeben oder in Verwahrung zu bringen.

§ 9. Der Gerichtsvollzieher erhält für die Verhaftung einer Person, einschließlich der Ablieferung derselben zur Haft, und für die zwangsweise Vorführung einer Person eine Gebühr von 15 Mark, für die Nachverhaftung einer bereits verhafteten Person 2 Mark.

Konnte eine unternommene Verhaftung nicht ausgeführt werden, weil nach Inhalt des Protokolls sich bei derselben das Vorhandensein eines der in den §§ 904, 906 der Civilprozeßordnung aufgeführten Gründe herausgestellt hat, so erhält der Gerichtsvollzieher eine Gebühr von 5 Mark.

§ 10. Hat eine Vollstreckungshandlung, nachdem der Gerichtsvollzieher sich an Ort und Stelle begeben hatte, zufolge der Vorschrift des § 775 der Civilprozeßordnung oder infolge der Zurücknahme des Auftrags nicht stattgefunden, so erhält derselbe

in den Fällen der §§ 4, 5 die Hälfte der im § 4 Abs. 1, 2 bestimmten Gebühr, im Falle des § 4 Abs. 2 Satz 2 jedoch nicht unter 2 Mark,

im Falle des § 6 die daselbst Abs. 3 bestimmte Gebühr,

im Falle des § 7 eine Gebühr von 2 Mark,

im Falle des § 8 eine Gebühr von 3 Mark,

im Falle des § 9 eine Gebühr von 5 Mark.

§ 11. Wird der Auftrag zur Zwangsvollstreckung durch Leistung an den Gerichtsvollzieher erledigt, so erhält derselbe

bei Zahlungen die in § 4 bestimmte, nach dem gezahlten Betrage zu berechnende Gebühr, jedoch wenn eine Pfändung vorausgegangen war, nicht unter 2 Mark,

bei Herausgabe von Sachen die in § 6 bestimmte Gebühr.

§ 12. Die in den §§ 4 bis 11 bestimmten Gebühren umfassen die gesamte Thätigkeit des Gerichtsvollziehers bei der Zwangsvollstreckung, insbesondere:

1. die Nachsuchung der Unterstützung der polizeilichen Vollzugsorgane und die Zuziehung der Zeugen und Sachverständigen (Civilprozeßordnung §§ 758, 759, 813, 814);
2. die zu den Vollstreckungshandlungen gehörenden Mitteilungen, Aufforderungen, Zustellungen und Postsendungen;
3. die Umschreibung eines auf den Namen lautenden Wertpapiers auf den Namen des Käufers und die Wiederinkurssetzung eines gepfändeten Inhaberpapiers (Civilprozeßordnung §§ 822, 823);
4. die Annahme und Quittierung, Ablieferung oder Hinterlegung der schuldigen Leistungen, sowie des gepfändeten oder erlösten Geldes und die Zurückgabe gepfändeter Gegenstände;
5. die Bekanntmachung der Versteigerung.

§ 13. An baren Auslagen werden dem Gerichtsvollzieher vergütet:

1. die Schreibgebühren;
2. die Post- und Telegraphengebühren;
3. die durch öffentliche Bekanntmachungen, insbesondere durch Einrückung in öffentliche Blätter entstandenen Kosten;
4. die an Zeugen und Sachverständige zu zahlenden Beträge;
5. die Entschädigung der zum Öffnen von Thüren und Behältnissen zugezogenen Personen;
6. die für Umschreibung eines auf Namen lautenden Wertpapiers oder für Wiederinkurssetzung eines Inhaberpapiers zu zahlenden Beträge;
7. die Kosten eines Transports von Personen oder Sachen, die Kosten der Verwahrung und Beaufsichtigung von Gegenständen, die Kosten der Aberntung von Früchten, sowie der Erhaltung von Tieren;
8. Die Reisekosten.

§ 14. Schreibgebühren werden dem Gerichtsvollzieher nach Maßgabe des § 80 des Gerichtskostengesetzes vergütet:

1. für alle nach gesetzlicher Vorschrift oder auf Antrag erteilten Abschriften der von demselben aufgenommenen Urkunden und Protokolle, mit Ausnahme der nach gesetzlicher Vorschrift zu erteilenden Abschrift der Zustellungsurkunde; im Falle des § 2 Abs. 2 wird ihm jedoch für jede Abschrift der Zustellungsurkunde die Schreibgebühr vergütet;
2. für die bei einer Hinterlegung zu erstattende Anzeige an das Vollstreckungsgericht (Civilprozeßordnung §§ 827, 854);
3. für die Aufnahme der von dem Drittschuldner nach Zustellung eines Pfändungsbeschlusses abgegebenen Erklärungen (Civilprozeßordnung § 840);
4. für die vor der Verhaftung erforderliche Anzeige an die vorgesetzte Dienstbehörde des zu Verhaftenden (Civilprozeßordnung § 910).

§ 15. Den zu einer Vollstreckungshandlung in Gemäßheit der Vorschrift des § 759 der Civilprozeßordnung zugezogenen Zeugen kann eine Entschädigung bis zum Betrage von je 1 Mark gewährt werden.

§ 16. Dem in den Fällen der §§ 813, 814 der Civilprozeßordnung zugezogenen Sachverständigen kann eine Vergütung nach dem ortsüblichen Preise einer solchen Leistung gewährt werden.

§ 17. Muß der Gerichtsvollzieher behufs Vornahme einer Amtshandlung außerhalb seines dienstlichen Wohnsitzes einen Weg bis zur Entfernung von mehr als 2 Kilometer zurücklegen, so erhält er an Reisekosten für jedes angefangene Kilometer des Hinweges und des Rückweges eine Entschädigung von 10 Pfennig.

Nimmt der Gerichtsvollzieher mehrere Geschäfte auf derselben Reise vor, so erhält er für jedes derselben die volle, nach der Entfernung des Ortes von seinem Amtssitz zu berechnende Entschädigung; dabei gelten jedoch mehrere Geschäfte, welche für denselben Auftraggeber an demselben Orte vorgenommen werden und welche sich auf dieselbe Rechtsangelegenheit beziehen, als Ein Geschäft.

§ 18. Der Gerichtsvollzieher kann die Übernahme eines Geschäfts von der Zahlung eines zur Deckung der baren Auslagen und des vermutlichen Betrags der Gebühren hinreichenden Vorschusses abhängig machen, sofern nicht das Geschäft von Amtswegen angeordnet oder für eine zum Armenrecht zugelassene Person auszuführen ist.

§ 19. Schuldner der Gebühren und Auslagen des Gerichtsvollziehers ist bei Geschäften, welche von Amtswegen angeordnet werden, die Staatskasse, bei sonstigen Geschäften der Auftraggeber.

§ 20. Die Gebühren und Auslagen sind, unbeschadet der Bestimmung des § 788 der Civilprozeßordnung, fällig, sobald der Auftrag erledigt ist. Der Gerichtsvollzieher ist berechtigt, dieselben von dem Auftraggeber durch Postvorschuß zu erheben.

§ 21. Im Falle der Bewilligung des Armenrechts werden dem für die arme Partei bestellten Gerichtsvollzieher die baren Auslagen von der Staatskasse ersetzt, falls nicht dieselben von dem Ersatzpflichtigen beigetrieben werden können (Civilprozeßordnung §§ 124, 788).

§ 22. Bei Erinnerungen gegen den Ansatz von Gebühren oder Auslagen des Gerichtsvollziehers findet, soweit nicht § 766 Abs. 2 der Civilprozeßordnung Platz greift, § 4 des Gerichtskostengesetzes entsprechende Anwendung.

§ 23. Die Gerichtsvollzieher sind verpflichtet, unter den Urschriften und Abschriften ihrer Akte eine Berechnung der Gebühren und Auslagen aufzustellen, und bei Geschäften, welche nach Verhältnis der verwendeten Zeit vergütet werden, in dem Protokolle die Dauer der letzteren anzugeben. Ist die Zeitangabe unterblieben, so darf nur die für die geringste Zeitdauer bestimmte Gebühr berechnet werden.

§ 24. Den einzelnen Bundesstaaten bleibt vorbehalten:

1. für Zustellungen, für deren Nachweis auf grund des § 39 der Strafprozeßordnung einfachere Formen zugelassen sind, abweichend von den Vorschriften dieses Gesetzes geringere Gebühren zu bestimmen;
2. an Stelle von Gebühren und Auslagen, welche die Gerichtsvollzieher auf grund dieses Gesetzes zu beanspruchen haben, denselben eine anderweite Vergütung zu gewähren.

Für die von den ersatzpflichtigen Personen zu erhebenden Beträge bleiben im Falle der Nr. 2 die Bestimmungen dieses Gesetzes maßgebend.

§ 25. Den einzelnen Bundesstaaten bleibt die Feststellung der Vergütung überlassen, wenn den Gerichtsvollziehern in Sachen, auf welche die Civilprozeßordnung, die Strafprozeßordnung oder die Konkursordnung Anwendung findet, Geschäfte übertragen werden, welche denselben in jenen Gesetzen nicht ausdrücklich zugewiesen sind.

II. Landes-Gebührenordnung.

(Gesetz- und Verordnungs-Blatt 1899 S. 1028, Justizministerialblatt 1899 S. 533).

Im Namen Seiner Majestät des Königs.

Luitpold,

von Gottes Gnaden Königlicher Prinz von Bayern, Regent.

Wir finden Uns bewogen, auf grund des Art. 5 des Gesetzes über das Gebührenwesen zu verordnen, was folgt:

§ 1. Die Vergütung für die Verrichtungen der Gerichtsvollzieher bestimmt sich, soweit sie nicht durch die Gebührenordnung für Gerichtsvollzieher in der Fassung der Bekanntmachung vom 20. Mai 1898 (RGBl. S. 683) geregelt ist, ausschließlich nach den nachstehenden Vorschriften.

§ 2. Die Bestimmungen der Gebührenordnung für Gerichtsvollzieher finden auch auf die nach den Vorschriften der Prozeßordnungen auszuführenden Zwangsvollstreckungen und Zustellungen in denjenigen Angelegenheiten Anwendung, die vor besondere Gerichte gehören oder durch die Prozeßordnungen nicht betroffen werden.

§ 3. Für die Verrichtungen einer Urkundsperson bei der Aufzeichnung der zur Konkursmasse gehörigen Gegenstände (§ 123 der Konkursordnung) erhält der Gerichtsvollzieher die im § 4 der Gebührenordnung für Gerichtsvollzieher bestimmte

Gebühr. Die Gebühr wird nach dem Werte der aufgezeichneten Gegenstände berechnet.

Für die Vornahme einer Siegelung oder Entsiegelung nach dem § 122 der Konkursordnung erhält der Gerichtsvollzieher die Hälfte dieser Gebühr. Eine besondere Gebühr für die Siegelung oder Entsiegelung findet nicht statt, wenn das Geschäft mit der Aufzeichnung der zur Konkursmasse gehörigen Gegenstände verbunden wird, bei welcher der Gerichtsvollzieher als Urkundsperson beigezogen ist.

§ 4. Für die Vornahme einer öffentlichen Versteigerung oder die Bewirkung eines Verkaufs aus freier Hand, sowie für die Versteigerung beweglicher Sachen auf Anordnung des Vollstreckungsgerichts erhält der Gerichtsvollzieher die im § 7 der Gebührenordnung für Gerichtsvollzieher bestimmte Gebühr.

Die nämliche Gebühr erhält er für die Vornahme einer Versteigerung in Verlassenschaftssachen, sowie für die Vornahme einer freiwilligen Versteigerung.

§ 5. Für die Übergabe eines oder mehrerer Grundstücke an den Verwalter nach dem § 150 des Gesetzes über die Zwangsversteigerung und die Zwangsverwaltung erhält der Gerichtsvollzieher nach der Zeitdauer, die das Geschäft erfordert, für jede angefangene Stunde eine Gebühr von 0,50 Mark, jedoch nicht unter 2 Mark.

§ 6. Die Gebühr für die Ausführung von Zwangsmaßregeln in den Angelegenheiten der freiwilligen Gerichtsbarkeit auf grund des Art. 130 des Ausführungsgesetzes zum Bürgerlichen Gesetzbuch, insbesondere für die Vorführung oder Inhaftnahme einer Person beträgt 3 Mark.

§ 7. Die Gebühr für ein durch den Gerichtsvollzieher zu bewerkstelligendes Angebot nach den §§ 293, 294 des Bürgerlichen Gesetzbuches beträgt 2,50 Mark.

Ist der Gegenstand eines thatsächlichen Angebots Geld, so erhält der Gerichtsvollzieher

von dem Betrage bis zu 1000 Mark 1 vom Hundert,

von dem Betrage über 1000 Mark bis zu 2000 Mark ½ vom Hundert,

von dem Betrage über 2000 Mark ⅛ vom Hundert, jedoch nicht unter 2,50 Mark.

In dem Falle des § 756 der Civilprozeßordnung findet eine besondere Gebühr für das Angebot nur statt, wenn der Gerichtsvollzieher Zwangsvollstreckungshandlungen nicht vorzunehmen hat.

Die bei einem Angebote zu machenden Zustellungen gelten bezüglich der Gebühren und Auslagen als Bestandteile des Angebots.

§ 8. Die Gebühr für die Aufnahme eines Wechselprotestes beträgt bei einem Nennwerte des Wechsels bis zu 100 Mark einschließlich 1 Mark,

bis zu 300 Mark einschließlich 2 Mark,
bis zu 1000 Mark einschließlich 3 Mark,
bis zu 5000 Mark einschließlich 4 Mark,
über 5000 Mark einschließlich 5 Mark.

Werden mehrere Wechsel in einer Urkunde protestiert, so berechnet sich die Gebühr nach dem Nennwerte jedes einzelnen Wechsels.

Die Protestgebühr ist auch dann zu erheben, wenn nach dem Beginne des Protestaktes der Schuldner freiwillig Zahlung leistet oder eine Quittung über die erfolgte Zahlung der Wechselsumme vorlegt.

Für die Aufnahme einer Interventionserklärung ist die im Abs. 1 bezeichnete Gebühr besonders zu erheben, wenn die Erklärung nicht bei Gelegenheit des Protestaktes erfolgt.

Wird der Auftrag zur Protestaufnahme zurückgezogen, bevor eine Protesturkunde errichtet ist, so erhält der Gerichtsvollzieher 3 Zehnteile der Protestgebühr. War der Weg zur Aufnahme des Protestes schon angetreten, so erhält der Gerichtsvollzieher in den Fällen, in denen die Verrechnung einer Reiseentschädigung nach dem § 17 der Gebührenordnung für Gerichtsvollzieher zulässig ist, auch diese Reiseentschädigung.

§ 9. Die Gebühr für die Empfangnahme der Wechselsumme einschließlich deren Übersendung an den Gläubiger beträgt

bei einer Summe bis zu 200 Mark 0,50 Mark,
bei einer Summe von 200 Mark bis 1000 Mark 1/4 vom Hundert und von dem weiteren Betrage 1 vom Tausend.

§ 10. Für einen Mahnbrief erhält der Gerichtsvollzieher 0,30 Mark.

§ 11. Die Gebühr für die Erwirkung eines Zahlungs- oder eines Vollstreckungsbefehles sowie für die Erwirkung der Terminsfestsetzung für den Fall, daß der Schuldner gegen einen Zahlungsbefehl Widerspruch erhoben hat, beträgt 0,50 Mark.

§ 12. Für die Verwahrung und die Beaufsichtigung der von dem Gerichtsvollzieher in Zwangsvollstreckungssachen in eine Pfandkammer, die vom Staate eingerichtet ist, eingeschafften oder sonst zu Gerichtshanden gebrachten Gegenstände, sowie der ihm zu den im § 4 bezeichneten Zwecken übergebenen Gegenstände werden Lagerkosten erhoben. Diese Kosten betragen für die ersten drei Wochen der Lagerung
1 vom Hundert,
für die folgenden zehn Wochen
1/2 vom Hundert und
für die dann folgende Zeit
1/4 vom Hundert.

Der Berechnung wird der bei der Versteigerung oder dem Verkaufe erzielte Erlös und in den Fällen, in denen es zu einer Versteigerung oder einem Verkaufe nicht kommt, der Schätzungswert der Gegenstände zu Grunde gelegt.

Die Staatsministerien der Justiz und der Finanzen sind ermächtigt, diese Lagerkosten im Bedarfsfalle zu erhöhen oder zu mindern.

§ 13. Auf die in den §§ 3 bis 11 bezeichneten Geschäfte finden die Bestimmungen der §§ 12 bis 21, 23 der Gebührenordnung für Gerichtsvollzieher entsprechende Anwendung.

§ 14. Für die Fertigung eines Mahnbriefes darf eine Schreibgebühr nicht verrechnet werden.

§ 15. Auf Erinnerungen, welche der Zahlungspflichtige oder die Staatskasse gegen den Ansatz von Gebühren oder Auslagen des Gerichtsvollziehers erheben, finden die Art. 44 bis 46, 48 bis 50, 52 des Gesetzes über das Gebührenwesen Anwendung.

Der Gerichtsvollzieher ist zur Einlegung der Beschwerde nicht berechtigt.

§ 16. Die K. Verordnung vom 6. September 1879, die Gebühren der Gerichtsvollzieher betreffend, wird aufgehoben.

Die Vorschriften der §§ 5 bis 8, 10 dieser Verordnung bleiben jedoch für die nach den bisherigen Vorschriften über die Zwangsvollstreckung in das unbewegliche Vermögen zu erledigenden Geschäfte in Kraft.

München, den 16. Dezember 1899.

Luitpold, Prinz von Bayern,
des Königreichs Bayern Verweser.

Dr. **Frhr. v. Leonrod.**

Auf Allerhöchsten Befehl:
Der General-Sekretär:
Ministerialrat
v. Thelemann.

Königlich Allerhöchste Verordnung, die Vorschriften über die Gebühren der Gerichtsvollzieher betr.

III.

Dienstvorschriften für die Gerichtsvollzieher.

(Justizministerialblatt 1899 S. 1133).

I. Abschnitt.

Vorbereitungsdienst und Prüfung.

Dauer des Vorbereitungsdienstes beim Amtsgerichte.

§ 1. Der Ablegung der Prüfung für das Gerichtsvollzieheramt muß ein mindestens sechsmonatiger Vorbereitungsdienst vorangehen.

Der Vorbereitungsdienst wird bei den Amtsgerichten abgeleistet. Während desselben sind die Bewerber vorzugsweise der Gerichtsvollzieherei oder dem Gerichtsvollzieher zuzuteilen, nebenbei aber auch sonst in der Gerichtsschreiberei zu beschäftigen.

Der Vorbereitungsdienst soll nicht unterbrochen werden.

Zulassung zum Vorbereitungsdienste.

§ 2. Die Zulassung zum Vorbereitungsdienst und die Bestimmung des Amtsgerichts, bei dem der Bewerber ihn abzuleisten hat, erfolgt durch den Präsidenten des Landgerichts.

Amtsgerichte, bei denen dem Amtsgerichtsdiener das Gerichtsvollzieheramt im Nebenamt übertragen oder bei denen der Gerichtsvollzieher auch mit der Besorgung des Gefängnisdienstes betraut ist, sollen zur Ableistung des Vorbereitungsdienstes nicht bestimmt werden.

Voraussetzungen der Zulassung.

§ 3. Zum Vorbereitungsdienste dürfen nur Militäranwärter zugelassen werden.

Die Zulassung ist nur denjenigen zu erteilen, welche

a) zu Beanstandungen bisher noch keinen Anlaß gegeben haben,

b) sich in geordneten Vermögensverhältnissen befinden und

c) in bezug auf Körperbeschaffenheit und Gesundheit den Anforderungen des Gerichtsvollzieherdienstes entsprechen.

Gesuch um Zulassung zum Vorbereitungsdienste.

§ 4. Das Gesuch um Zulassung zum Vorbereitungsdienst ist an den Präsidenten desjenigen Landgerichts, in dessen Bezirke der Bewerber den Vorbereitungsdienst ableisten will, zu richten.

Für Militäranwärter, die noch dem aktiven Heere oder der Gendarmerie angehören, wird das Zulassungsgesuch auf dem für sie vorgeschriebenen Dienstwege mit den für Bewerbungen allgemein vorgeschriebenen Belegen eingereicht (JMBl. 1886, S. 28 ff.).

Bewerber, die schon aus dem aktiven Dienste ausgeschieden sind, haben ihr Gesuch bei dem Landgerichtspräsidenten unmittelbar einzureichen. Mit dem Gesuch ist der Civilversorgungs- oder der Civilanstellungsschein, der Militärpaß, beziehungsweise Entlassungsschein, das Führungsattest, ein amtsärztliches Attest über die körperliche Tauglichkeit für die Stelle eines Gerichtsvollziehers und ein amtlicher Nachweis über die Lebens- und Erwerbsverhältnisse, insbesondere den Familienstand und Leumund des Bewerbers vorzulegen.

Das Gesuch muß von dem Bewerber selbst geschrieben sein, eine kurze Darstellung des Lebenslaufs und die Beglaubigung seiner eigenhändigen Unterschrift enthalten. Dem Gesuche sind gegebenen Falles auch die Zeugnisse über den Besuch einer höheren Unterrichtsanstalt und über frühere Verwendung bei öffentlichen Behörden beizufügen.

Entscheidung über die Zulassung zum Vorbereitungsdienste.

§ 5. Erteilt der Landgerichtspräsident die Zulassung, so hat er dies dem Vorstande des Amtsgerichts mitzuteilen, bei dem der Bewerber zugelassen wird. Dem Amtsgerichtsvorstand ist dabei auch das Gesuch samt Beilagen zu übersenden.

Die zugelassenen Bewerber werden in ein von dem Präsidenten zu führendes Verzeichnis eingetragen, das nach dem beigefügten Formular I hergestellt wird.

Glaubt der Landgerichtspräsident die Zulassung verweigern zu sollen, weil es an der Voraussetzung des § 3 lit. a gebricht, so hat er dem Staatsministerium der Justiz zu berichten.

Antritt des Vorbereitungsdienstes.

§ 6. Der Amtsgerichtsvorstand beruft den zugelassenen Bewerber zum Antritte des Vorbereitungsdienstes ein. Die Einberufung eines noch im aktiven Militär- oder Gendarmeriedienste stehenden Bewerbers erfolgt durch Ersuchen der Kommandobehörde.

Bei dem Antritte des Dienstes wird der Bewerber von dem Amtsgerichtsvorstande nach den für die Gerichtsschreibergehilfen bestehenden Vorschriften verpflichtet.

Der Amtsgerichtsvorstand hat dem Bewerber die Beilagen seines Gesuchs um Zulassung zurückzugeben.

Beschäftigung während des Vorbereitungsdienstes.

§ 7. Die Beschäftigung der Bewerber ist so einzurichten, daß ihnen Gelegenheit geboten ist, alle Zweige des Gerichtsvollzieherdienstes, insbesondere auch das Gebührenwesen, und ferner den Dienst kennen zu lernen, der den Gerichtsvollziehern nach § 13 der Gerichtsvollzieherordnung obliegt.

Der Amtsgerichtsvorstand hat die Beschäftigung der Bewerber zu beaufsichtigen und darüber zu wachen, daß die Bewerber während der Dauer des Vorbereitungsdienstes ihre Zeit und Arbeitskraft diesem ganz widmen und daß ihre Verwendung dem Zwecke, sie gründlich und allseitig auszubilden, entspricht.

Beendigung des Vorbereitungsdienstes.

§ 8. Nach Beendigung des Vorbereitungsdienstes hat der Amtsgerichtsvorstand dem Bewerber ein Zeugnis auszustellen, in dem er ein Urteil über die Befähigung des Bewerbers zur Ablegung der Prüfung abzugeben und sich über das sittliche Verhalten des Bewerbers, über seine körperliche Tauglichkeit für den Gerichtsvollzieherdienst, sowie über seine Vermögensverhältnisse, soweit diese in dienstlicher Beziehung erheblich erscheinen, abzugeben hat. Das Zeugnis ist nach Einvernahme des Gerichtsschreibers und des Gerichtsvollziehers auszustellen. Erachtet der Amtsgerichtsvorstand den Bewerber für nicht befähigt, die Prüfung abzulegen, so hat er ihm dies zu eröffnen.

Die Erteilung des Zeugnisses und der Erfolg des Vorbereitungsdienstes ist von dem Amtsgerichtsvorstande dem Landgerichtspräsidenten anzuzeigen.

Die Päsidenten der Landgerichte, bei denen eine Prüfungskommission nicht gebildet ist, haben in der Spalte 15 des von ihnen nach § 5 zu führenden Verzeichnisses statt der Zeit der bestandenen Prüfung die Zeit der Ausstellung des Zeugnisses einzutragen. Zu Anfang der Monate April und Oktober jedes Jahres ist dem Präsidenten des Landgerichts, bei dem die Prüfungskommission gebildet ist, ein nach dem Formular I hergestelltes Verzeichnis der Bewerber, die das Befähigungszeugnis erlangt haben, mitzuteilen. Diese Bewerber sind in das von dem Präsidenten dieses Landgerichts geführte Verzeichnis aufzunehmen.

Prüfungskommissionen.

§ 9. Die Prüfung wird vor zu diesem Zwecke gebildeten Prüfungskommissionen abgelegt.

Prüfungskommissionen

werden gebildet:

bei dem Landgerichte München I für die Bezirke der Oberlandesgerichte München und Augsburg,

bei dem Landgerichte Landau i/Pf. für den Bezirk des Oberlandesgerichts Zweibrücken und

bei dem Landgerichte Nürnberg für die Bezirke der Oberlandesgerichte Bamberg und Nürnberg.

Die Vorsitzenden und Mitglieder der Prüfungskommissionen werden von dem Staatsministerium der Justiz für ein Jahr oder für mehrere Jahre ernannt. Sie werden aus den Richtern des Landgerichts oder den Amtsrichtern, die am Orte des Landgerichts ihren Amtssitz haben, bestimmt; ein Mitglied kann auch aus den bei dem Landgericht angestellten Staatsanwälten bestimmt werden. Zur Führung der Protokolle wird jeder Prüfungskommission ein Gerichtsschreiber beigegeben. Die Bestimmung des Gerichtsschreibers erfolgt durch den Präsidenten des Landgerichts. Die Mitglieder der Prüfungskommissionen und die beigegebenen Gerichtsschreiber haben eine besondere Vergütung für ihre Dienstleistung nicht zu beanspruchen.

Gesuch um Zulassung zur Prüfung.

§ 10. Das Gesuch um Zulassung zur Prüfung ist an den Präsidenten des Landgerichts zu richten, bei dem die Prüfung abzulegen ist. Dem Gesuch ist das Befähigungszeugnis des Amtsgerichtsvorstandes beizulegen.

Hinsichtlich der Art der Einreichung des Gesuchs finden die Bestimmungen im § 4 Abs. 2 und 3 entsprechende Anwendung.

Zulassung zur Prüfung.

§ 11. Ueber die Zulassung zur Prüfung entscheidet die Prüfungskommission, welcher der Präsident die Gesuche zuleitet.

Die Prüfungskommission entscheidet in der Besetzung von drei Mitgliedern über die Zulassung zur Prüfung.

Zur Prüfung können nur die Bewerber zugelassen werden, die das Zeugnis erlangt haben, daß sie zu deren Ablegung für befähigt zu erachten sind.

Die Zulassung darf nur erfolgen, wenn sie mindestens ein halbes Jahr nach der Ausstellung des Zeugnisses über den abgeleisteten Vorbereitungsdienst nachgesucht wird.

Anberaumung der Prüfung.

§ 12. Sobald eine hinreichende Anzahl von Bewerbern zur Prüfung zugelassen ist, ordnet der Präsident die Abhaltung einer Prüfung an, setzt den Tag des Beginnes fest und lädt die zugelassenen Bewerber zur Ablegung der Prüfung vor.

In der Regel soll in jedem Jahr bei einer Prüfungskommission mindestens eine Prüfung abgehalten werden.

Schriftliche Prüfung.

§ 13. Die schriftliche Prüfung hat der mündlichen Prüfung vorauszugehen. Sie besteht in der Bearbeitung von drei Aufgaben. In der Regel ist zur Bearbeitung einer Aufgabe ein Zeitraum von vier Stunden festzusetzen. Die Aufgaben sind an drei aufeinander folgenden Tagen im Prüfungsraume zu fertigen. Die Arbeitsplätze werden an jedem halben Tage durch das Los unter die Bewerber verteilt. Die Aufsicht wird durch den Vorsitzenden der Prüfungskommission unter Mitwirkung der Kommissionsmitglieder geführt. Der Protokollführer ist beizuziehen. Jeder schriftliche oder mündliche Verkehr der Bewerber unter sich oder mit Anderen während der Prüfung ist untersagt. Die Bewerber dürfen keine anderen Hilfsmittel als den Text von Gesetzen, Verordnungen und Vollzugsvorschriften gebrauchen. Kein Bewerber darf vor der Ablieferung seiner Arbeit den Prüfungsraum verlassen.

Die die Aufsicht führenden Mitglieder der Prüfungskommission haben darüber zu wachen, daß keine Unterschleife stattfinden. Zuwiderhandlungen gegen die vorstehenden Vorschriften haben sie durch das Protokoll feststellen zu lassen.

Ergibt sich, daß ein Bewerber unzulässige Hilfsmittel benützt oder sich fremder Hilfe bedient hat, so kann bei der Feststellung des Urteils über das Ergebnis der Prüfung ausgesprochen werden, daß die Prüfung nicht bestanden ist.

Die Aufgaben.

§ 14. Die Aufgaben für die schriftliche Prüfung sind von der Prüfungskommission festzustellen; sie sind nach der für die Bearbeitung festgesetzten Zeit zu bemessen. Sie können aus dem ganzen den Gerichtsvollziehern zugewiesenen Wirkungskreis entnommen werden; vorzugsweise sind sie aus dem Gebiete des Vollstreckungswesens, der Zustellungen in privatem und amtlichem Auftrage, der Aufnahme von Wechselprotesten und dem Gebührenwesen zu wählen. Die Bewerber haben die nach der Lage des Falles erforderlichen Gerichtsvollzieherurkunden und die veranlaßten Eintragungen in die Geschäftsbücher zu entwerfen.

Zensur der schriftlichen Arbeiten.

§ 15. Die Mitglieder der Prüfungskommission bestimmen unter sich, wer von ihnen die zu den einzelnen Aufgaben gelieferten Arbeiten zu zensieren hat.

Die Zensur ist auf die Abgabe eines Urteils darüber zu beschränken, ob die Aufgabe „sehr gut“, „gut“, „genügend“ oder „ungenügend“ bearbeitet worden ist. Sie ist mit einer kurzen Begründung zu versehen.

Nach der Erledigung der Zensur, die am nächsten halben Tage nach der Bearbeitung der einzelnen Aufgaben bethätigt sein soll, werden die Arbeiten den übrigen Mitgliedern der Kommission zur Einsicht vorgelegt. Die Kommissionsmitglieder sind verpflichtet, von den Aufgaben Einsicht zu nehmen und sich ein selbständiges Urteil über den Wert zu bilden.

Zurückweisung nach der schriftlichen Prüfung.

§ 16. Bei Bewerbern, deren schriftliche Arbeiten nach dem einstimmigen Urteile der Prüfungskommission vollständig mißlungen sind, wird ohne Vornahme der mündlichen Prüfung ausgesprochen, daß die Prüfung nicht bestanden ist.

Mündliche Prüfung.

§ 17. Die mündliche Prüfung beginnt an dem nächsten oder doch übernächsten Tage nach der Beendigung der schriftlichen Prüfung. Sie findet in Gegenwart des Vorsitzenden und zweier Mitglieder der Prüfungskommission sowie des Protokollführers statt. Sie soll für jeden Bewerber mindestens eine halbe Stunde dauern. Es können gleichzeitig mehrere, jedoch nicht mehr als drei Bewerber miteinander geprüft werden.

§ 18. Bei der mündlichen Prüfung ist der Bewerber insbesondere aus denjenigen Gegenständen zu prüfen, bei denen er in der schriftlichen Prüfung ungenügende oder nicht völlig genügende Kenntnisse gezeigt hat.

Die Mitglieder der Prüfungskommission haben sich über das Gebiet zu einigen, aus dem jeder von ihnen dem Bewerber Fragen vorlegen will.

Entscheidung über das Gesamtergebnis der Prüfung.

§ 19. Unmittelbar nach der Beendigung der mündlichen Prüfung eines Bewerbers ist von den drei Mitgliedern der Kommission, vor denen die mündliche Prüfung abgelegt wurde, über das Gesamtergebnis der schriftlichen und der mündlichen Prüfung zu beraten und zu beschließen.

Bei der Beratung haben die mit der Zensur der schriftlichen Arbeiten betrauten Kommissionsmitglieder oder, soweit diese an der Prüfung nicht teilgenommen haben sollten, vom Vorsitzenden bestimmte andere Mitglieder über das Ergebnis der schriftlichen Prüfung zu berichten.

Zu beschließen ist zuerst darüber, wie der Bewerber jede einzelne Aufgabe bearbeitet hat, sodann darüber, ob der Bewerber bei dem mündlichen Teile der Prüfung den Anforderungen entsprochen hat, endlich über das Gesamtergebnis der Prüfung. Die Schlußabstimmung ist nach dem Gesamteindrucke des schriftlichen und des mündlichen Teiles der Prüfung zu bemessen.

Die Reihenfolge bei der Abstimmung richtet sich nach dem Dienstalter, das jüngste Mitglied stimmt zuerst, der Vorsitzende zuletzt.

Das Urteil findet seinen Ausdruck in den Noten „sehr gut", „gut", „genügend" und „ungenügend", von denen eine dem Bewerber zu erteilen ist.

Für das Urteil ist die Mehrheit der Stimmen maßgebend. Bei Stimmengleichheit entscheidet das Urteil des Vorsitzenden. Wird einem Bewerber auch nur von einem Mitgliede der Kommission die Note „ungenügend" erteilt, so gilt die Prüfung als nicht bestanden.

Protokollführung.

§ 20. Ueber die Zulassung der Bewerber zur Prüfung und über den Gang bei dem schriftlichen und bei dem mündlichen Teile der Prüfung sowie über die dabei gepflogenen Verhandlungen und gefaßten Beschlüsse ist ein fortlaufendes Protokoll zu führen.

Im Protokolle sind alle wichtigeren Vorkommnisse zu beurkunden.

Das Protokoll über den schriftlichen Teil der Prüfung ist von dem Vorsitzenden und denjenigen Mitgliedern der Kommission, welche an der Aufsicht teilgenommen haben, das Protokoll über den mündlichen Teil der Prüfung ist je nach dem Ablauf eines Prüfungstags von dem Vorsitzenden und den beteiligten prüfenden Mitgliedern zu unterschreiben. Hat im Laufe eines Prüfungstags ein Wechsel in der Person des Vorsitzenden oder in den Personen der Prüfungsmitglieder stattgefunden, so ist das Protokoll auch vor dem Eintritte des Wechsels zu unterschreiben.

Prüfungszeugnisse.

§ 21. Den Bewerbern, welche die Prüfung bestanden haben, werden von dem Präsidenten Prüfungszeugnisse ausgestellt, in welche die dem Bewerber erteilte Note aufzunehmen ist.

Bewerber, welche die Prüfung nicht bestanden haben, müssen um wiederholte Zulassung zum Vorbereitungsdienste nachsuchen.

Die Zulassung kann nur noch einmal bewilligt werden.

§ 22. Erkrankt ein Bewerber nach der Zulassung zur Prüfung, so daß er diese nicht oder nicht völlig abzulegen im stande ist, so gilt er für die nächste Prüfung als zugelassen.

Die Thatsache der Erkrankung soll durch ein amts- oder militärärztliches Zeugnis nachgewiesen werden.

Anzeigen über die Prüfungsergebnisse.

§ 23. Der Präsident hat dem Staatsministerium der Justiz sofort nach Beendigung der Prüfung ein Verzeichnis der Bewerber, welche die Prüfung bestanden, und der Bewerber, die sie nicht bestanden haben, vorzulegen. Der Vorlage sind die gestellten Aufgaben und die Prüfungsprotokolle beizufügen. In das Verzeichnis sind die den Bewerbern, welche die Prüfung bestanden haben, erteilten Noten einzutragen. Bei Bewerbern, die sich zum zweiten Male der Prüfung unterzogen haben, ist auf diese Thatsache hinzuweisen.

Auf grund der vorgelegten Verzeichnisse wird das Hauptverzeichnis der geprüften Bewerber hergestellt.

Die Bewerber, welche die Prüfung bestanden haben, sind bei der Zustellung der Prüfungszeugnisse unter Bezug auf die §§ 12 bis 15 der Grundsätze für die Besetzung der Subaltern- und Unterbeamtenstellen mit Militäranwärtern (JMBl. 1886 S. 27 ff.) darauf aufmerksam zu machen, daß sie nur dann zur Anstellung als Gerichtsvollzieher gelangen können, wenn sie sich unter Vorlage der vorgeschriebenen Belege um eine solche Anstellung förmlich bewerben und ihre Bewerbung jährlich erneuern.

Beschäftigung bis zur Anstellung.

§ 24. Die geprüften Bewerber müssen sich, sobald sie aus dem aktiven Militär- oder Gendarmeriedienst ausscheiden, bis zu ihrer Aufstellung als Gerichtsvollzieher einer zur weiteren Ausbildung für den Gerichtsvollzieherdienst geeigneten Beschäftigung widmen. Sie können sich zu diesem Zwecke in einer Gerichtsschreiberei oder der Kanzlei einer Staatsanwaltschaft als Schreiber verwenden lassen. Mit Genehmigung des Landgerichtspräsidenten können sie auch als Schreiber bei einem Notariat oder einem Rechtsanwalte Dienste leisten. Bewerber, die sich nicht innerhalb eines Jahres nach dem Ausscheiden aus dem aktiven Militär- oder Gendarmeriedienst einer Beschäftigung der vorgeschriebenen Art widmen oder die nach der Beendigung eines solchen Dienstverhältnisses mehr als ein Jahr außer Beschäftigung bleiben, gelten als von der Bewerbung

3*

zurückgetreten. Die Wiederaufnahme in die Zahl der Bewerber bleibt dem Staatsministerium der Justiz vorbehalten.

Das Staatsministerium der Justiz behält sich vor, von Bewerbern, die nach der Ablegung der Prüfung, ehe sie die Reihe zur Anstellung trifft, noch lange Zeit im aktiven Militär- oder Gendarmeriedienste geblieben oder nach Beendigung des Militär- oder Gendarmeriedienstes nicht in einer Gerichtsschreiberei oder einer Kanzlei der Staatsanwaltschaft eingetreten sind, vor der Anstellung eine nochmalige Beschäftigung im Gerichtsvollzieherdienste von angemessener Dauer zu verlangen.

Streichung eines Bewerbers im Hauptverzeichnisse.

§ 25. Bewerber, bezüglich deren nach der Aufnahme in das Hauptverzeichnis eines der Erfordernisse der Aufstellung als Gerichtsvollzieher (§ 6 der Gerichtsvollzieherordnung) wegfällt, werden aus dem Hauptverzeichnisse gestrichen.

Vorbereitungsdienst der Bewerber um die Stellen von Gerichtsvollziehern für Strafsachen.

§ 26. Für die Bewerber um die Stelle eines Gerichtsvollziehers für Strafsachen ist eine dreimonatige informatorische Beschäftigung bei einem Amtsgericht erforderlich. Die Bewerber sind vom Amtsgerichtsvorstande dem Gerichtsvollzieher oder der Gerichtsvollzieherei zuzuteilen, sowie in der Gerichtsschreiberei und neben dem Amtsgerichtsdiener zu beschäftigen.

Aufsicht auf die Bewerber.

§ 27. Sämtliche Gerichtsvollzieheramtsbewerber sind, solang sie nicht im aktiven Militär- oder Gendarmeriedienste stehen, der dienstlichen Aufsicht unterworfen. Die Aufsicht steht bezüglich der Bewerber, die als Schreiber bei einem Notariat oder einem Rechtsanwalte Dienste leisten, dem Amtsgerichtsvorstande zu.

Die Staatsanwaltschaften haben dem die Aufsicht führenden Beamten, sowie auch unmittelbar dem Staatsministerium der Justiz von der Erhebung der öffentlichen Klage gegen einen Bewerber, wenn sie wegen eines Verbrechens oder eines Vergehens erfolgt, und von der Erledigung der Strafsache Anzeige zu machen. Das Gleiche gilt von Verurteilungen wegen Übertretungen, sofern diese von Einfluß auf den Leumund des Bewerbers sind.

II. Abschnitt.

Allgemeine Vorschriften über die Dienstführung.

Dienstantritt.

§ 28. Der Gerichtsvollzieher hat von Hindernissen, die dem rechtzeitigen Antritte seines Dienstes entgegenstehen, unverzüglich dem Amtsgerichtsvorstand Anzeige zu machen, nachdem er von seiner Ernennung Kenntnis erhalten hat.

Gleiches gilt im Falle der Versetzung eines Gerichtsvollziehers.

Hinweis auf das Amtsgeheimnis.

§ 29. Der Amtsgerichtsvorstand hat den Gerichtsvollzieher vor der Beeidigung ausdrücklich auf seine Verpflichtung zur sorgfältigen Wahrung des Amtsgeheimnisses unter Hinweis auf den Artikel 106 des Ausführungsgesetzes zur Strafprozeßordnung aufmerksam zu machen.

Beurkundung der Eidesleistung.

§ 30. Die Eidesleistung ist in dem Register für Beeidigungen zu beurkunden und in den Personalakten des Gerichtsvollziehers zu vermerken.

Zusammengehörige Orte.

§ 31. Für die Frage, welche benachbarte Orte als ein Ort im Sinne des § 9 Abs. 2 der Gerichtsvollzieherordnung anzusehen sind, sind die vom Staatsministerium der Justiz zum Vollzuge des Artikel 6 des Ausführungsgesetzes zum Gerichtsverfassungsgesetz erlassenen Bestimmungen maßgebend (vergl. Bekanntmachung vom 11. September 1879, JMBl. S. 644).

Geschäftsübergabe.

§ 32. Dem Gerichtsvollzieher sind bei dem Antritte des Amtes die Dienstsiegel, das Dienstregister samt den zugehörigen Belegen, die Wechselprotestregister, die im Laufe befindlichen Vollstreckungsakten, etwa noch in den Händen des Amtsvorgängers befindliche Gelder, Wertpapiere und Kostbarkeiten auszuantworten.

Über das Übernahmegeschäft ist ein Protokoll zu errichten.

Die Übernahme des Amtes ist im Dienst- und Wechselprotestregister unmittelbar nach dem letzten Geschäftseintrage des Vorgängers vorzumerken. Der Vermerk ist von dem Übergebenden und dem Übernehmenden zu unterzeichnen.

Der Übergebende hat den Übernehmenden von dem Stande der noch unerledigten Geschäfte zu unterrichten.

Legitimationsschein für den Gerichtsvollzieher.

§ 33. Der Amtsgerichtsvorstand hat dem Gerichtsvollzieher eine schriftliche Legitimation auszustellen.

Diese Legitimation hat der Gerichtsvollzieher, sobald er außerhalb des Amtsgerichtsgebäudes oder seines Geschäftsraums eine amtliche Verrichtung vorzunehmen hat, bei sich zu führen und auf Verlangen eines Beteiligten vorzuzeigen.

Dienststunden.

§ 34. Der Gerichtsvollzieher hat die für das Gericht festgesetzten Dienststunden einzuhalten.

Während der Dienststunden muß er in seinem Geschäftsraume zu treffen sein, wenn er nicht auswärts eine amtliche Verrichtung vorzunehmen hat.

Der Amtsgerichtsvorstand kann bestimmte Dienststunden auch für die Sonn- und Feiertage anordnen.

Der Gerichtsvollzieher darf sich nicht weigern, an Sonn- und Feiertagen sowie zur Nachtzeit zu dringenden dienstlichen Verrichtungen herangezogen zu werden, die ihm nach den Gesetzen und Verordnungen obliegen.

Geschäfte an Sonn- und Feiertagen und zur Nachtzeit.

§ 35. Eine Zustellung, die nicht durch Aufgabe zur Post bewirkt wird, darf an Sonn- und allgemeinen Feiertagen oder zur Nachtzeit nur mit Erlaubnis des Richters oder auf Anweisung des Staatsanwalts erfolgen. Bei dem an die Post zu richtenden Ersuchen um Bewirkung einer Zustellung bedarf es einer solchen Erlaubnis oder Anweisung nicht.

Zwangsvollstreckungshandlungen dürfen an Sonn- und allgemeinen Feiertagen, sowie zur Nachtzeit gleichfalls nur mit Erlaubnis des Richters oder auf Anweisung des Staatsanwalts vorgenommen werden.

Die Nachtzeit umfaßt in dem Zeitraume vom 1. April bis 30. September die Stunden von neun Uhr abends bis vier Uhr morgens und in dem Zeitraume vom 1. Oktober bis 31. März die Stunden von neun Uhr abends bis sechs Uhr morgens.

In allen Fällen sollen Amtshandlungen, die an Sonn- und Feiertagen stattfinden, soweit thunlich, nicht während des vormittägigen öffentlichen Gottesdienstes vorgenommen werden.

Die Erhebung von Wechselprotesten kann an Sonntagen und den nach den Gesetzen oder dem Herkommen eines Ortes als übliche Feiertage im Wechselgeschäfte geltenden Feiertagen überhaupt nicht stattfinden.

Gerichtsferien.

§ 36. Die Gerichtsferien sind ohne Einfluß auf die Verpflichtung des Gerichtsvollziehers zur Vornahme seiner Diensthandlungen.

Amtshandlungen bei von der inländischen Gerichtsbarkeit ausgenommenen Personen.

§ 37. In den Wohnungen der nach den §§ 18, 19 des Gerichtsverfassungsgesetzes von der inländischen Gerichtsbarkeit befreiten Personen darf der Gerichtsvollzieher ohne deren Zustimmung keinerlei Amtshandlungen vornehmen. Er darf auch die Post nicht um die Bewirkung einer Zustellung in einer solchen Wohnung ersuchen, wenn nicht die Zustimmung des Inhabers der Wohnung vorliegt (vergl. Bekanntmachung vom 5. April 1893, JMBl. S. 75).

Auftragserteilung.

§ 38. Wegen Erteilung von Aufträgen haben sich die Parteien unmittelbar an die Gerichtsvollzieher und da, wo eine Gerichtsvollzieherei errichtet ist, an die Gerichtsvollzieherei als solche zu wenden. Der in einer Gerichtsvollzieherei aufgestellte Gerichtsvollzieher hat, wenn er darum angegangen wird, den Auftrag an die Gerichtsvollzieherei zu vermitteln.

Mit der Bewirkung einer Zustellung können die Parteien den Gerichtsvollzieher unter den Voraussetzungen des § 166 der CPO. auch durch die Vermittelung des Gerichtsschreibers beauftragen.

§ 39. Die Erteilung von Aufträgen ist an keine Form gebunden. Sie kann schriftlich oder mündlich, durch den Auftraggeber in Person oder durch den Bevollmächtigten geschehen.

Über jeden Auftrag, der mündlich erteilt wird, ist eine kurze Note aufzunehmen.

Auf den bei der mündlichen Erteilung eines Auftrags übergebenen Schriftstücken ist die Zeit der Übergabe, auf den schriftlich einkommenden Aufträgen ist der Tag des Einlaufs zu vermerken.

Der Vermerk kann mittels eines Präsentationsstempels aufgedruckt werden.

§ 40. Bei der Entgegennahme von Aufträgen ist mit der den Umständen des einzelnen Falles entsprechenden Vorsicht zu verfahren, um Täuschungen bezüglich der Person des Auftraggebers oder bezüglich der Bevollmächtigung eines angeblich Bevollmächtigten hintanzuhalten. Zu diesem Behufe kann nötigenfalls die Beischaffung einer mit öffentlicher Beglaubigung der Unterschrift (§ 129 des Bürgerlichen Gesetzbuchs) versehenen Vollmachtsurkunde oder die Stellung von Identitätszeugen, die Vorlage von Legitimationspapieren u. s. w. verlangt werden. Besondere Vorsicht ist geboten, wenn es sich um den Auftrag, eine Zwangsvollstreckung einzustellen oder Vollstreckungsmaßregeln aufzuheben, oder um Verfügungen über die in den Gewahrsam des Gerichtsvollziehers gekommenen Gelder u. dgl. handelt.

Die Prozeßvollmacht ermächtigt den Bevollmächtigten auch zur Vertretung des Vollmachtgebers bei der Zwangsvollstreckung, zur Empfangnahme von Geldern aber nur bezüglich der von dem Gegner zu erstattenden Kosten.

§ 41. Über die Erteilung eines Auftrags und die Übergabe von Schriftstücken ist dem Auftraggeber auf Verlangen eine Empfangsbescheinigung auszustellen.

Unmittelbare Zustellung.

§ 42. Soll eine Zustellung, die mit geringeren Kosten durch die Post erfolgen könnte, unmittelbar bewirkt werden, so ist eine schriftliche Ermächtigung des Auftraggebers einzufordern (vergl. § 3 RGO. f. GV.)

Erledigung der Aufträge.

§ 43. Alle Aufträge müssen ohne Verzug erledigt werden. In welcher Reihenfolge die einzelnen Aufträge zu erledigen sind, bleibt dem pflichtgemäßen Ermessen des Gerichtsvollziehers überlassen. Als Regel hat nur zu gelten, daß die dringlicheren Sachen jeweils vor den weniger dringlichen zu erledigen sind und daß, wenn von mehreren Gläubigern Aufträge zur Pfändung eines Schuldners vorliegen, die Pfändungen gleichzeitig zu bewirken sind. Freiwillige Versteigerungen haben in der Regel den übrigen Geschäften nachzustehen.

§ 44. Die Bevorzugung eines bestimmten Auftraggebers ist strengstens verboten. Ebenso ist untersagt, daß der

Gerichtsvollzieher für seine Amtshandlungen eine besondere Vergütung annimmt, fordert oder sich versprechen läßt.

Ablehnung von Aufträgen.

§ 45. Die Übernahme eines Auftrags ist abzulehnen, wenn der Auftrag mit den bestehenden Vorschriften unvereinbar ist. Von der Ablehnung ist der Auftraggeber unter Bekanntgabe der Gründe zu benachrichtigen.

Freiwillige Versteigerungen, zu deren Vornahme der Gerichtsvollzieher oder die Gerichtsvollzieherei für zuständig erklärt sind (§ 12 Nr. 3 der GVO.), können ohne Angabe von Gründen abgelehnt werden. Ob ein einer Gerichtsvollzieherei erteilter Auftrag zur Vornahme einer freiwilligen Versteigerung zu übernehmen oder abzulehnen sei, bestimmt der Amtsgerichtsvorstand. Der Amtsgerichtsvorstand kann diese Befugnis dem ihm zur Unterstützung beigegebenen Gerichtsschreiber (§ 33 der GVO.) übertragen.

Aufträge des Staatsanwalts.

§ 46. Erteilt der Staatsanwalt den Befehl zur Vorführung, Festhaltung oder vorläufigen Festnahme einer Person oder zur Vornahme von Durchsuchungen und Beschlagnahmen, so hat der Gerichtsvollzieher ohne weiteres Folge zu leisten.

Konkursverwaltungen.

§ 47. Zur Übernahme des Amtes eines Konkursverwalters bedarf der Gerichtsvollzieher in jedem einzelnen Falle der Erlaubnis des Amtsgerichtsvorstandes. Die Erlaubnis ist zu verweigern, wenn zu befürchten ist, daß die Übernahme des Amtes den Dienst des Gerichtsvollziehers beeinträchtigen könnte.

Verhinderung des Gerichtsvollziehers.

§ 48. Wenn der Gerichtsvollzieher gemäß § 156 des Gerichtsverfassungsgesetzes und Artikel 67 des Ausführungsgesetzes hiezu von der Ausübung seines Amtes ausgeschlossen ist, so ist nach § 17 Abs. 4, § 38 Abs. 2 der Gerichtsvollzieherordnung zu verfahren.

Urkundenaufnahme.

§ 49. Der Gerichtsvollzieher hat bei der Aufnahme von Urkunden über seine Amtshandlungen außer den für einzelne Geschäfte geltenden besonderen Vorschriften Folgendes zu beachten:

a) Jede Urkunde muß Ort und Zeit der Abfassung enthalten.

b) Die Urkunde ist nach der Vornahme des Geschäfts unverzüglich anzufertigen.

c) Die Urkunden sollen deutlich und bestimmt abgefaßt sein.

d) Sie sollen in der Regel handschriftlich mit schwarzer Tinte hergestellt werden. Der Gebrauch der Bleischrift oder einer ähnlichen Trockenschrift ist unstatthaft. Ebenso ist die Benützung der Schreibmaschine untersagt.

e) Der Gebrauch gedruckter, autographierter oder in ähnlicher Weise hergestellter Formulare ist erlaubt. Ohne Genehmigung des Amtsgerichtsvorstandes darf jedoch kein neues Formular in Benützung genommen werden.

f) Die Urkunden sind ohne Lücken anzufertigen. Radierungen sind untersagt. Etwa nötige Durchstreichungen müssen in der Art geschehen, daß das Durchstrichene noch leserlich bleibt. Die Zahl der durchstrichenen Wörter ist entweder in der Urkunde selbst oder in einem besonderen Zusatz anzugeben. Das Gleiche gilt von Ergänzungen und sonstigen Änderungen. Die Zusätze sind auf dem Rande oder hinter der Unterschrift anzubringen und besonders zu unterschreiben. In den Formularen sind die zur Ausfüllung bestimmten Zwischenräume, soweit sie durch die erforderlichen Eintragungen nicht ausgefüllt werden, zu weiteren Eintragungen durch Striche ungeeignet zu machen.

g) Namen sind ohne Abkürzungen zu schreiben, sofern es sich nicht um eine Firma handelt, die einen Namen in abgekürzter Form führt. Wichtigere Zahlen, besonders die Zahl des Monatstages in der Angabe des Datums der Urkunde, der Betrag des gepfändeten Geldes, die Summe des bei einer Versteigerung erzielten Erlöses und dergleichen sind mit Buchstaben zu schreiben.

h) Jede Urkunde muß vom Gerichtsvollzieher unter Beifügung seiner dienstlichen Eigenschaft und unter Beidrückung des Dienstsiegels unterschrieben sein. Verweser oder Hilfsgerichtsvollzieher haben diese Eigenschaft anzugeben.

i) Besteht die Urkunde aus mehreren Bögen, so werden diese Bögen zusammengeheftet; die Schnur wird mit dem Dienstsiegel befestigt.

k) Es empfiehlt sich, den Urkunden Überschriften zu geben, die den Gegenstand kurz bezeichnen, wie Zustellungsurkunde, Pfändung, freiwillige Versteigerung.

l) Abschriften sind als solche zu bezeichnen.

m) Auf jeder Urkunde ist die Nummer anzugeben, unter der das beurkundete Geschäft im Dienstregister eingetragen ist.

n) Auf jeder Urkunde und jeder Abschrift der Urkunde muß ferner eine Berechnung der Gebühren und Auslagen aufgestellt werden. Dabei sind die für die Berechnung maßgebenden Umstände nach Anleitung des § 57 anzugeben.

o) Jede Seite einer Urkunde — Urschriften wie Abschriften —, für die eine Schreibgebühr angesetzt wird, soll mindestens zwanzig Zeilen und jede Zeile durchschnittlich zwölf Silben enthalten.

Beglaubigung von Abschriften.

§ 50. Bei der Beglaubigung von Abschriften muß der Gerichtsvollzieher sich durch eine genaue Vergleichung der Urschrift mit der Abschrift Überzeugung davon verschaffen, ob beide Urkunden wörtlich übereinstimmen. Veränderungen, Einschaltungen und Lücken, die sich in der Abschrift befinden, sind im Beglaubigungsvermerke zu erwähnen. Die Bestätigung des Gleichlauts erfolgt durch die Beifügung des Vermerkes: „Beglaubigt". Der Vermerk ist zu unterschreiben und mit dem Dienstsiegel zu versehen.

Einfache Mitteilungen.

§ 51. Zuschriften an die Parteien, Niederschriften zu den Akten und Bekanntmachungen sind ohne Weitschweifigkeiten in möglichster Kürze abzufassen.

Die Dienstsiegel.

§ 52. Die Dienstsiegel sind so aufzubewahren, daß der Gefahr des Mißbrauchs vorgebeugt ist.

Das Dienstsiegel darf nur zu dienstlichen Zwecken, nicht

bei außerdienstlichen Geschäften und Korrespondenzen verwendet werden.

Zum Verschlusse der dienstlichen Korrespondenz hat sich der Gerichtsvollzieher des Dienstsiegels oder entsprechender Siegelmarken (vergl. Bekanntmachung vom 17. März 1872, JMBl. S. 118) zu bedienen.

Geldempfang.

§ 53. Über alle Leistungen, die für den Auftraggeber in Empfang genommen werden, sind Empfangsbescheinigungen auszustellen. Das Nämliche gilt hinsichtlich der Geldbeträge, Wertbeträge und anderer Gegenstände, die zum Behufe eines thatsächlichen Angebots oder der im § 219 Abs. 2 der Strafprozeßordnung vorgeschriebenen Darbietung übergeben werden, hinsichtlich der von einem Drittschuldner herausgegebenen (§ 847 der CPO.), sowie hinsichtlich der zum Zwecke der Versteigerung übergebenen Gegenstände. Die Übersendung der Empfangsbescheinigung durch die Post findet, abgesehen von dem Falle des § 757 Abs. 1 der Civilprozeßordnung, jedoch nur auf Verlangen des Berechtigten und auf dessen Kosten statt.

Fortführung des Dienstes.

§ 54. Gerichtsvollzieher, die um ihre Pensionierung oder um die Enthebung vom Amte nachsuchen, haben das Amt fortzuführen, bis der Nachfolger es antritt, oder bis in anderer Weise wegen der Besorgung der Amtsgeschäfte Vorsorge getroffen ist.

III. Abschnitt.

Kostenwesen der Gerichtsvollzieher.

Allgemeine Vorschrift.

§ 55. Die Gebühren und Auslagen sind nach Maßgabe der Reichsgebührenordnung für die Gerichtsvollzieher und der landesgesetzlichen Vorschriften zu berechnen.

Kostenberechnung auf den Urkunden.

§ 56. Die Gerichtsvollzieher haben auf der Urschrift der von ihnen aufgenommenen Urkunden eine Berechnung der Gebühren und der Auslagen aufzustellen, die für die beurkundeten Geschäfte in Ansatz kommen.

Die Berechnung ist auch im Falle der Bewilligung des Armenrechts beizusetzen, in diesem Falle ist aber die Sache ausdrücklich als Armensache zu bezeichnen.

Kostenberechnung im einzelnen.

§ 57. Die Gebühren und Auslagen sind nach den einzelnen Posten (Gebühr für das Geschäft, Schreibgebühren, Reisekosten und sonstige Barauslagen — Porto-, Transport- und Verwahrungskosten, Stempelmarken u. s. w.) anzugeben. Ist die Gebühr für das Geschäft nach dem Werte des Gegenstandes, der Forderung, der Wechselsumme, dem Strichserlös u. s. w.) zu berechnen, so ist dieser Wert anzugeben. Läßt sich der Wert nicht sofort mit Sicherheit angeben (z. B. bei Inventuren), so ist eine einstweilige Berechnung der Gebühr aufzustellen, der ein billiger Anschlag zu Grunde gelegt wird. Nach erfolgter Feststellung des Wertes ist die Gebührenberechnung zu berichtigen. Die Berichtigung ist in der einstweiligen Berechnung ausdrücklich vorzubehalten.

Ist die Gebühr für das Geschäft nach dem Zeitaufwande zu berechnen, so ist dieser Zeitaufwand anzugeben, es sei denn, daß nur die für die geringste Zeitdauer bestimmte Gebühr berechnet wird. Die Angabe des Zeitaufwandes hat in der Weise zu geschehen, daß die Zeit des Beginnes und die Zeit der Beendigung des Geschäfts und etwaige Unterbrechungen angeführt werden. Die Zeit, die der Gerichtsvollzieher aufwendet, um sich an Ort und Stelle zu begeben und die zur Rückkehr erforderliche Zeit wird nicht angerechnet.

Bei Reisekosten ist die Gesamtzahl der Kilometer des Hinweges und des Rückweges in einer Summe anzugeben.

Kostenberechnung auf den Abschriften.

§ 58. Die Kostenberechnung ist auch auf die Abschriften der Urkunde zu setzen.

Kostenquittung.

§ 59. Beteiligten, die Kosten bezahlen, ist ohne Verlangen eine Quittung auszustellen.

Kostenrechnung.

§ 60. Wenn eine gesonderte Kostenberechnung zu erteilen ist, weil der Zahlungspflichtige weder die Urschrift noch eine Abschrift der Urkunde erhält, so muß die Rechnung außer der Nummer, unter der das beurkundete Geschäft im Dienstregister eingetragen ist, eine kurze Bezeichnung der Sache und des vorgenommenen Geschäfts und die für den Ansatz der Gebühren und Auslagen maßgebenden Umstände enthalten.

Vermerke über Auslagen.

§ 61. Wenn aus Anlaß eines Geschäfts eine Auslage (z. B. Porto) erwächst, so ist die Auslage auf der über das Geschäft errichteten Urkunde vorzumerken. In Vollstreckungssachen sind die Vermerke zu den Vollstreckungsakten zu machen. Wird über die Auslage (z. B. Einrückungsgebühren) vom Empfänger quittiert, so tritt die Quittung an Stelle des Vermerks.

Kostenvorschuß.

§ 62. a) Die Übernahme eines Auftrags kann von der Zahlung eines Vorschusses abhängig gemacht werden, falls nicht der Auftrag von einem Beamten oder einer Behörde erteilt oder zu Gunsten einer zum Armenrechte zugelassenen Partei auszuführen ist. Daß der Auftrag unter Vermittelung des Gerichtsschreibers erfolgt, ist für die Befugnis zur Einforderung eines Kostenvorschusses ohne Bedeutung.

b) Von der Berechtigung, Vorschuß zu erheben, hat der Gerichtsvollzieher, soferne dies nach Lage der Sache möglich ist, stets Gebrauch zu machen. Von der Einforderung eines Vorschusses kann Umgang genommen werden, wenn die Kostenzahlung nach Vornahme des Geschäfts zweifellos sicher ist.

Der rechnungsführende Gerichtsschreiber hat, wenn er für seine Person die spätere Einbringlichkeit der Kosten für zweifelhaft hält, den Gerichtsvollzieher zur ungesäumten Einforderung eines Vorschusses zu veranlassen.

c) Als Vorschuß ist der Betrag einzufordern, der zur Deckung des Betrages der Gebühren vermutlich hinreicht. Erweist sich später der Vorschuß als ungenügend, so ist seine Ergänzung zu verlangen.

d) Die Einforderung des Vorschusses hat unter dem Eröffnen zu erfolgen, daß der Auftrag erst nach seiner Erlegung ausgeführt werde. Wenn der Vorschuß nicht binnen vierzehn Tagen erlegt wird, so sind die etwa übergebenen Schriftstücke dem Auftraggeber zurückzugeben oder als portopflichtige Dienstsache zurückzusenden.

e) Ist kein Vorschuß erlegt worden, so müssen die Kosten des Gerichtsvollziehers bei der Abholung der Schriftstücke, die bei der Erteilung des Auftrags übergeben wurden, und der Urkunden, die über die Ausführung des Auftrags errichtet wurden, gezahlt werden. Wenn die Schriftstücke und Urkunden nicht binnen zwei Wochen nach der Ausführung des Auftrags abgeholt werden, so hat ihre Übermittelung an den Auftraggeber entweder durch den Gerichtsvollzieher persönlich der bei der Auslieferung die Kosten einzuziehen hat, oder durch die Post unter Nachnahme der Kosten zu erfolgen.

f) Der Auftraggeber kann anordnen, daß ein Vorschuß, der von ihm zu einer bestimmten Sache erlegt ist, in dieser Sache aber nicht aufgebraucht wird, zu einer anderen, von ihm angebrachten Sache übertragen wird.

Armenrecht.

§ 63. a) Im Falle der Bewilligung des Armenrechts durch das Gericht erlangt die arme Partei das Recht, daß ihr zur vorläufig unentgeltlichen Bewirkung von Zustellungen und von Vollstreckungshandlungen ein Gerichtsvollzieher beigeordnet wird. Die Bewilligung des Armenrechts muß für jede Instanz besonders erfolgen, zur ersten Instanz gehört auch die Zwangsvollstreckung. Der Beiordnung eines bestimmten Gerichtsvollziehers bedarf es nicht. Die arme Partei ist vielmehr, sofern nicht bei der Bewilligung des Armenrechts andere Bestimmungen getroffen sind, befugt, sich unmittelbar an den Gerichtsvollzieher zu wenden. Der Auftrag kann auch durch den Gerichtsschreiber vermittelt oder von dem Prozeßbevollmächtigten oder einem andern Bevollmächtigten der armen Partei erteilt werden.

b) Verpflichtet zur Übernahme des Auftrags ist die Gerichtsvollzieherei oder der Gerichtsvollzieher, in deren Bezirk die Amtshandlung vorzunehmen ist. Die Gerichtsvollzieherei und der Gerichtsvollzieher gelten ohne weiteres als beigeordnet.

c) Zum Nachweise des Armenrechts kann die Vorweisung der darüber ergangenen gerichtlichen Entschließung verlangt werden. Wird jedoch der Auftrag durch den Gerichtsschreiber vermittelt oder von einem Rechtsanwalt erteilt, so genügt die Versicherung, daß der Partei das Armenrecht bewilligt ist.

d) Auch ohne vorherige Bewilligung des Armenrechts sind Zustellungsaufträge, die von Rechtsanwälten erteilt werden, auf Verlangen vorläufig unentgeltlich zu erledigen, falls der Rechtsanwalt sich bereit erklärt, die Kosten aus eigenen Mitteln zu zahlen, falls das Armenrecht nicht bewilligt werden sollte.

e) Daß in Armenrechtssachen die Kosten vom Auftraggeber nicht eingebracht werden können, ist ohne weiteres anzunehmen.

f) Inwieweit die Kosten für die Geschäfte einer armen Partei von dem in die Prozeßkosten verurteilten Gegner beigetrieben werden können, ist im § 124 der Civilprozeßordnung bestimmt. Wird bei der Zwangsvollstreckung für eine arme Partei nur eine teilweise Befriedigung erlangt, so ist davon zunächst der Schuldbetrag voll zu decken und nur der etwa verbleibende Überrest auf die Kosten des Gerichtsvollziehers zu verwenden.

g) Sobald in Erfahrung gebracht wird, daß der Gegner der armen Partei in die Kosten verurteilt, oder daß das Armenrecht der Partei wieder entzogen worden ist, ist auf die Beitreibung und Einhebung der Kosten Bedacht zu nehmen. Das Gleiche gilt, wenn sich später ergibt, daß die arme Partei ohne Beeinträchtigung des für sie und ihre Familie notwendigen Unterhalts zur Nachzahlung der Kosten im stande ist.

h) Wenn dem die Gerichtskosten verrechnenden Gerichtsschreiber Thatsachen bekannt werden, die eine nachträgliche Erhebung der Kosten des Gerichtsvollziehers begründen, so hat er, falls er nicht selbst das Gebührenregister des Gerichtsvollziehers führt, den mit der Führung dieses Registers betrauten Beamten zu verständigen und, daß dieses geschehen ist, im Kostenverzeichnis, das den gerichtlichen Akten beigefügt ist, vorzumerken.

Verhalten in einzelnen Gebührenfragen.

§ 64. Zur einheitlichen Anwendung der Gebührenordnung wird Folgendes bestimmt:

a) Wird eine Zustellung ohne ausdrückliche Ermächtigung vorgenommen, obgleich sie durch die Post mit geringeren Kosten hätte erfolgen können, so sind die Zustellungskosten nur in der Höhe anzusetzen, in der sie bei Zustellung durch die Post erwachsen wären (RGO. f. GV. § 3). Für Zustellungen, die in landgerichtlichen Sachen innerhalb des Stadtpostbezirkes ohne ausdrückliche Ermächtigung unmittelbar ausgeführt werden, dürfen daher nicht 80 Pfennig, sondern nur 65 Pfennig berechnet werden.

b) Kann eine unmittelbare Zustellung oder eine Pfändung nicht ausgeführt werden, weil die Wohnung des Zustellungsempfängers oder des Schuldners von dem an Ort und Stelle erschienenen Gerichtsvollzieher nicht aufgefunden wird, so ist für den erfolglosen Zustellungs- oder Pfändungsversuch eine Gebühr nicht zu erheben.

c) Unter den im Auftrag eines Anwalts an einen Gegenanwalt bewirkten Zustellungen, für die nach § 2 Abs. 1 der Reichs-Gebührenordnung für Gerichtsvollzieher nur die Hälfte der gewöhnlichen Zustellungsgebühr angesetzt werden soll, sind nur diejenigen zu verstehen, bei denen der Gerichtsvollzieher angewiesen ist, die Zustellung von Anwalt zu Anwalt in der erleichterten Form des § 198 der Civilprozeßordnung vorzunehmen. Die vollen Gebührensätze greifen dagegen Platz, wenn im Auftrage des Anwalts die unmittelbare Zustellung an einen anderen Anwalt in der gewöhnlichen Form vorzunehmen ist.

d) Wenn auf grund der Aufträge mehrerer Gläubiger und kraft verschiedener Schuldtitel mehrere Gegenstände desselben Schuldners für die verschiedenen Gläubiger gemeinsam und gleichzeitig gepfändet werden, so ist die Pfändung als ein einziges Geschäft anzusehen und demgemäß sowohl die Pfändungsgebühr als auch die etwaige Reiseentschädigung nur einmal zu berechnen. Auch die Gebühr des § 11 der Reichs-Gebührenordnung für Gerichtsvollzieher ist nur einmal und zwar nach dem Gesamtbetrage der beizutreibenden Forderungen zu berechnen.

e) Wird der Auftrag zur Zwangsvollstreckung durch Leistung an den Gerichtsvollzieher erledigt, so ist nur die Gebühr des § 11, nicht auch die Gebühr des § 4 der Reichs-Gebührenordnung für Gerichtsvollzieher zu erheben und zwar diese auch dann nicht, wenn sich der Gerichtsvollzieher zur Vornahme der Pfändung schon an Ort und Stelle begeben hatte.

f) Bei einer Mehrheit von Abschlagszahlungen innerhalb derselben Zwangsvollstreckung darf die Gebühr des § 11 der Reichs-Gebührenordnung für Gerichtsvollzieher nicht von den einzelnen in Empfang genommenen Beträgen, sondern nur von der Gesamtsumme berechnet werden. Die aus Anlaß von früheren Abschlagszahlungen berechneten Gebühren sind auf die Gebühr wegen der späteren Abschlagszahlungen anzurechnen.

g) Von den Parteien sind nur die gesetz- und verordnungsmäßigen Barauslagen des Gerichtsvollziehers zu erheben. Insbesondere sind die Parteien nicht verpflichtet, für die Reinschrift der Versteigerungsbekanntmachung, für die Anlegung eines Versteigerungsverzeichnisses und eine schriftliche Mitteilung oder Aufforderung an den Auftraggeber Schreibgebühren oder andere Gebühren zu entrichten.

h) Für die Vornahme von Dienstreisen innerhalb des Bezirkes des Ortes, an dem das Amtsgericht seinen Amtssitz hat, kann eine Reiseentschädigung nicht verlangt werden.

Postportofreiheit.

§ 65. Bezüglich der Postportofreiheit der Gerichtsvollzieher bei Sendungen in Staatsdienstsachen verbleibt es bei den bisherigen Bestimmungen (vergl. die Bekanntmachungen vom 13. Dezember 1870, JMBl. S. 529, vom 5. März 1871, JMBl. S. 55, vom 16. Februar 1872, JMBl. S. 87, und vom 19. November 1897, JMBl. S. 261). Die Postportofreiheit findet nur bei Sendungen statt, die in Bayern aufgegeben und im bayerischen Staatsgebiete zu bestellen sind.

Die auf dem Gebiete der streitigen Rechtspflege in Armenrechtssachen vorkommenden Postsendungen unterliegen der Portopflicht. In den Angelegenheiten der freiwilligen Gerichtsbarkeit sind die Postsendungen in Armensachen portofrei zu behandeln.

Reichsstempel- und Staatsabgaben.

§ 66. Wegen der Verpflichtung der Gerichtsvollzieher, die der Reichsstempelabgabe unterliegenden Urkunden auf ihre Besteuerung zu prüfen, wird auf den § 40 des Reichsstempelgesetzes vom 27. April 1894 (R.-GBl. S. 381) und die Bekanntmachung vom 12. Februar 1882 (JMBl. S. 34) verwiesen.

Ferner wird wegen der Verpflichtung der Gerichtsvollzieher zur Entrichtung der für einzelne ihrer Amtshandlungen bestimmten Staatsabgaben auf die Artikel 193 bis 197 und 257 bis 264 des Gesetzes über das Gebührenwesen (Ges.- und Verordn.-Bl. 1899 S. 889 ff.) und die Bekanntmachung vom 21. März 1896 (JMBl. S. 117) verwiesen.

Schuldner der Kosten.

§ 67. Schuldner der für die Thätigkeit des Gerichtsvollziehers zur Erhebung gelangenden Gebühren ist der Auftraggeber.

Fälligkeit der Kosten.

§ 68. Die Gebühren und Auslagen sind, unbeschadet des § 788 der Civilprozeßordnung, fällig, sobald der Auftrag erledigt ist.

Beitreibung der Kosten.

§ 69. Erfolgt die Zahlung der rückständigen Gebühren und Auslagen nicht auf bloße Mahnung oder sind sie nicht durch Postnachnahme zu erheben, so hat der rechnungsführende Gerichtsschreiber ihre Beitreibung zu veranlassen.

§ 70. Der rechnungsführende Gerichtsschreiber hat die Beitreibung durch einen Gerichtsvollzieher vornehmen zu lassen. Zu diesem Zwecke hat er dem Gerichtsvollzieher eine vollstreckbare Ausfertigung des Ausstandsverzeichnisses zu übergeben, die er mit den einleitenden Worten: „Im Namen Seiner Majestät des Königs von Bayern" und der Vollstreckungsklausel

„Vorstehende Ausfertigung wird hiemit für vollstreckbar erklärt"

zu versehen hat. Die Vollstreckungsklausel ist von dem Gerichtsschreiber zu unterschreiben und mit dem Gerichtssiegel zu versehen (§ 725 der C.P.O.).

§ 71. Wohnt der Zahlungspflichtige in einem anderen Amtsgerichtsbezirke, so ist der rechnungsführende Gerichtsschreiber dieses Amtsgerichts unter Übersendung der vollstreckbaren Ausfertigung um die Beitreibung zu ersuchen.

§ 72. Von der Beitreibung eines Rückstandes ist dann abzusehen, wenn die Kosten der Beitreibung außer Verhältnis zu dem Betrage der beizutreibenden Gebühren und Auslagen stehen würden.

IV. Abschnitt.

Geschäftsbücher, Register, Akten und Belege.

1. Geschäftsbücher und Register.

Arten der Geschäftsbücher und Register.

§ 73. Es sind folgende Geschäftsbücher und Register zu führen:

1. das Zuteilungsregister,
2. das Dienstregister,
3. das Gebührenregister,

4. das alphabetische Nachschlageregister für Vollstreckungen,
5. das Asservatenbuch,
6. das Wechselprotestregister,
7. der Terminskalender.

Die zur Führung der Bücher und Register Verpflichteten.

§ 74. Das Zuteilungsregister wird nur in den Gerichtsvollziehereien geführt, denen ein eigener Gerichtsschreiber beigegeben ist; seine Führung obliegt diesem Gerichtsschreiber.

Jeder Gerichtsvollzieher hat ein Dienstregister, ein Wechselprotestregister und einen Terminskalender zu führen.

Das Nachschlageregister ist in den Gerichtsvollziehereien, denen ein Gerichtsschreiber beigegeben ist, von diesem, sonst von den einzelnen Gerichtsvollziehern zu führen.

Die Führung der Gebührenregister und der Asservatenbücher obliegt dem rechnungsführenden Gerichtsschreiber.

§ 75. Die Einträge in die Geschäftsbücher und Register werden entweder von dem mit der Führung Betrauten eigenhändig oder unter seiner Leitung, Überwachung und Verantwortlichkeit von den ihm beigegebenen Gehilfen gemacht.

Allgemeine Vorschriften über die Führung der Bücher und Register.

§ 76. Die Bücher und Register sollen sauber gehalten und deutlich geschrieben werden.

Radierungen, Einschaltungen und Zwischenschreibungen sollen vermieden werden. Wenn Verbesserungen nötig sind, sollen sie so vorgenommen werden, daß der ursprüngliche Text erkennbar ist.

§ 77. Die möglichste Abkürzung aller Einträge ist gestattet; es darf jedoch die Verständlichkeit und Deutlichkeit nicht darunter leiden.

Bezeichnung der Bücher und Register in einer Gerichtsvollzieherei.

§ 78. In den Gerichtsvollziehereien werden die Geschäftsbücher und Register für die mehreren Gerichtsvollzieher mit den Buchstaben A, B, C u. s. w. bezeichnet. Der Buchstabe ist in allen Fällen, in denen eine Geschäftsnummer auf einer Urkunde anzugeben ist, der Nummer voranzusetzen.

Das Zuteilungsregister.

§ 79. Für die sämtlichen Gerichtsvollzieher einer Gerichtsvollzieherei wird nur ein Zuteilungsregister geführt, das für ein Geschäftsjahr anzulegen ist.

§ 80. Für die einzelnen Einträge ist das anliegende Formular II maßgebend. Form. III.

§ 81. In das Zuteilungsregister werden alle während des Geschäftsjahrs anfallenden Aufträge nach der Zeitfolge geordnet unter fortlaufender Nummer eingeschrieben (Spalte 1 und 2). Aufträge, welche die Gerichtsvollzieher in ihrer Eigenschaft als Gerichtsdiener auszuführen haben, sind nicht in dieses Register einzustellen.

§ 82. Zur Bezeichnung der Beteiligten und des Geschäfts in der Spalte 3 genügt die Angabe des Familiennamens des Auftraggebers und der Person, der gegenüber der Auftrag vorzunehmen ist, sowie die Angabe der Art des vorzunehmenden Geschäfts (z. B. Gerer ./. Liebl. Zust.). Wird der Auftrag von einer Behörde erteilt, so ist diese kurz zu bezeichnen; ist die Behörde das Amtsgericht, bei welcher die Gerichtsvollzieherei errichtet ist, oder das Landgericht oder Oberlandesgericht, dem das Amtsgericht untersteht, oder die Staatsanwaltschaft bei diesen Gerichten, so kann der Name weggelassen werden, so daß als Auftraggeber lediglich „AG.“, „LG.“, „StA.“, „OStA.“ anzugeben ist.

§ 83. In der Spalte 4 ist lediglich der Buchstabe des Gerichtsvollziehers, dem der Auftrag zur Erledigung zugeteilt wird, anzugeben. Die Nummer des Registers, unter welcher der Gerichtsvollzieher den Auftrag in seinem Dienstregister einträgt, ist nicht anzugeben.

§ 84. Falls der Auftrag aus irgend welchem Grunde später an einen anderen Gerichtsvollzieher übergeht, ist in der Spalte 5 der Tag des Überganges und der Buchstabe des Gerichtsvollziehers, dem nunmehr die Sache zugeteilt wird, zu vermerken.

Das Dienstregister.

§ 85. Das Dienstregister wird für je ein Geschäftsjahr angelegt, zerfällt aber in Hefte, von denen jedes für einen Monat bestimmt ist.

Das Heft ist mit Seitenzahlen zu versehen; je zwei gegenüberliegende Seiten führen eine Nummer.

Die Nummern der Seiten laufen durch alle Hefte eines Geschäftsjahrs fort.

Auf dem Titelblatt eines jeden Heftes hat der Amts=

gerichtsvorstand mit Unterschrift und Siegelbeidruck zu vermerken, welche Seitennummern das Heft enthält.

Die Hefte, die das Buch für ein Geschäftsjahr bilden, sind am Schlusse des Jahres in einen Band oder erforderlichen Falles in mehrere Bände zu binden.

§ 86. Das Dienstregister ist dazu bestimmt, eine Übersicht über die dem Gerichtsvollzieher zugegangenen Aufträge, die zur Ausführung der Aufträge vorgenommenen Geschäfte und die auf diese Geschäfte erwachsenen Gebühren und Auslagen zu bieten. Sowenig wie in das Zuteilungsregister sind in das Dienstregister die Aufträge aufzunehmen, die der Gerichtsvollzieher nicht in dieser Eigenschaft, sondern in der Eigenschaft eines Gerichtsdieners auszuführen hat.

Form. II. **§ 87.** Für die einzelnen Einträge im Dienstregister ist das beigefügte Formular III maßgebend.

§ 88. Der Gerichtsvollzieher hat unmittelbar, nachdem er den Auftrag empfangen hat, die Spalten 1 und 2 bis 5 auszufüllen. Die Spalte 2 ist auszufüllen, sobald der Auftrag zu einem Eintrag in das Gebührenregister geführt hat.

§ 89. Jeder Auftrag erhält eine besondere Nummer. Im Zusammenhange stehende Aufträge, wie der Auftrag, das Urteil zuzustellen, und der Auftrag, auf grund des Urteils zu pfänden, sind dann, wenn die Erledigung der mehreren Geschäfte voraussichtlich an dem nämlichen Tage stattfindet, unter einer Nummer einzutragen.

§ 90. Die Nummern in der Spalte 1 gehen das ganze Geschäfsjahr hindurch. Sie beginnen auch dann nicht von neuem, wenn in der Person des Gerichtsvollziehers ein Wechsel eintritt.

§ 91. In der für den Tag des Auftrags bestimmten Spalte 3 kann auf jeder Seite die Monatsbezeichnung obenan geschrieben werden, damit sie nicht bei jedem Eintrage wiederholt werden muß. Doch ist darauf zu achten, daß nicht bei dem Beginn eines neuen Monats dessen Bezeichnung in der Spalte unterbleibt.

§ 92. In der Spalte 4 ist der Auftraggeber nach Vor- und Familiennamen, Stand und Wohnort, und, soweit veranlaßt, auch nach der Wohnung zu bezeichnen. Der Vorname kann abgekürzt und der Wohnort kann, wenn er mit dem Amtssitze des Gerichtsvollziehers zusammenfällt, weggelassen werden. Für den Fall, daß der Auftrag von einer Behörde erteilt wird, ist nach der Vorschrift des § 82 zu verfahren. Besteht die auftraggebende Partei aus mehreren Personen, so genügt die Bezeichnung einer von ihnen mit dem Beisatz: „u. Gen.". Wird der Auftrag von einem Vertreter erteilt, so ist dessen Familienname und Stand in Klammern unter die Bezeichnung des Auftraggebers zu setzen (z. B. RA. Pfad). Der Gerichtsschreiber des Prozeßgerichts, durch dessen Vermittelung ein Auftrag an den Gerichtsvollzieher gelangt, gilt nicht als Vertreter.

§ 93. Als Gegner ist in der Spalte 5 diejenige Person zu bezeichnen, bei der das Geschäft vorzunehmen ist. Der Gegner ist in der nämlichen Weise zu bezeichnen wie der Auftraggeber.

Bei der Zustellung desselben Schriftstücks an eine Mehrzahl von Personen genügt die Bezeichnung einer dieser Personen mit dem Beisatze der Anzahl der übrigen Personen.

§ 94. In der Spalte 6 ist der Tag einzutragen, an dem zur Ausführung des Auftrags das betreffende Geschäft vorgenommen wurde.

Bei den Zustellungen, um deren Bewirkung der Gerichtsvollzieher die Post ersucht, ist sowohl der Tag des an die Post gerichteten Ersuchens als auch der Tag anzugeben, an dem die Zustellungsurkunde dem Gerichtsvollzieher von der Post zugeht. Die beiden Tage werden in Bruchform unter einander gesetzt.

In der gleichen Weise ist zu verfahren, wenn ein Geschäft z. B. eine Siegelung mehrere Tage in Anspruch nimmt.

§ 95. In der Spalte 7 wird das Geschäft eingetragen, das zur Ausführung des erteilten Auftrags vorgenommen wurde.

War die Ausführung mehrerer Geschäfte nötig, so sind die einzelnen unter fortlaufenden Buchstaben (a, b, c) einzutragen.

Geschäfte, deren Vergütung in einem anderen Geschäft inbegriffen ist (§ 12 der RGO. f. GV.), sind nur dann einzutragen, wenn auf ihre Ausführung eine Auslage erwachsen ist.

Eine unmittelbare Zustellung durch den Gerichtsvollzieher

kann mit „U.Z." eine Zustellung durch die Post mit „P.Z.", eine Zustellung durch Aufgabe zur Post mit „A. z. P.Z." bezeichnet werden.

Richtet sich die Höhe der Gebühr nach der Zeitdauer, welche die Ausführung des Geschäfts in Anspruch genommen hat, so ist diese Zeitdauer beizusetzen.

Werden für das Geschäft Reisekosten berechnet, so ist die Entfernung des Ortes, an dem das Geschäft vorgenommen wurde, vom Amtssitz anzugeben.

Ist eine Sache, in der zugestellt, vollstreckt oder eine sonstige Thätigkeit vorgenommen wird, bei Gericht anhängig, so ist das Aktenzeichen des Gerichts beizusetzen.

Handelt es sich um die Vollziehung eines Arrestes oder einer einstweiligen Verfügung oder um eine Zustellung außerhalb des Prozesses, so sind diese Thatsachen zu vermerken.

Bei der freiwilligen Versteigerung ist die zu versteigernde Sache und, wenn es sich um eine Gesamtheit von Sachen handelt, der Gegenstand kurz zu bezeichnen (z. B. Teppichlager, Bibliothek, Obst).

§ 96. Die Spalte 8 ist nur dann auszufüllen, wenn die Gebühren für das Geschäft sich nach dem Werte des Gegenstandes berechnen.

Bei dem Auftrage zur Pfändung von beweglichen Sachen, von ausstehenden Früchten, von Forderungen aus Wechseln und anderen Orderpapieren ist die Höhe der beizutreibenden Forderung, bei einem Auftrage zur Erhebung eines Wechselprotestes die Wechselsumme, wegen deren es zum Proteste kommt, und bei dem Auftrage zur Übernahme beweglicher Sachen zum Zwecke ihrer Verwertung der Wert der Sachen anzugeben.

§ 97. Die Spalten 6 bis 8 und, soweit die Spalten 9 bis 21 in Betracht kommen, auch diese, sind gleichzeitig, unmittelbar nach der Vornahme der Geschäfte, auszufüllen.

§ 98. In den Spalten 9 bis 21 sind die Gebühren und Auslagen, die sich für die ausgeführten Geschäfte berechnen, nicht etwa die wirklich vereinnahmten Beträge einzutragen.

§ 99. Die in den Spalten 9 bis 21 eingetragenen Gebühren und Auslagen müssen sich in Übereinstimmung mit der Berechnung befinden, die unter den Urschriften der aufgenommenen Urkunden aufgestellt ist, und, was gesondert anfallende Auslagen anlangt, zu den zugehörigen Urkunden vermerkt wurden (§§ 57, 61).

§ 100. In die Spalten 9 bis 21 sind auch die Gebühren und Auslagen einzustellen, die sich für Geschäfte in Armenrechtssachen berechnen.

§ 101. In der Spalte 9 sind alle Gebühren und Auslagen einzutragen, die nicht zu den in den Spalten 10 bis 13 aufgeführten Gebühren zählen. Zu den in Spalte 9 einzutragenden Gebühren gehören insbesondere auch die Gebühren für Benützung der Pfandkammer einer Gerichtsvollzieherei.

Wenn die Gebühr, wie dies z. B. bei Inventuren vorkommen kann, nach einer einstweiligen Berechnung angegeben wird, so ist diese zu vermerken. Findet nachträglich eine Berichtigung der einstweiligen Berechnung statt, so ist der Vortrag entsprechend zu ändern. Konnte die Änderung erst nach dem Abschlusse des Monatshefts erfolgen, so ist die Sache unter einer neuen Nummer im Dienstregister einzutragen; findet infolge der Berichtigung eine Erhöhung der Gebühr statt, so ist in der Spalte 9 bei der neuen Nummer lediglich der Unterschied zwischen der unter der alten Nummer eingetragenen Gebühr und der berichtigten Gebühr einzutragen; mindert sich die Gebühr, so ist der Minderbetrag als Auslage in die Spalte 18 einzustellen; in beiden Fällen ist in der Spalte 22 auf die beiden Nummern gegenseitig zu verweisen und der Sachverhalt kurz zu erläutern.

§ 102. In der Spalte 18 sind diejenigen Auslagen einzutragen, die nicht in einer der vorangehenden Spalten Berücksichtigung gefunden haben.

Zu den anderen Auslagen zählen auch die Staatsabgaben, welche die Gerichtsvollzieher für einzelne Amtshandlungen zu entrichten haben (§ 66).

§ 103. Die Gebühren- und Auslagenansätze in den Spalten 9 bis 21 sind für jeden Monat zu summieren.

§ 104. In die Spalte 22 sind, abgesehen von den Vermerken, die nach ausdrücklicher Vorschrift in diese Spalte verwiesen sind, diejenigen Bemerkungen aufzunehmen, die zur Klarstellung des Sachverhalts zweckmäßig erscheinen.

Insbesondere ist durch die Einsetzung des Zeichens „A.S." anzugeben, daß eine Sache Armenrechtssache ist.

Ferner ist der Tag anzugeben, an dem eine Aufforderung an den Auftraggeber zur Einzahlung eines Kostenvorschusses erging.

Ist ein Auftrag nicht weiter auszuführen, weil er an einen anderen Gerichtsvollzieher oder eine andere Gerichtsvollzieherei abzugeben war, die Person, der zugestellt werden sollte, nicht aufgefunden wurde, der Gläubiger seine Befriedigung angezeigt hat, von der Pfändung auf grund des § 803 Abs. 2 der Civilprozeßordnung abgestanden werden mußte und die vollstreckbare Ausfertigung schon an den Auftraggeber zurückgegeben ist, der eingeforderte Kostenvorschuß nicht erlegt wurde (§ 62 lit. d), so sind diese Umstände zu vermerken.

Außerdem ist in dieser Spalte auf die Nummer des Dienstregisters zu verweisen, unter der ein früher vorgenommenes Geschäft in der nämlichen Sache vorgetragen ist. Liegt das Geschäft um mehr als 6 Monate von dem Anfange des Monats, an dem der neue Eintrag erfolgt, gerechnet zurück, so kann die Verweisung unterbleiben.

Das Gebührenregister.

§ 105. Das Gebührenregister ist dazu bestimmt, jederzeit Aufschluß über die für die Geschäfte des Gerichtsvollziehers berechneten Gebühren und Auslagen, über die wirklichen Einnahmen an solchen Gebühren und Auslagen, über Einnahmenrückstände und über den Stand der Vorschüsse zu geben und als Grundlage für die Abrechnung mit der Finanzbehörde zu dienen.

§ 106. Es ist für je ein Geschäftsjahr anzulegen und zerfällt in Hefte, von welchen jedes für 3 Monate bestimmt ist.

Die im § 85 Abs. 2 bis 4 bezüglich des Dienstregisters erteilten Vorschriften finden auch auf das Gebührenregister Anwendung.

§ 107. In einer Gerichtsvollzieherei wird für jeden Gerichtsvollzieher ein besonderes Gebührenregister geführt.

§ 108. Die Einträge in das Gebührenregister haben zu erfolgen, sobald der Gerichtsvollzieher die Urkunde über ein von ihm in der Sache ausgeführtes Geschäft vorlegt.

Form. IV.

§ 109. Das Gebührenregister wird nach dem beigefügten Formular IV geführt.

§ 110. Die Nummern in der Spalte 1 laufen das ganze Geschäftsjahr hindurch fort.

§ 111. Macht die Erledigung der Sache voraussichtlich die Vornahme mehrerer Geschäfte nötig, so ist bis zur nächsten Nummer soviel Zwischenraum leer zu lassen, als für die zu erwartenden mehreren Einträge erforderlich erscheint. Reicht der Raum später nicht zu oder erfolgt die Vornahme weiterer Geschäfte erst nach dem Abschlusse des Heftes, so ist die Sache unter einer neuen Nummer einzutragen und in der Spalte 1, durch einen Querstrich getrennt, unter die frühere Nummer die neue und unter die neue Nummer die frühere zu setzen.

§ 112. Finden in einer Sache mehrere Geschäfte statt, so sind in der Spalte 3 die Tage, an denen die einzelnen Geschäfte ausgeführt werden, unter einander und in gleicher Linie mit dem ausgeführten einzelnen Geschäfte zu setzen. Tag und Monatszahl sind mit arabischen Ziffern nebeneinander zu setzen.

§ 113. Zur Bezeichnung der Sache in der Spalte 4 genügt die Angabe der Familiennamen des Auftraggebers und des Gegners, und wenn die Sache bei einem Gericht anhängig war, die Angabe des Aktenzeichens des Gerichts. Besteht die auftraggebende oder die gegnerische Partei aus mehreren Personen, so ist dies durch den Beisatz „u. Gen.“ anzudeuten.

§ 114. Die Bezeichnung des Geschäfts und des Wertes des Gegenstandes in den Spalten 5 und 6 hat in der in den §§ 95, 96 für das Dienstregister vorgeschriebenen Weise zu erfolgen. Werden in derselben Sache mehrere Geschäfte ausgeführt, so sind diese Geschäfte unter einander vorzutragen; falls sich für die einzelnen Geschäfte der Gegenstandswert verschieden berechnet, ist der Gegenstandswert zu jedem einzelnen Geschäft jeweils besonders anzugeben.

§ 115. In den Spalten 7—13 müssen sich die Einträge, falls mehrere Geschäfte ausgeführt werden, mit den zugehörigen Einträgen in den Spalten 3, 5 und 6 auf der gleichen Linie halten.

§ 116. Die Einträge in den Spalten 7 bis 13 haben nach Maßgabe des Vordrucks zu erfolgen.

In die Spalte 8 gehören die Gebühren für Zwangsvollstreckungshandlungen, für Wechselproteste, für die Ausführung des Auftrags, dem Gläubiger die geschuldete Leistung thatsächlich anzubieten, und für die Entgegennahme der Wechselzahlung, in die Spalte 13 die Gebühr für das Schreiben von Mahnbriefen, für die Erwirkung eines Zahlungs- oder Vollstreckungsbefehls, die Erwirkung der Terminsfestsetzung im Falle des Widerspruchs des Schuldners gegen einen Zahlungsbefehl, sowie die Gebühren für freiwillige Versteigerungen, in die Spalte 7 endlich alle übrigen Gebühren und Schreibgebühren.

In der Spalte 10 ist außer dem Betrage der verwendeten Gebührenmarken auch der Betrag etwaiger Abgaben für einzelne Geschäfte an die Staatskasse (§ 66 Abs. 2) auszusetzen.

In der Spalte 12 sind auch die Auslagen einzutragen, die für die Benützung von Fuhrwerk durch den Gerichtsvollzieher (§ 27 der GVO.) oder die aus Anlaß eines Geschäfts sonst der Staatskasse erwachsen, ohne daß die Parteien zu ihrer Erstattung verflichtet wären (§ 64 lit. g). Befinden sich unter den in Spalte 12 eingesetzten Beträgen solche Auslagen, so ist dies in der Spalte 28 ausdrücklich zu bemerken.

§ 117. Der Eintrag in der Spalte 14 muß sich mit dem Eintrag in der Spalte 21 des Dienstregisters decken.

§ 118. Bezüglich der Einträge in den Spalten 15 bis 18 einer- und in den Spalten 19 bis 22 andrerseits gilt das im § 116 Bemerkte.

Die Spalten 15 bis 18 sind auszufüllen, sobald eine Zahlung von dem Auftraggeber geleistet, ein erlegter Vorschuß zur Deckung der Kosten verwendet oder ein Kostenbetrag von dem Gegner des Auftraggebers beigetrieben wird.

Die Ausfüllung der Spalten 19 bis 22 hat unmittelbar vor dem Abschlusse des Registerhefts zu erfolgen.

§ 119. In die Spalte 23 ist der von dem Auftraggeber in der betreffenden Sache erlegte oder in einer anderen Sache nicht aufgebrauchte und hieher zu übertragende Vorschuß einzustellen (§ 62 lit. f).

§ 120. In der Spalte 24 ist nur der Betrag des Vorschusses einzutragen, der zur Deckung der in der betreffenden Sache erwachsenen Kosten verwendet wird, während in der

Spalte 25 der Betrag einzusetzen ist, der an den Auftraggeber zurückvergütet wurde oder in einer anderen Sache desselben Auftraggebers Verwendung finden soll.

§ 121. Die Spalte 26 nimmt Bezug auf die Spalte 25. Wurde der erlegte Vorschuß ganz oder teilweise dem Auftraggeber zurückvergütet und von ihm über den Rückempfang eine besondere Quittung ausgestellt oder erfolgte die Rückvergütung durch Einzahlung auf Postanweisung oder in eingeschriebenem Briefe, so ist die Nummer, die der Quittung oder dem Postaufgabeschein als Beleg gegeben wurde, einzutragen; wurde hingegen der Vorschuß ganz oder teilweise zu einer anderen Sache übergetragen, so ist auf die Nummer, unter der die andere Sache im Gebührenregister eingetragen ist, zu verweisen.

Wird der nicht verbrauchte Vorschuß dem persönlich erschienenen Auftraggeber unmittelbar zurückgegeben, so bedarf es der Ausstellung einer besonderen Quittung nicht, sondern es kann der Rückempfang in der Spalte 27 bestätigt werden.

§ 122. Die Spalte 27 dient außerdem zum Eintrage der Bestätigungen des Gerichtsvollziehers, daß ihm die Auslagen, die er aus eigener Tasche bestritten hatte, von dem rechnungsführenden Gerichtsschreiber rückvergütet und daß ihm die in der Spalte 11 vorgetragenen Reisekosten von dem rechnungsführenden Gerichtsschreiber ausbezahlt wurden.

Die in der Spalte 27 einzutragenden Empfangsbestätigungen sollen den Betrag, über den quittiert wird, den Tag des Empfanges und die Unterschrift des Empfängers enthalten.

§ 123. Die Spalte 28 ist zur Aufnahme etwaiger Erläuterungen, die erforderlich erscheinen, bestimmt.

Insbesondere ist in diese Spalte aufzunehmen, ob die eingetragene Sache Armenrechtssache ist, ob und aus welchem Grunde sonst die Einnahmerückstände uneinbringlich sind, oder ob diese Rückstände, weil ihre Uneinbringlichkeit noch nicht feststeht, in das Registerheft desjenigen Quartals übertragen wurden, in dem die Abrechnung mit der Finanzbehörde erfolgt. Falls sich bei dem Abschlusse des Registerhefts noch Einnahmerückstände ergeben, soll auch angegeben werden, warum die Einforderung eines Vorschusses unterlassen wurde.

Das Nachschlageregister für Vollstreckungen.

§ 124. Das Nachschlageregister hat den Zweck, das

rasche Auffinden der einzelnen Vollstreckungen, in denen der Gerichtsvollzieher thätig wurde, zu erleichtern. Es ist in den Gerichtsvollziehereien, denen ein eigener Gerichtsschreiber beigegeben ist, für die mehreren Gerichtsvollzieher gemeinsam zu führen.

§ 125. Das Nachschlageregister soll gebunden sein und Form. V. eine Einrichtung nach dem beigefügten Formular V besitzen.

Es wird zweckmäßig auf eine Reihe von Jahren angelegt und wird um so mehr Jahre umfassen können, je geringer die Zahl der bei dem Gerichtsvollzieher oder der Gerichtsvollzieherei anfallenden Geschäfte ist.

§ 126. Die Einträge in das Register sollen spätestens in dem Zeitpunkt erfolgen, in dem der Gerichtsvollzieher eine weitere Thätigkeit in der Vollstreckungssache vorläufig nicht zu entfalten hat.

§ 127. Das Register ist nach dem Namen der Schuldner zu ordnen. Durch ein eingeklebtes oder eingeschnittenes Alphabet wird sich der mit dem Register verfolgte Zweck wesentlich fördern lassen.

§ 128. Das Register hat zuvörderst den Familien- und Vornamen des Schuldners, daneben den Familiennamen des Auftraggebers zu enthalten. Sind diese Namen häufig vorkommende, so empfiehlt sich die Beisetzung des Wohnorts oder der Wohnung.

In zwei weiteren Spalten ist einzutragen, unter welcher Nummer die Vollstreckungssache im Dienst- und im Gebührenregister eingetragen ist. Den Nummern sind in Bruchform die beiden letzten Ziffern des Jahrganges beizusetzen. In den für Gerichtsvollziehereien geführten Registern ist auch der Buchstabe des Gerichtsvollziehers, der in der Sache thätig wurde, anzugeben.

In einer letzten Spalte sind etwa veranlaßte Bemerkungen und insbesondere der Vermerk einzutragen, ob die Sache vollständig erledigt ist.

Das Asservatenbuch.

§ 129. Das Asservatenbuch ist dazu bestimmt, jederzeit Aufschluß über den Stand der Gelder, Wertpapiere und sonstigen Asservate zu geben, die aus Anlaß des Dienstes der Gerichtsvollzieher in Gewahrsam genommen wurden.

§ 130. Für jeden Gerichtsvollzieher wird ein Asservatenbuch geführt. Das Buch ist in der Regel für ein Jahr anzulegen, kann aber auch für mehrere Jahre angelegt werden. Es ist zu binden und mit Seitenzahlen zu versehen; je zwei gegenüberliegende Seiten führen dieselbe Nummer. Der Amtsgerichtsvorstand hat auf dem Titelblatte die Zahl der Seiten mit Unterschrift und Siegelbeidruck zu bestätigen.

§ 131. Das Asservatenbuch ist nach beigefügtem Formular VI zu führen. Form. VI.

§ 132. Ist das Asservatenbuch für mehrere Jahre bestimmmt, so ist dem ersten Eintrage des einzelnen Jahres die Jahreszahl groß und deutlich voranzustellen. Die Nummern in der Spalte 1 laufen je für ein Geschäftsjahr durch.

§ 133. In der Spalte 2 ist die Nummer anzugeben, unter der die Sache im Dienstregister eingetragen ist. Ist eine Nummer des Dienstregisters aus dem Vorjahre einzutragen, so sind der Nummer in Bruchform die beiden letzten Ziffern der Jahreszahl beizusetzen.

§ 134. In der für den Tag des Eintrags bestimmten Spalte 3 kann wie im Dienstregister auf jeder Seite die Monatsbezeichnung obenan eingestellt werden.

§ 135. Ist anzunehmen, daß in derselben Sache noch weitere Parteigelder oder sonstige Asservate in Gewahrsam zu nehmen sein werden, so kann bis zur nächsten fortlaufenden Nummer ein Raum von mehreren Zeilen offen gelassen werden. Kommen solche Asservate später ein, so ist in der Spalte 3 auch der Tag des neuen Eintrags zu vermerken.

§ 136. Die Spalte 4 ist mit der Bezeichnung des Auftraggebers und des Gegners sowie mit der Bezeichnung des Geschäfts, infolge dessen die Parteigelder und sonstige Asservate in Gewahrsam genommen werden, auszufüllen.

§ 137. In den Spalten 5 und 6 sind die Beträge an Geld und Papier einzustellen, die entweder vom Auftraggeber z. B. zum Zwecke eines thatsächlichen Angebots übergeben oder die infolge der Erledigung des Auftrags für den Auftraggeber eingenommen werden (so die von dem Schuldner gezahlten oder beigetriebenen Gelder, der Erlös aus freiwilligen Versteigerungen u. s. w.)

§ 138. In der Spalte 5 sind nur diejenigen Beträge einzutragen, die in Münzen der Reichswährung, in Reichskassenscheinen oder in Banknoten deutscher Banken bestehen. Beträge, die in ausländischen Münzen, ausländischem Papiergeld und ausländischen Banknoten bestehen, werden in der Spalte 6 eingetragen. Dabei genügt es, wenn sowohl bei dem baren Gelde als bei dem Papiergeld und den Banknoten die Summe nach der fremden Währung angegeben und beigefügt wird, daß der Betrag in barem Geld oder in Papier besteht (z. B. „150 fl. ö. W. bar", oder „150 fl. ö. W. in Papier").

In der Spalte 6 sind auch die Wertpapiere (Staats- und Kommunal-Obligationen, Pfandbriefe, Aktien, Prioritäts-Obligationen u. s. w.), sie mögen auf den Inhaber oder auf Namen, auf Reichswährung oder auf eine andere Währung lauten, sowie die Wechsel und sonstigen Orderpapiere einzutragen. Wertpapiere sind nach Art, Nummer und Nominalbetrag anzugeben; bei verzinslichen Wertpapieren ist auch der Zinsfuß anzuführen; ebenso sind die Zins-, Renten- und Gewinnanteilscheine, sowie die Erneuerungsscheine zu erwähnen (z. B. 2 Stück 4% bayer. Eisenb.-Anl.-Obl. zu je 1000 Mk. Ser. 1995 Cat.-Nr. 99725/6, Zinsscheine vom 1./VII. 1900 bis 1./VII. 1907, Erneuerungsschein). Bei den Wechseln genügt die Angabe des Ausstellers und, wenn der Wechsel ein gezogener ist, des Trassaten sowie der Wechselsumme.

§ 139. In den Spalten 7 und 8 sind die Gelder oder Wertpapiere, die an die Empfangsberechtigten ausgehändigt oder unter ihrer Adresse zur Post gegeben oder hinterlegt worden sind, sowie auch die Wertpapiere anzugeben, die der Gerichtsvollzieher aus freier Hand zu verkaufen oder zu versteigern hat (§ 821 der C.P.O.)

Werden die sämtlichen vereinnahmten Wertpapiere auf einmal wieder hinausgegeben, so bedarf es in der Spalte 8 nicht der nochmaligen Aufzählung dieser Papiere, sondern es genügt die Angabe: „Die in der Spalte 7 bezeichneten Wertpapiere".

Wenn ein Versteigerungserlös unter mehrere Gläubiger zu verteilen ist, so sind die einzelnen Teilbeträge anzugeben; der Eintrag hat, soweit die Spalte 7 nicht Raum bietet, in der Spalte 14 zu erfolgen.

§ 140. In der Spalte 9 sind die Nummern, die den als Belege für die Verausgabung oder die Hinterlegung dienenden Quittungen der Empfänger oder der Hinterlegungsstelle oder, falls die Verausgabung mittels Übersendung durch Postanweisung oder eingeschriebenen Brief erfolgte, den Postaufgabescheinen gegeben wurden, einzutragen.

§ 141. In der Spalte 10 sind nur die in Gewahrsam genommenen Kostbarkeiten einzeln zu verzeichnen. Andere aus Anlaß des Dienstes des Gerichtsvollziehers bei Gericht eingeschaffte Gegenstände sind gegebenenfalls unter einem Sammelbegriffe, wie Kleider, Seidenstoffe, Zimmereinrichtung, Hausrat u. s. w., kurz zu bezeichnen.

§ 142. Die Spalte 11 soll über die Ausräumung der in der Spalte 10 aufgeführten Gegenstände Auskunft geben. Erfolgt die Ausräumung der sämmtlichen Gegenstände gleichzeitig, so genügt zur Ausfüllung der Spalte 11 die Bemerkung: „Die in der Spalte 10 aufgeführten Sachen."

§ 143. In der Spalte 12 ist die Nummer des Ausräumungsbelegs einzutragen.

§ 144. Bei den Gerichtsvollzichereien, bei denen eine Pfandkammer eingerichtet ist, kann die Ausfüllung der Spalten 10 bis 12 durch die Einführung eines Lagerbuchs für die Pfandkammer ersetzt werden. Die Einrichtung, die dem Lagerbuche zu geben ist, hat der Amtsgerichtsvorstand zu bestimmen. Der Amtsgerichtsvorstand hat die Anordnungen, die er in dieser Richtung trifft, dem Staatsministerium der Justiz anzuzeigen.

§ 145. Wenn Parteigelder oder sonstige Asservate der Partei persönlich hinausgegeben werden, so bedarf es der Ausstellung einer Quittung nicht, wenn der Empfang in der Spalte 13 unterschriftlich bestätigt wird.

Die Spalte 13 ist auch für die Empfangsbestätigung des Gerichtsvollziehers bestimmt, dem Gelder zur Hinterlegung oder Wertpapiere und sonstige Asservate zum freihändigen Verkauf oder zur Versteigerung ausgehändigt werden.

§ 146. Die Spalte 14 ist für Erläuterungen, die für erforderlich erachtet werden, bestimmt.

In dieser Spalte ist auch auf die übrigen Nummern des Buches zu verweisen, unter denen etwa die weitere Verein=

nahmung von Parteigeldern oder Asservaten in der nämlichen Sache vorgetragen ist.

Ferner ist in dieser Spalte einzutragen, auf welche Weise die in den Spalten 7, 8, 11 vermerkte Verausgabung der Parteigelder und Asservate erfolgt ist, ob durch Hinausgabe an die Empfangsberechtigten, oder durch Hinterlegung oder durch Hinausgabe an den Gerichtsvollzieher zum Verkauf oder zur Versteigerung u. s. w.

Das Wechselprotestregister.

§ 147. Das von jedem Gerichtsvollzieher zu führende Wechselprotestregister ist nicht für einen bestimmten Zeitraum anzulegen.

Es soll gebunden und mit fortlaufenden Seitenzahlen versehen sein. Auf dem Titelblatte hat der Amtsgerichtsvorstand vor der Ingebrauchnahme die Zahl der Seiten des Buches festzustellen; der Feststellungsvermerk soll mit Datum, Unterschrift und Siegelbeidruck versehen sein.

§ 148. In das Wechselprotestregister hat der Gerichtsvollzieher die aufgenommenen Proteste Tag für Tag nach Ordnung des Datums einzutragen.

Die Eintragung soll eine wortgetreue Abschrift des Wechselprotestes und damit zugleich eine Abschrift des Wechsels enthalten. In der Abschrift des Wechsels sollen alle Zeichen und Striche wiedergegeben sein, die der Wechsel trägt; auch soll daraus ersichtlich sein, welche Stempelmarken auf dem Wechsel verwendet und wie sie angebracht und entwertet sind.

Der Terminskalender.

§ 149. Der Gerichtsvollzieher hat einen Kalender zu führen, worin die von ihm angesetzten Versteigerungstermine und die Termine für die Wiedervorlage von Urkunden und Akten zum Zwecke des Weiterbetriebs von Dienstgeschäften einzutragen sind. Letzterer Fall kommt insbesondere dann vor, wenn der Gläubiger dem Schuldner Stundung auf eine gewisse Frist gewährt hat.

Abschluß der Register.

§ 150. Die einzelnen Hefte des Dienstregisters sind am Ende jeden Monats abzuschließen. Außerdem findet auch am Ende jeden Quartals und am Ende des Jahres ein Abschluß des Registers statt. Bei diesem Jahresabschlusse sind die Ergebnisse der Monatsabschlüsse zusammenzustellen und zu summieren. Die Abschlußziffern des Vierteljahrs sollen zur

Prüfung der Vollständigkeit der Einträge im Gebührenregister dienen.

Die Quartalshefte des Gebührenregisters sind mit dem Ablaufe des nächsten Vierteljahres abzuschließen, so daß z. B. das für die Monate Januar mit März bestimmte Heft am 30. Juni abgeschlossen werden muß. Die Spalten 7 bis 25 sind dabei monatsweise zu summieren. Diejenigen Einnahmenrückstände (Spalte 19 bis 22), deren Uneinbringlichkeit bei dem Abschlusse noch nicht erwiesen ist, sind in das Gebührenregister desjenigen Quartals zu übertragen, das dem Abschlusse des Registers folgt. Die Übertragung hat in der Weise zu geschehen, daß die zu übertragenden Sachen unter der alten Nummer dem ersten Eintrag im neuen Quartale voranzustellen sind und für etwaige Nachträge (§ 63 lit. g, h) ein entsprechender Raum offen zu halten ist. Die Überträge sind am Schlusse des neuen Quartals gesondert zu summieren; die Summe ist dem Ergebnisse des neuen Quartals zuzuzählen.

In das Dienstregister dürfen nach dem Monatsabschluß und in das Gebührenregister dürfen nach dem Quartalsabschlusse weitere Einträge nicht mehr gemacht werden; eine Ausnahme gilt nur für die Spalten „Bemerkungen", in die erforderlichen falls noch weitere Verweisungen, Erläuterungen u. s. w. aufgenommen werden können.

Im Asservatenbuch und im Wechselprotestregister ist am Schlusse eines Jahres gleichfalls ein Abschluß vorzunehmen.

Der Abschluß geschieht in der Weise, daß im Dienstregister und im Gebührenregister unter die Summenziehung und im Asservatenbuch und im Wechselprotestregister unter den letzten Eintrag über die ganze Breite der Bücher und Register ein Abschlußstrich gezogen und darunter der Abschlußvermerk gesetzt wird:

„Hiemit wird das Dienstregister (Gebührenregister, Asservatenbuch, Wechselprotestregister) für den Monat (das Quartal, das Jahr) . . . . , enthaltend . . . . Einträge abgeschlossen.

N. den . . . . . . 19 . .

Siegel. X., Gerichtsvollzieher
(Y., Gerichtsschreiber)."

5*

Buchführung der Gerichtsvollzieher im Nebenamt.

§ 151. Die Amtsgerichtsdiener, denen das Gerichtsvollzieheramt als Nebenamt übertragen ist, haben die gleichen Bücher wie die Gerichtsvollzieher anzulegen und in der gleichen Weise wie diese zu führen.

Buchführung der Gerichtsvollzieher für Strafsachen.

§ 152. Bezüglich der Geschäftsbücher, welche die Gerichtsvollzieher für Strafsachen zu führen haben, bleibt es, was die Beitreibung von Strafgeldern und Kostenbeträgen anlangt, bei den dermalen für die Gerichtsvollzieher für Zustellungen und Zwangsvollstreckungen in Strafsachen getroffenen Anordnungen. Die Amtsgerichtsvorstände sind ermächtigt, etwa erforderliche Änderungen zu verfügen. Die verfügten Änderungen sind dem Staatsministerium der Justiz anzuzeigen.

2. Akten und Belege.

Gattungen der Akten.

§ 153. An Akten sind zu führen:
1. Generalakten,
2. Vollstreckungs- und Versteigerungsakten,
3. Sammelakten.

Die Generalakten.

§ 154. Die Führung der Generalakten obliegt in den Gerichtsvollziehereien, denen ein eigener Gerichtsschreiber beigegeben ist, diesem Gerichtsschreiber, in den Gerichtsvollziehereien ohne eigenen Gerichtsschreiber dem Gerichtsvollzieher, den der Amtsgerichtsvorstand bestimmt, bei den Amtsgerichten mit nur einem Gerichtsvollzieher dem Gerichtsvollzieher. Bei Gerichtsvollziehereien mit starker Personalbesetzung kann der Amtsgerichtsvorstand anordnen, daß die Generalakten in mehreren Exemplaren geführt werden.

§ 155. In die Generalakten sind alle auf die Dienstführung bezüglichen Anordnungen aufzunehmen.

Sie sind nach folgenden Geschäftszweigen zu sondern:
1. Der Dienst im allgemeinen,
2. Zustellungen von Amtswegen,
3. sonstige Zustellungen und Behändigungen,
4. Vollstreckungen, öffentliche Versteigerungen und ähnliche Fälle.
5. Wechselproteste,

6. freiwillige Versteigerungen und
7. Kostenwesen.

Bezieht sich eine Anordnung auf mehrere in gesonderten Abteilungen der Generalakten behandelte Geschäftszweige, so ist ein Auszug aus der Anordnung zu den Akten zu bringen, in welche die Anordnung nicht selbst eingeheftet wird.

Die einzelnen Generalakten sind mit entsprechend zu überschreibenden Umschlägen und mit einem Aktenrenner zu versehen. Sie sind stets evident zu halten.

Die Vollstreckungs- und Versteigerungsakten.

§ 156. Jeder Gerichtsvollzieher hat für jeden Auftrag zur Vornahme einer Vollstreckung oder einer öffentlichen oder freiwilligen Versteigerung einen besonderen Akt anzulegen, dem alle auf die Vollstreckung oder die Versteigerung bezüglichen Urkunden und sonstigen Schriftstücke einverleibt werden.

Der Akt ist, sofern er nicht aus einem einzigen Bogen besteht, mit einem Umschlage zu versehen. Auf dem Umschlag ist die Nummer des Dienstregisters und des Gebührenregisters, in den Gerichtsvollziehereien auch der Buchstabe des Gerichtsvollziehers, sowie der Betreff der Sache anzugeben.

Die einzelnen dem Akte einverleibten Aktenstücke sind mit der Nummer des Dienstregisters, bei Gerichtsvollziehereien auch mit dem Buchstaben des Gerichtsvollziehers, und unter sich mit fortlaufender Nummer zu versehen.

§ 157. Aus den Akten muß der Stand der Sache jederzeit zu ersehen sein.

§ 158. Wird ein zu den Akten gehöriges Schriftstück hinausgegeben, so ist in den Akten hierüber Vormerkung zu machen. Dies gilt insbesondere auch im Falle der Abgabe der auf das Verfahren sich beziehenden Schriftstücke an das Vollstreckungsgericht (§ 827 Abs. 2 und § 854 Abs. 2 der CPO.). Der vollstreckbare Schuldtitel, die Postscheine und die Empfangsbestätigung gehören nicht zu den an das Vollstreckungsgericht abzugebenden Schriftstücken.

§ 159. Die vollstreckbaren Schuldtitel sind, wenn sie nicht nach § 857 Abs. 1 der CPO. dem Schuldner ausgeliefert werden mußten, unverzüglich dem Auftraggeber zurückzugeben, sobald der Auftrag erledigt ist oder sich ergeben hat, daß der Auftrag nicht weiter vollzogen werden kann, und die Kosten gedeckt sind.

§ 160. Ist der Akt erledigt, so versieht ihn der Gerichtsvollzieher mit dem Vermerk „erledigt".

Befindet sich der Vollstreckungstitel noch bei den Akten, so ist auch diese Thatsache bemerkbar zu machen.

Die Sammelakten.

§ 161. Die Schriftstücke über Aufträge, die nicht eine Vollstreckung oder Versteigerung betreffen, sind bis zur Erledigung des Auftrags und bis ihre Hinausgabe möglich ist, jahrgangsweise in der Nummernfolge des Dienstregisters in einem oder nötigenfalls mehreren Umschlägen zu sammeln.

Die Belege.

§ 162. Die Quittungen und die Postscheine über die Hinausgabe oder die Versendung von Parteigeldern und Kostenvorschüssen sind vom rechnungsführenden Gerichtsschreiber als Belege zu sammeln.

Zu den Akten des Gerichtsvollziehers ist die Nummer des Belegs, der Empfänger und die Höhe des hinausgegebenen oder versendeten Betrags zu vermerken. Die Belege erhalten durch das ganze Geschäftsjahr fortlaufende Nummern. Sie sind in Umschlägen, auf denen die Nummern der in ihnen enthaltenen Belege angegeben sind (z. B.: „Geschäftsjahr 1900 Belege 1—100"), zu vereinigen.

3. Aufbewahrung der Geschäftsbücher, Register, Akten und Belege.

§ 163. Sämtliche Geschäftsbücher, Register, Akten und Belege, die bei den einzelnen Gerichtsvollziehern und in den Gerichtsvollziehereien erwachsen, sind derart aufzubewahren, daß sie vor Eingriffen dritter Personen geschützt sind und ihre Einsichtnahme durch Unbefugte ausgeschlossen ist.

§ 164. Die Vollstreckungs- und Versteigerungsakten werden nach Jahrgängen — in der Reihenfolge der Nummern des Dienstregisters — getrennt aufbewahrt. Dabei werden die Akten über laufende und die über erledigte Vollstreckungen und Versteigerungen von einander gesondert.

§ 165. Die Schriftstücke über Aufträge, die nicht eine Vollstreckung oder eine Versteigerung betreffen, sind nach der Erledigung des Auftrags von den Schriftstücken über noch nicht erledigte derartige Aufträge zu trennen und in besonderen Umschlägen zu verwahren.

§ 166. Außer Gebrauch gesetzte Vollstreckungs- oder Versteigerungsakten sind in der Regel an die Registratur des Amtsgerichts abzugeben.

§ 167. Die Belegsammlungen sind thunlichst in einem Kassenschranke zu verwahren.

§ 168. Dem Amtsgerichtsvorstand bleibt unbenommen, bezüglich der Sammlung und Verwahrung der Geschäftsbücher und Register und der Akten und Belege ergänzende Anordnungen zu treffen.

4. Einsicht der Geschäftsbücher, Register, Akten und Belege.

§ 169. Jeder Person, die bei einer von einem Gerichtsvollzieher vorgenommenen Vollstreckung beteiligt ist, muß auf Verlangen die Einsicht der auf die Vollstreckung bezüglichen Akten und Einträge in den Geschäftsbüchern und Registern gestattet und gegen Entrichtung der Schreibgebühren eine Abschrift einzelner Schriftstücke oder der auf die Sache bezüglichen Stellen der Geschäftsbücher und Register erteilt werden (§ 760 der CPO.).

Personen, die ein rechtliches Interesse an der Sache nicht haben, darf weder die Einsicht der Akten gestattet, noch Abschrift eines Schriftstücks erteilt werden.

V. Abschnitt.

Geschäftsgang

1. bei den einzelnen Gerichtsvollziehern.

§ 170. Der mündliche und schriftliche Verkehr mit den Parteien obliegt dem Gerichtsvollzieher. Der Gerichtsvollzieher hat den für ihn bestimmten schriftlichen Einlauf selbst zu öffnen.

Ist der Gerichtsvollzieher infolge eines Dienstgeschäfts abwesend, so hat der vom Amtsgerichtsvorstande bestimmte Bedienstete des Gerichts mündliche Aufträge entgegenzunehmen und Aufschlüsse in anhängigen Sachen zu erteilen; den schriftlichen Einlauf öffnet der rechnungsführende Gerichtsschreiber.

Der Gerichtsvollzieher hat jeweils dafür zu sorgen, daß er von dringenden Aufträgen, die in seiner Abwesenheit anfallen, thunlichst rasch benachrichtigt werden kann.

§ 171. Alle Aufträge sind alsbald in das Dienstregister einzutragen; es ist ihnen der Tag des Einganges und die Nummer des Dienstregisters beizusetzen.

Glaubt der Gerichtsvollzieher, einen Auftrag ablehnen zu müssen, so hat er den Auftraggeber sofort zu verständigen. Ist für die Ausführung des Auftrags ein anderer Gerichtsvollzieher zuständig, so leitet der Gerichtsvollzieher diesem den Auftrag zu. Ist der Gerichtsvollzieher aus einem anderen Grunde an der Ausführung des Auftrags verhindert, so hat er den Amtsgerichtsvorstand in Kenntnis zu setzen, damit dieser für Aushilfe sorgen kann. Hält der Gerichtsvollzieher die Einforderung eines Vorschusses oder eine weitere Aufklärung oder die Beibringung von Urkunden oder sonstigen Behelfen für geboten, so hat er sich hiewegen mit dem Auftraggeber ins Benehmen zu setzen. Die Einforderung eines Kostenvorschusses ist in der Spalte 22 des Dienstregisters zu vermerken.

§ 172. Der Gerichtsvollzieher vollzieht den Auftrag, wenn keine Bedenken obwalten; bedingt die Ausführung des Auftrags die Aufnahme einer Urkunde, so errichtet und bewertet er diese Urkunde.

§ 173. Der Vollzug des Auftrags wird im Dienstregister eingetragen und erforderlichen Falles der vorgeschriebene Akt angelegt.

§ 174. Der Nachweis über den Vollzug des Auftrags wird sodann dem rechnungsführenden Gerichtsschreiber vorgelegt; dieser bethätigt die Einträge im Gebührenregister.

§ 175. Der Gerichtsvollzieher trifft nach Rückempfang der Urkunde die weiter veranlaßten Verfügungen. Ist in der Sache demnächst eine weitere Amtshandlung vorzunehmen (z. B. die Versteigerung gepfändeter Sachen), so merkt er den für diese Amtshandlung in Aussicht genommenen Tag im Terminskalender vor.

§ 176. Vorschüsse, Kostenbeträge, Parteigelder und Asservate, die von den Parteien persönlich erlegt werden, hat der rechnungsführende Gerichtsschreiber unmittelbar in Empfang zu nehmen.

Vorschüsse, Kostenbeträge, Parteigelder und Asservate, die dem Gerichtsvollzieher zu Handen kommen, hat dieser, wenn er sie nicht sofort dem Empfangsberechtigten aushändigen kann, an den rechnungsführenden Gerichtsschreiber abzuliefern.

Der rechnungsführende Gerichtsschreiber trägt die Einnahme im Gebührenregister und Asservatenbuch ein, bestätigt den Empfang und verwahrt die Gelder und Asservate in gesonderten Paketen, die mit dem Namen des Empfangsberechtigten und den Nummern des Dienstregisters und Asservatenbuchs zu bezeichnen sind, in seiner Kasse.

Die Empfangsbestätigungen, die dem Gerichtsvollzieher als Belege zu seinen Akten auszustellen sind, hat dieser vorzubereiten.

§ 177. Der Gerichtsvollzieher ist verpflichtet, dafür zu sorgen, daß erlegte Parteigelder und Asservate möglichst bald an die Empfangsberechtigten hinausgegeben werden. Zur Verausgabung hat er dem rechnungsführenden Gerichtsschreiber eine Anweisung zugehen zu lassen. Auf die Anweisung hin hat der Gerichtsschreiber nach Ausfüllung des Gebührenregisters und des Asservatenbuchs die Parteigelder und Asservate den Empfangsberechtigten auszuhändigen oder auf ihre Gefahr und ihre Kosten durch die Post zu übersenden.

§ 178. Gelder, deren Hinterlegung stattzufinden hat, sind sofort nach Eintritt des die Hinterlegung veranlassenden Umstandes zu hinterlegen.

§ 179. Empfängt der Gerichtsvollzieher auf sein Verlangen Parteigelder oder Asservate zur weiteren Verfügung zurück, so hat er die Empfangsbestätigung, die ihm der Gerichtsschreiber bei der Ablieferung ausgestellt hatte, zurückzugeben und seinerseits den Rückempfang zu bestätigen. Der rechnungsführende Gerichtsschreiber nimmt diesen Rückschein zu seinen Ausgabelegen, während der Gerichtsvollzieher nunmehr die Verausgabung durch die Quittung des Empfängers nachzuweisen hat.

§ 180. Notwendige Abschriften von Urkunden hat der Gerichtsvollzieher zu fertigen. Wenn er die Arbeit nicht selbst bewältigen kann, hat ihm die Gerichtsschreiberei Beihilfe zu leisten.

Die Schreibgebühren hat der Gerichtsvollzieher im Dienstregister, der rechnungsführende Gerichtsschreiber im Gebührenregister einzutragen.

§ 181. Der Gerichtsvollzieher hat alle Schreiben an die Parteien soweit fertigzustellen, daß der rechnungsführende Gerichtsschreiber nur noch mit deren Absendung befaßt ist.

Die Porti hat der Gerichtsvollzieher im Dienstregister, der rechnungsführende Gerichtsschreiber im Gebührenregister einzutragen.

§ 182. Keine Urkunde und kein Akt darf als erledigt weggelegt werden, bevor nicht der Auftrag vollständig ausgeführt und über die Parteigelder und Asservate entsprechend verfügt ist.

§ 183. Keine Urkunde und kein Akt darf ferner als erledigt weggelegt werden, bevor nicht die in der Sache erwachsenen Kosten gedeckt sind.

Eine Ausnahme hievon besteht nur bezüglich der Armenrechtssachen (vgl. § 63 lit. e, aber auch lit. g und h) sowie derjenigen Sachen, in denen die Kosten der Beitreibung außer Verhältnis zu der Höhe des rückständigen Kostenbetrags stehen würden.

§ 184. Haben sich die Kosten als uneinbringlich erwiesen, so ist dies in der Spalte 28 des Gebührenregisters mit dem Worte „uneinbringlich" zu vermerken.

§ 185. Ist die Sache nach jeder Richtung erledigt, so ist in den Spalten „Bemerkungen" im Dienst- und im Gebührenregister das Wort „erledigt" einzusetzen.

§ 186. Wenn eine Sache zwar noch nicht als erledigt gelten kann, vorläufig jedoch, z. B. wegen Stundungsbewilligung des Auftraggebers, kein weiteres Geschäft vorzunehmen ist, so ist statt des Erledigungsvermerkes in beiden Registern der Vermerk „ruhend" einzutragen. Bei dem Abschlusse des Gebührenregisterhefts ruhende Sachen müssen, wenn Kostenrückstände bestehen, in das nächste Heft übertragen werden.

§ 187. Für den Weiterbetrieb ruhender Sachen ist im Terminskalender die entsprechende Vormerkung zu machen.

2. bei den Gerichtsvollziehereien.

§ 188. Auf den Geschäftsgang in den Gerichtsvollziehereien finden die §§ 170 bis 187 Anwendung, soweit nicht in den folgenden Paragraphen ein Anderes bestimmt ist.

§ 189. Die von den Amtsgerichtsvorständen auf grund des § 14 der Gerichtsvollzieherordnung entworfene Verteilung der Geschäfte unter die mehreren Gerichtsvollzieher ist dem Landgerichtspräsidenten zur dienstlichen Würdigung vorzulegen.

§ 190. In den Gerichtsvollziehereien, denen ein eigener Gerichtsschreiber beigegeben ist, hat der Gerichtsschreiber den ganzen Einlauf zu behandeln.

Aufträge, die mündlich angebracht werden, hat er entgegenzunehmen. Er hat dabei den Betrag der vorzuschießenden Kosten festzustellen und zu veranlassen, daß der Vorschuß alsbald erlegt wird.

§ 191. Der Gerichtsschreiber verteilt nach der von dem Amtsgerichtsvorstande getroffenen Anordnung die schriftlich und mündlich bei ihm eingegangenen Aufträge sowie den übrigen Einlauf unter die mehreren Gerichtsvollzieher, indem er auf die einzelnen Schriftstücke den Buchstaben des Gerichtsvollziehers setzt, dem die Erledigung der Sache übertragen ist. Hält er für angezeigt, daß der persönlich erschienene Auftraggeber sich mit dem Gerichtsvollzieher über die Ausführung des Auftrags benimmt, so verweist er den Auftraggeber mit dem über den Auftrag aufgenommenen Vermerk an den Gerichtsvollzieher.

§ 192. In den Gerichtsvollziehereien, in denen ein Zuteilungsregister zu führen ist, trägt der Gerichtsschreiber den Auftrag in diesem Register ein.

§ 193. Nach der Zuteilung ist der Auftrag stets sofort an den Gerichtsvollzieher abzugeben.

§ 194. Ist der Gerichtsvollzieher, dem der Auftrag zugeteilt wird, an dessen Ausführung behindert, so bestimmt der Gerichtsschreiber, falls nicht eine allgemeine Anordnung des Amtsgerichtsvorstandes über die gegenseitige Vertretung der Gerichtsvollzieher vorliegt, denjenigen Gerichtsvollzieher, der für den Behinderten einzutreten hat. Falls der Gerichtsschreiber mit der Eigenschaft eines Gerichtsvollziehers ausgestattet ist, kann er die Ausführung des Auftrags auch selbst übernehmen.

§ 195. Ob ein der Gerichtsvollzieherei erteilter Auftrag zur Vornahme einer freiwilligen Versteigerung anzunehmen oder abzulehnen ist, bestimmt der Amtsgerichtsvorstand. Der Amtsgerichtsvorstand kann diese Befugnis dem ihm zur Unterstützung beigegebenen Gerichtsschreiber übertragen.

§ 196. Für die Herstellung der notwendigen Abschriften von Urkunden sorgt auf Veranlassung des Gerichtsvollziehers der Gerichtsschreiber. Dem Gerichtsvollzieher sind die Abschriften zur weiteren Verfügung zu übergeben. Der Gerichtsvollzieher hat sich am Schreibwerk zu beteiligen.

§ 197. Die Erledigung einer Sache ist in den Gerichtsvollziehereien, in denen ein Zuteilungsregister geführt wird, auch in diesem Register einzutragen.

§ 198. Die in den vorstehenden Paragraphen dem Gerichtsschreiber übertragenen Geschäfte obliegen in den Gerichtsvollziehereien, in denen zwei Gerichtsschreiber aufgestellt sind, dem nicht mit der Rechnungsführung betrauten Gerichtsschreiber.

§ 199. In den Gerichtsvollziehereien, denen ein eigener Gerichtsschreiber nicht beigegeben ist, bestimmt der Amtsgerichtsvorstand einen der Gerichtsvollzieher, der den Einlauf zu behandeln hat. Dieser Gerichtsvollzieher hat die schriftlich einlangenden Aufträge und sonstigen Schriftstücke, nachdem er auf ihnen den Tag des Einlaufs vermerkt hat, sofort kurzhändig an denjenigen Gerichtsvollzieher zu geben, dem nach der Geschäftsverteilung die Sache zufällt. Aufträge, die mündlich in der Gerichtsvollzieherei gestellt werden, nimmt der Gerichtsvollzieher entgegen, dem nach der Geschäftsverteilung ihre Ausführung obliegt. Besteht die Gerichtsvollzieherei nur aus zwei Gerichtsvollziehern, so hat im Falle der Behinderung des einen Gerichtsvollziehers der andere Gerichtsvollzieher den Auftrag auszuführen. Sind in der Gerichtsvollzieherei mehr als zwei Gerichtsvollzieher aufgestellt, so ist, falls nicht eine Einigung unter den Gerichtsvollziehern stattfindet, die Bestimmung des Amtsgerichtsvorstandes darüber einzuholen, wer für den behinderten Gerichtsvollzieher einzutreten hat. Der Amtsgerichtsvorstand hat auch die Bestimmung darüber zu treffen, ob ein Auftrag zur Vornahme einer freiwilligen Versteigerung angenommen oder abgelehnt werden soll.

§ 200. Wird einem Gerichtsvollzieher bei Gelegenheit eines auswärtigen Dienstgeschäfts ein dringender Auftrag erteilt, so hat er sich diesem Auftrag ohne Rücksicht auf die erfolgte Geschäftsverteilung zu unterziehen.

§ 201. Den Amtsgerichtsvorständen bleibt anheimgegeben, über die Einrichtung der bei einer Gerichtsvollzieherei errichteten Pfandkammer die erforderlichen Anordnungen zu erlassen. Solche Anordnungen sind dem Staatsministerium der Justiz vorzulegen.

§ 202. Die Amtsgerichtsvorstände sind insbesondere auch zu der Anordnung ermächtigt, daß alle für den nämlichen Tag in der Pfandkammer angesetzten Versteigerungen durch denselben Gerichtsvollzieher vorgenommen werden, wenn sie auch nach der Geschäftsverteilung von anderen Gerichtsvollziehern auszuführen sein würden.

VI. Abschnitt.

Aufsicht.

§ 203. Die Amtsgerichtsvorstände sind verpflichtet, in Ausübung der Dienstaufsicht die Dienstführung der Gerichtsvollzieher und des gesamten in einer Gerichtsvollzieherei verwendeten Personals zu überwachen.

Durch Belehrungen, Ermahnungen, Warnungen und Rügen haben sie darauf hinzuwirken, daß von den Gerichtsvollziehern die Geschäfte gesetzmäßig, geordnet und rasch erledigt werden. Sie haben auch dafür zu sorgen, daß alle Personen, die bei einem Gerichtsvollzieher oder einer Gerichtsvollzieherei etwas anzubringen beabsichtigen, jederzeit höflich, thunlichst rasch und ohne dazu nochmals erscheinen zu müssen, abgefertigt werden.

§ 204. Die Amtsgerichtsvorstände haben ferner darauf zu sehen, daß die Gerichtsvollzieher sich in geordneten Vermögenslagen befinden und nicht einen ihre Verhältnisse übersteigenden Aufwand machen.

§ 205. In angemessenen Zwischenräumen haben die Amtsgerichtsvorstände die gesamte Dienstführung der Gerichtsvollzieher und der Gerichtsvollziehereien zu untersuchen und sich insbesondere davon zu überzeugen, ob die Vorschriften über die Führung der Bücher und Register, Urkunden und Akten beobachtet, die Geschäfte ordnungsgemäß ausgeführt, die eingenommenen Kostenbeträge, Parteigelder und Asservate ohne Verzögerung ihrer Bestimmung zugeführt, die Gebühren und Auslagen richtig angesetzt und die nicht aufgebrauchten Kostenvorschüsse zurückgegeben werden.

§ 206. Überdies haben die Amtsgerichtsvorstände die

Hefte des Dienstregisters nach ihrem monatlichen Abschluß eingehend unter Vergleichung mit dem Gebührenregister, mit den gerichtlichen Akten und den Vollstreckungs- und Sammelakten sowie den Belegen des Gerichtsvollziehers zu prüfen.

§ 207. Über ihre Untersuchung der gesamten Dienstführung der Gerichtsvollzieher und der Gerichtsvollziehereien und über die Prüfung der Hefte des Dienstregisters haben die Amtsgerichtsvorstände je ein besonderes Protokollheft zu führen, in das die Ergebnisse ihrer Visitationen in geordneter Zeitfolge einzutragen sind.

Haben sich bei den Untersuchungen und Prüfungen keine Anstände ergeben, so ist dies in den Protokollheften kurz zu bemerken. Sind dagegen Mängel zu Tage getreten, so ist schriftlich die geeignete Weisung wegen des künftigen Verhaltens, die Auflage wegen Nachholung des Versäumten oder Verbesserung des Fehlerhaften, soweit eine solche zur Zeit noch angezeigt erscheint, zu erteilen. Auch hierüber sowie über die erfolgte Erledigung der erhobenen Anstände ist in den Protokollheften das Entsprechende zu vermerken.

§ 208. Wenn wesentliche Mängel in der Geschäftsführung des Gerichtsvollziehers wahrgenommen werden, sowie im Falle des Unfleißes oder ungeordneter Vermögensverhältnisse des Gerichtsvollziehers ist dem Staatsministerium der Justiz unverzüglich Anzeige zu erstatten.

Dem Staatsministerium der Justiz ist ferner Anzeige zu machen, falls gegen einen Gerichtsvollzieher ein Strafverfahren wegen eines Verbrechens oder eines Vergehens eingeleitet wird. Das Gleiche gilt von Verurteilungen wegen Übertretungen, sofern diese von Einfluß auf den Leumund des Gerichtsvollziehers sind.

§ 209. Die den Amtsgerichtsvorständen zur Unterstützung bei der Aufsicht und Leitung einer Gerichtsvollzieherei beigegebenen Gerichtsschreiber haben die Verpflichtung, die Thätigkeit der Gerichtsvollzieher sowie auch des übrigen in der Gerichtsvollzieherei verwendeten Personals zu überwachen und auf eine möglichst einheitliche Geschäftsbehandlung bei allen Gerichtsvollziehern hinzuwirken.

Sie haben zu diesem Zwecke das Recht, von den Urkunden, Geschäftsbüchern, Registern und Akten der Gerichtsvollzieher jederzeit Einsicht zu nehmen.

Ihren Weisungen haben die Gerichtsvollzieher und das übrige in der Gerichtsvollzieherei verwendete Personal solang Folge zu leisten, als nicht von dem Amtsgerichtsvorstand etwas Anderes angeordnet wird.

§ 210. Die rechnungsführenden Geschichtsschreiber haben insbesondere der Gebührenbewertung der Gerichtsvollzieher ihr Augenmerk zuzuwenden. Zugleich haben sie durch Einsichtnahme der Urkunden, Geschäftsbücher, Register und Akten der Gerichtsvollzieher sich fortgesetzt darüber zu vergewissern, daß in den dazu geeignet erscheinenden Sachen ein Vorschuß eingehoben wird, daß unverzüglich die eingegangenen Vorschüsse und Kostenbeträge an sie abgeführt und die Parteigelder entweder den Empfangsberechtigten oder ihnen selbst zur Aufbewahrung ausgehändigt werden und endlich daß die Kosten in keinem Falle ohne genügenden Grund als uneinbringlich erklärt werden. Ihre Wahrnehmungen über angetroffene Mißstände haben sie sofort dem Amtsgerichtsvorstande mitzuteilen.

§ 211. Die Amtsgerichtsvorstände und die bei einer Gerichtsvollzieherei ihnen zur Unterstützung bei der Aufsicht und Leitung der Geschäfte beigegebenen Gerichtsschreiber sind berechtigt und verpflichtet, von den Geschäftsbüchern des mit der Behandlung des Kostenwesens der Gerichtsvollzieher betrauten Gerichtsschreibers Einsicht zu nehmen und sich Überzeugung davon zu verschaffen, daß die diesem Beamten zugegangenen Parteigelder und Asservate vorhanden sind und entsprechend aufbewahrt werden und die Behandlung des Kostenwesens den gegebenen Vorschriften entspricht.

§ 212. Die Finanzbehörden sind jederzeit berechtigt, die Thätigkeit der rechnungsführenden Gerichtsschreiber und der Gerichtsvollzieher hinsichtlich des Kostenwesens, insbesondere die gesamte hierauf bezügliche Buch- und Kasseführung durch beauftragte Beamte prüfen zu lassen.

Die rechnungsführenden Gerichtsschreiber und die Gerichtsvollzieher haben den wegen der Erledigung ihrer finanziellen Geschäfte ergehenden Entschließungen und Weisungen der Finanzstellen zu entsprechen.

VII. Abschnitt.

Geschäftsübersichten.

Form. VII.

§ 213. Am Schlusse jedes Geschäftsjahrs ist bei jedem Amtsgericht eine Geschäftsübersicht nach dem beigefügten Formular VII herzustellen.

In das Formular sind bei den Amtsgerichten, bei denen eine Gerichtsvollzieherei errichtet ist, alle bei der Gerichtsvollzieherei aufgestellten Gerichtsvollzieher einzusetzen; für jeden dieser Gerichtsvollzieher sind die sämtlichen Spalten auszufüllen; in jeder Spalte ist schließlich die Summe zu ziehen, so daß das Ergebnis für die ganze Gerichtsvollzieherei ersichtlich wird.

Die Ausfüllung der Spalten 1, 2, 4, 6, 8, 10, 12, 14, 16, 18 und 21 obliegt dem Gerichtsvollzieher, die der Spalten 3, 5, 7, 9, 11, 13, 15, 17, 19, 20 und 22 dem rechnungsführenden Gerichtsschreiber.

Zur Erleichterung wird es dienen, wenn sich sowohl der Gerichtsvollzieher als auch der Gerichtsschreiber Hilfstabellen anlegen, in die sie nach dem Spaltenbau der Uebersicht die einzelnen Geschäfte unter der betreffenden Nummer des Dienstregisters und des Gebührenregisters das ganze Jahr hindurch oder doch monatweise eintragen.

§ 214. Für die Ausfüllung des Formulars werden folgende Weisungen erteilt.

1. In der Spalte 1 sind, wenn während des Geschäftsjahrs ein Wechsel in der Person des Stelleninhabers stattgefunden hat, die Namen der mehreren Stelleninhaber und der Tag, an dem der Wechsel stattgefunden hat, einzutragen.

2. Die Zahlen, die in die Spalten 2 und 3 eingesetzt werden, müssen sich mit den Nummern decken, die bei dem Abschlusse des letzten Monatshefts im Dienstregister und bei dem Abschlusse des letzten Quartalshefts im Gebührenregister eingetragen sind.

3. Zu den Vollstreckungshandlungen im Sinne der Spalten 4 und 5 gehören auch die zwangsweise Erwirkung der Herausgabe von beweglichen und unbeweglichen Sachen und unselbständigen Personen, die zwangsweise Beseitigung des von dem Schuldner gegen die Vornahme einer von ihm zu duldenden Handlung geleisteten Widerstandes, der Vollzug von Arresten

und einstweiligen Verfügungen, die Verhaftung des Schuldners, nicht aber die zwangsweise Vorführung.

In der Spalte 4 ist die Zahl der Vollstreckungshandlungen, für die im Dienstregister eine eigene Gebühr berechnet wurde, nicht die Zahl der Vollstreckungssachen anzugeben.

4. Mehrere in einer Protesturkunde zusammengefaßte Wechselproteste sind in der Spalte 6 als ebensoviele Geschäfte zu zählen, als einzelne Wechsel protestiert wurden.

5. Eine freiwillige Versteigerung ist in der Spalte 10 auch dann nur als ein Geschäft zu zählen, wenn sie an einem späteren Tage fortgesetzt wurde.

6. Ergeht wegen der nämlichen Schuld an mehrere Personen Mahnung, so ist für die Spalte 12 die Anfertigung der mehreren Mahnbriefe nur als ein Geschäft zu betrachten.

7. Als Zustellung auf Betreiben einer Partei ist in der Spalte 14 auch diejenige zu rechnen, die unter Vermittelung des Gerichtsschreibers erfolgt; ebenso gilt die Bewirkung der Zustellung von rechtsgeschäftlichen Erklärungen außerhalb des Prozesses nach § 132 des Bürgerlichen Gesetzbuchs als Zustellung auf Parteibetrieb.

8. Für die Spalten 16 und 17 kommen insbesondere in Betracht

die öffentlichen Versteigerungen nach dem Bürgerlichen Gesetzbuch

und zwar

§ 383 der zur Hinterlegung nicht geeigneten Sache,

§ 489 des Tieres, wenn ein Gewährschaftsprozeß (Anspruch auf Wandelung) anhängig ist,

§ 753 Abs. 1 des in Natur unteilbaren Gegenstandes bei der Auseinandersetzung einer Gemeinschaft,

§ 966 der gefundenen Sache, wenn deren Verderben zu besorgen oder die Aufbewahrung mit unverhältnismäßigen Kosten verbunden ist,

§ 977 der in den Geschäftsräumen oder den Beförderungsmitteln einer öffentlichen Behörde oder Verkehrsanstalt gefundenen Sache,

§ 1219 und § 1235 Abs. 1 des Faustpfandes,

§ 1477 Abs. 1, § 1498, § 1546 Abs. 2, § 1549 und § 2042 Abs. 2 der Auseinandersetzung und

Teilung der ehelichen und fortgesetzten Gütergemeinschaft und Erbengemeinschaft,

nach dem Handelsgesetzbuch

und zwar

§ 290 Abs. 3 der an Stelle von für kraftlos erklärten Aktien ausgegebenen neuen Aktien im Falle der Herabsetzung des Grundkapitals,

§ 373 Abs. 5. der Ware bei dem Selbsthilfeverkauf und

§ 376 der Ware bei dem Fixgeschäfte,

sowie die Bewirkung eines Verkaufs aus freier Hand in den Fällen der §§ 385, 1221, 1235 Abs. 2 und § 1295 des Bürgerlichen Gesetzbuchs.

9. Die Spalten 18 und 19 sind für die in den vorhergehenden Spalten nicht zu berücksichtigenden Geschäfte bestimmt, so z. B. für die Übergabe des Grundstücks an den Verwalter bei der Zwangsverwaltung, die Siegelung und Entsiegelung, sowie die Vornahme der Verrichtung einer Urkundsperson und die zwangsweise Vorführung. Die Erteilung von Abschriften aus den Vollstreckungsakten ist als Geschäft in der Spalte 18 zu zählen, während die dafür anfallenden Gebühren als Schreibgebühren in der Spalte 20 zu verrechnen sind.

10. In den Spalten 5, 7, 9, 11, 13, 15, 17, 19 und 20 sind nur die wirklichen Einnahmen der Staatskasse zu verrechnen. In der Spalte 21 dagegen sind die Reisekosten, wie sie in der Spalte 17 des Dienstregisters zu „Soll" gestellt sind, einzutragen.

11. Als Einnahmerückstände sind in der Spalte 22 die Einträge in den Spalten 19 bis 22 des Gebührenregisters zu behandeln. Selbstverständlich kommen als Einnahmerückstände diejenigen Auslagen nicht in Betracht, zu deren Erstattung die Parteien nicht verpflichtet sind (vergl. § 27 der GVO. u. § 116 Abs. 4 oben).

12. In der Spalte 23 endlich sind die etwa veranlaßten Erläuterungen beizufügen.

§ 215. Hat während des Geschäftsjahrs ein Wechsel in der Besetzung einer Gerichtsvollzieherstelle stattgefunden, so sind die Ergebnisse in den einzelnen Spalten für den abtretenden und den übernehmenden Gerichtsvollzieher mit roter Tinte und das Gesamtergebnis der Stelle mit schwarzer Tinte vorzutragen.

In gleicher Weise ist zu verfahren, wenn die Geschäfte einer Stelle länger als vierzehn aufeinanderfolgende Tage durch einen Verweser oder Hilfsgerichtsvollzieher besorgt wurden.

§ 216. Für die Amtsgerichtsdiener, denen das Gerichtsvollzieheramt als Nebenamt übertragen ist, ist das gleiche Formular zu benützen.

§ 217. Für die Gerichtsvollzieher in Strafsachen ist eine Übersicht nach dem beigefügten Formular VIII herzustellen. Form. VIII.

§ 218. Die Geschäftsübersichten sind von den Amtsgerichtsvorständen sorgfältig zu prüfen und nach Vornahme der etwa erforderlichen Berichtigungen dem Präsidenten des Landgerichts einzusenden. Dieser läßt, nachdem er die Beseitigung der etwa wahrgenommenen Mängel veranlaßt hat, den Inhalt der Übersichten für die Amtsgerichte, bei denen nur ein Gerichtsvollzieher aufgestellt ist, und für die Amtsgerichte, bei denen eine Gerichtsvollzieherei errichtet ist, gesondert zusammenstellen. Diese Zusammenstellung geht an den Präsidenten des Oberlandesgerichts, der die Zusammenstellung in zwei Tabellen für den Oberlandesgerichtsbezirk vereinigt. Die Tabellen sind schließlich dem Staatsministerium der Justiz in doppelter Ausfertigung bis zum 15. Februar jeden Jahres vorzulegen.

VIII. Abschnitt.

Uebergangs- und Schluß-Bestimmungen.

§ 219. Die Geschäftsübersichten und Akten der bisherigen Gerichtsvollzieher sowie die von ihnen aufbewahrten Urkunden sind an das Amtsgericht abzuliefern, bei dem die Gerichtsvollzieher aufgestellt waren. Akten und Urkunden, die eine Zwangsvollstreckung betreffen, welche in dem Bezirk eines anderen Amtsgerichts vorgenommen wurde, sind an dieses Gericht abzuliefern. An den Orten, an denen für mehrere Amtsgerichte eine Gerichtsvollzieherei errichtet wird, hat die Ablieferung an dasjenige Amtsgericht zu geschehen, bei dem die Gerichtsvollzieherei eingerichtet wird.

§ 220. Etwa noch im Gewahrsam der Gerichtsvollzieher befindliche Parteigelder und Asservate sind, wenn sie nicht sofort an die Empfangsberechtigten hinausgegeben werden können, alsbald dem rechnungsführenden Gerichtsschreiber zu übermitteln. Welcher Gerichtsschreiber zur Übernahme zuständig ist, bestimmt sich nach dem vorhergehenden Paragraphen. Der Gerichtsschreiber hat den Empfang zu bestätigen.

Jeder Gerichtsvollzieher hat ein Verzeichnis über die von ihm den mehreren Gerichtsschreibern abgelieferten Parteigelder und Asservate anzufertigen und dem Amtsgerichtsvorstande vorzulegen, dem er vor dem 1. Januar 1900 unterstellt war. Die bisherigen Gerichtsvollzieher bei den Amtsgerichten München II, Bamberg II und Regensburg II haben dieses Verzeichnis den Vorständen der Amtsgerichte München I, Bamberg I und Regensburg I vorzulegen. Der Amtsgerichtsvorstand hat an der Hand der Kassebücher der Gerichtsvollzieher und der diesen von den Gerichtsschreibern ausgestellten Empfangsbescheinigungen festzustellen, ob die angefertigten Verzeichnisse vollständig sind und ob die Gerichtsvollzieher sämtliche in ihrem Gewahrsam befindliche Parteigelder und Asservate abgeliefert haben.

§ 221. Die Amtsgerichtsvorstände sind ermächtigt, zur Ausführung und Ergänzung der in dieser Bekanntmachung getroffenen Vorschriften allgemeine Anordnungen zu erlassen. Von den Erlassen ist dem Staatsministerium der Justiz Kenntnis zu geben.

§ 222. Bezüglich der einzelnen Geschäftszweige der Gerichtsvollzieher werden gesonderte Vorschriften folgen.

§ 223. Der erste Bedarf an Formularen für das Dienstregister, das Gebührenregister und das Asservatenbuch wird den Amtsgerichten von dem Staatsministerium der Justiz kostenfrei geliefert.

München, den 28. Dezember 1899.

Dr. **Frhr. v. Leonrod.**

Dienstvorschriften für die Gerichtsvollzieher betr.

Formular I.

Fortlauf. Nummer	Vor- und Zuname der Bewerber.	Heimat (Bezirksamt)	Geburtszeit	Religion	Besuch höherer Unterrichtsanstalten	Bisherige Beschäftigung	Militär-verhältnisse	Familien-verhältnisse	Vermögens-verhältnisse	Gesundheits-verhältnisse	Sittliches Verhalten	Vorbereitungsdienst: Zeit der Zulassung	Vorbereitungsdienst: Amtsgericht	Zeit der bestandenen Prüfung	Bemerkungen.
1.	2.	3.	4.	5.	6.	7.	8.	9.	10.	11.	12.	13.	14.	15.	16.

Formular II.

Zuteilungsregister

der Gerichtsvollzieherei

bei dem K. Amtsgerichte ....

Geschäftsjahr 19............

Fortlaufende Nummer	Tag des Einlaufs	Bezeichnung der Beteiligten und des Auftrags	Buchstabe des Gerichtsvollziehers, dem die Sache zugeteilt ist	Bemerkungen
1.	2.	3.	4.	5.

Dienstreg

des Gerichtsvollzi

bei dem K. Amtsgerichte

Heft für den A

Formular III.

Formular III.

Fort-laufende Nummer	Nummer des Gebühren-registers	Tag des Auftrags	N a m e n d e	
			Auftraggebers	
1.	2.	3.	4.	

Hiezu 30 Querlinien.

Geschäft			
Tag	Bezeichnung	Gegenstandswert	
6.	7.	8.	
		M.	₰

Gebühren													
Gebühren, welche ganz der Staatskasse verbleiben		Schreibgebühren		Gebühren für Zwangsvollstreckungen		Gebühren für Aufnahme von Wechselprotesten		Gebühren nach § 11 der GVO.		Summe der Spalten 9—13		Porti	
9.		10.		11.		12.		13.		14.		15.	
M.	₰	M.	₰	M.	₰	M.	₰	M.	₰	M.	₰	M.	₰

Hiezu 30 Querlinien.

Formular III.

…agen										
…iſe-…ten		Andere Aus-lagen		Summe der Spalten 15—18		Gebühren für Geſchäfte nach § 12 der GVO.		Summe der Spalten 14, 19 und 20		**Bemerkungen.**
…7.		18.		19.		20.		21.		22.
	₰	ℳ	₰	ℳ	₰	ℳ	₰	ℳ	₰	

Gebührenr

für den Gerichtsvo

....

bei dem K. Amtsgerichte ....

Geschäftsjahr

.... Quartal

Formular IV.

Formular V.

Alphabetisches

Nachschlageregister

bezüglich der

Zwangsvollstreckungen

d...... Gerichtsvollzieher..

bei dem K. Amtsgerichte..

Familien- u. Vorname des Schuldners	Familienname des Auftraggebers	Nummer und Jahrgang des Dienstregisters (Buchstabe des Gerichtsvollziehers)	Nummer und Jahrgang des Gebührenregisters (Buchstabe des Gerichtsvollziehers)	Bemerkungen
1	2	3	4	5

Formular VI.

Asservatenbuch

für den Gerichtsvollzieher

....

bei dem K. Amtsgericht ....

Formular VI.

Fortl. Nr.	Nummer des Dienst-registers	Tag des Ein-trags	Bezeichnung der Sache	Parteigelder								Be-leg-Nr.
				Eingenommen				Ausgegeben oder hinterlegt				
				Geld		Papier		Geld		Papier		
1.	2.	3.	4.	5.		6.		7.		8.		9.
				M.	₰	M.	₰	M.	₰	M.	₰	

Anmerkung: Mit 33 Querlinien.

Formular VI.

Asservate			Empfangsbestätigung des Gerichtsvollziehers bezw. der Partei	Bemerkungen
Eingenommen	Ausgegeben	Ausgabe-Beleg-Nr.		
10.	11.	12.	13.	14.

Formular VII.

Geschäftsübersicht

für d...... Gerichtsvollzieher

bei dem K. Amtsgericht ....

Geschäftsjahr 19......

Name der Gerichtsvollzieher	Zahl der Einträge im Dienst- Register	Gebühren- Register	Zwangsvollstreckungshandlungen Zahl	Gebühren		Wechselproteste Zahl	Gebühren		Geschäfte nach § 11 der GVO. Zahl	Gebühren		Freiwillige Versteigerungen Zahl	Gebühre[n]	
1.	2.	3.	4.	5.		6.	7.		8.	9.		10.	11.	
				M.	₰		M.	₰		M.	₰		M.	₰

Geschäfte nach § 12 Nr. 1, 2 der GVO.		Zustellungen auf Betreiben einer Partei		Oeffentliche Versteigerungen u. ähnliche Fälle		Sonstige Geschäfte		Schreibgebühren	Reisekosten	Einnahmerückstände	Bemerkungen
ahl	Gebühren	Zahl	Gebühren	Zahl	Gebühren	Zahl	Gebühren				
2.	13.	14.	15.	16.	17.	18.	19.	20.	21.	22.	23.
	M. ₰		M. ₰		M. ₰		M. ₰	M. ₰	M. ₰	M. ₰	

Formular VIII.

Geschäftsübersicht

für die

Gerichtsvollzieher in Strafsachen

bei dem

K. Amtsgerichte

....

Geschäftsjahr 19..........

Zahl der Gerichtsvollzieher	Zahl der Zwangsvollstreckungen	Einnahmen an		Angefallene Reisekosten	Einnahme-Rückstände an		Bemerkungen
		Gebühren	Schreibgebühren		Gebühren	Schreibgebühren	
1.	2.	3.	4.	5.	6.	7.	8.

IV.

Geschäftsanweisung für die Gerichtsvollzieher.

(Justizministerialblatt 1900 S. 621.)

Nr. 16417.

Bekanntmachung.

Königliches Staatsministerium der Justiz.

Im Vollzuge des § 222 der Dienstvorschriften für die Gerichtsvollzieher vom 28. Dezember 1899 (JMBl. S. 1133) wird hiemit nachstehende Geschäftsanweisung erlassen.

Den Gerichten werden Sonderabdrucke der sich auf das Gerichtsvollzieherwesen beziehenden Vorschriften, darunter der Geschäftsanweisung, in der erforderlichen Anzahl von Exemplaren durch das geheime Expeditionsamt des Justizministeriums zugesandt werden.

München, den 28. April 1900.

Dr. Frhr. v. Leonrod.

I. Zustellungen.

1. Allgemeine Vorschriften.

Geschäftsbereich des Gerichtsvollziehers.

§ 1. Der Gerichtsvollzieher ist zur Ausführung von Zustellungen zuständig

1. in bürgerlichen Rechtsstreitigkeiten, soweit die Zustellung auf Betreiben der Parteien erfolgt (§ 166 Abs. 1 der CPO., §§ 7 bis 38 der Anw.);
2. in Strafsachen und in Forstrügesachen, soweit es sich um die unmittelbare Ladung eines Zeugen oder Sachverständigen auf Betreiben der bei dem Strafverfahren beteiligten Personen handelt (§ 38 der StPO., Art. 91 des Forststrafgesetzes, Art. 188 des Forstgesetzes, §§ 39, 40 der Anw.);
3. wenn eine Willenserklärung außerhalb eines Rechtsstreites zugestellt werden soll (§ 132 des BGB., § 41 der Anw.)

§ 2. Die Zustellung besteht, wenn eine Ausfertigung zugestellt werden soll, in deren Übergabe, in den übrigen Fällen in der Übergabe einer beglaubigten Abschrift des zuzustellenden Schriftstücks (§ 170 Abs. 1 der CPO.)

Arten der Zustellungen.

§ 3. Die Zustellungen, welche dem Gerichtsvollzieher aufgetragen werden, können erfolgen

1. durch den Gerichtsvollzieher selbst, ohne Mitwirkung der Post (sog. unmittelbare oder gewöhnliche Zustellung) (vgl. §§ 11 bis 27, 37 der Anw.);

Als Abkürzungen sind gebraucht: AG. = Ausführungsgesetz; B.GB. = Bürgerliches Gesetzbuch; CPO. = Civilprozeßordnung; EG. = Einführungsgesetz; GFG. = Gesetz über die Angelegenheiten der freiwilligen Gerichtsbarkeit; GO. = K. Verordnung vom 16. Dezember 1899, die Vorschriften über die Gebühren der Gerichtsvollzieher betr. (JMBl. S. 533); GVG. = Gerichtsverfassungsgesetz; GVO. = Gerichtsvollzieherordnung; HGB. = Handelsgesetzbuch; KO. = Konkursordnung; RAO. = Rechtsanwaltsordnung; RGO. = Reichsgebührenordnung für Gerichtsvollzieher in der Fassung der Bekanntmachung vom 20. Mai 1898; SO. = Subhastationsordnung; StPO. = Strafprozeßordnung; WO. = Wechselordnung.

2. durch die Post (vgl. §§ 28 bis 35 der Anw.);
3. durch Aufgabe zur Post (vgl. § 36 der Anw.).

§ 4. Gewöhnliche Zustellungen kann der Gerichtsvollzieher nur innerhalb des Bezirkes des Amtsgerichts ausführen, bei dem er angestellt ist; ist für mehrere Amtsgerichte eine Gerichtsvollzieherei errichtet, so kann der in die Gerichtsvollzieherei eingestellte Gerichtsvollzieher gewöhnliche Zustellungen in den Bezirken der mehreren Amtsgerichte ausführen (§ 3 der GVO.). Zustellungen durch die Post kann der Gerichtsvollzieher nach jedem Orte des deutschen Reichs bewirken. Bei Zustellungen durch Aufgabe zur Post kommt es nicht darauf an, wo der Bestimmungsort gelegen ist; sie findet insbesondere auch dann statt, wenn die Sendung in einem nicht deutschen Staate zu bestellen ist.

§ 5. I. Der Auftraggeber hat die Wahl, ob die Zustellung durch den Gerichtsvollzieher selbst oder durch die Post ausgeführt werden soll. Von der Anweisung des Auftraggebers, die Zustellung in einer der beiden Arten auszuführen, darf abgewichen werden, wenn dies im dienstlichen Interesse, z. B. wegen Überhäufung mit anderen Arbeiten, geboten erscheint und es für den Auftraggeber offenbar gleichgiltig ist, in welcher Art die Zustellung ausgeführt wird. Wählt der Gerichtsvollzieher die gewöhnliche Zustellung, obgleich die Zustellung mit geringeren Kosten durch die Post erfolgen könnte, so darf er an Gebühren und Auslagen nur den Betrag ansetzen, welcher im Falle der Zustellung durch die Post erwachsen wäre (§ 3 der RGO.)

II. Die Zustellung von Anwalt zu Anwalt (vgl. § 37 der Anw.) hat der Gerichtsvollzieher selbst auszuführen.

III. Zustellungen durch die Post können nicht in der Form von

a. Einschreib-, Wert- und Nachnahmesendungen;
b. durch Eilboten zu bestellende Sendungen;
c. Sendungen mit dem Vermerke „postlagernd"

erfolgen.

IV. Zustellungen an Gefangene können nicht durch die Post bewirkt werden.

V. Bei Schriftstücken, deren Gewicht 250 gr. übersteigt, ist die Zustellung durch die Post ausgeschlossen, weil derartige

Sendungen von der Post zur Beförderung als Brief nicht angenommen werden.

§ 6. Die Zustellung durch Aufgabe zur Post erfolgt nur auf ausdrückliches Verlangen des Auftraggebers.

2. Zustellungen in bürgerlichen Rechtsstreitigkeiten auf Betreiben der Parteien.

Auftrag.

§ 7. I. Der Auftrag zur Vornahme einer Zustellung wird dem Gerichtsvollzieher von der Partei oder ihrem Bevollmächtigten entweder unmittelbar oder unter Vermittelung des Gerichtsschreibers erteilt. In Anwaltsprozessen (§ 78 der CPO.) wird der Auftrag von dem Gerichtsschreiber nur in Ansehung solcher Zustellungen vermittelt, durch die eine Notfrist gewahrt werden soll (§ 166 der CPO.).

II. Der unter Vermittelung des Gerichtsschreibers beauftragte Gerichtsvollzieher gilt in jeder Beziehung als unmittelbar von der Partei beauftragt.

Empfangnahme und Beglaubigung der Schriftstücke.

§ 8. I. Bei der Erteilung des Auftrags zur Zustellung ist dem Gerichtsvollzieher neben der Urschrift des zuzustellenden Schriftstücks eine der Zahl der Personen, welchen zuzustellen ist, entsprechende Zahl von Abschriften (vgl. dazu § 23 der Anw.) zu übergeben. Im Falle der Zustellung von Ausfertigungen ist außer der der Zahl der Personen, welchen zuzustellen ist, entsprechenden Zahl von Ausfertigungen noch eine weitere Ausfertigung erforderlich, welche mit der Zustellungsurkunde dem Auftraggeber zurückgegeben wird. Der Gerichtsvollzieher hat, sofern es sich nicht um einen von der Partei durch Vermittelung des Gerichtsschreibers erteilten Auftrag handelt, die Zeit der Übergabe sowohl auf der Urschrift als auch auf allen Abschriften zu vermerken (vgl. § 39 der Dienstvorschriften) und der Partei auf Verlangen zu bescheinigen (vgl. § 41 der Dienstvorschriften, § 169 der CPO.).

II. Sind die zur Ausführung des Zustellungsauftrags erforderlichen Abschriften nicht mitübergeben, so hat sie der Gerichtsvollzieher anzufertigen und die gesetzlichen Schreibgebühren in Rechnung zu stellen (§§ 180, 196 der Dienstvorschriften).

III. Die Abschriften des zuzustellenden Schriftstücks sind bei allen von der Partei erteilten Aufträgen, der Auftrag mag von der Partei unmittelbar oder unter Vermittelung des Gerichtsschreibers erteilt sein, von dem Gerichtsvollzieher zu beglaubigen; bei den auf Betreiben von Rechtsanwälten oder in Anwaltsprozessen zuzustellenden Schriftstücken sind die Abschriften von dem Rechtsanwalte zu beglaubigen (§ 170 der CPO.). Sind die Schriftstücke erst nach ihrer Beglaubigung mit dem Terminsvermerke versehen, so daß dieser durch die Beglaubigung nicht mitgetroffen wird, z. B. wenn der Rechtsanwalt die Vermittelung des Gerichtsschreibers zur Zustellung der Berufung oder des Einspruchs in Anspruch nimmt, so hat der Gerichtsvollzieher den Terminsvermerk zu beglaubigen. Die Beglaubigung erfolgt in der im § 50 der Dienstvorschriften bezeichneten Weise.

Vorbereitung der Zustellung.

§ 9. 1. Der Gerichtsvollzieher hat die Zustellung vor der Ausführung gehörig vorzubereiten, damit bei der Ausführung Anstände sich nicht ergeben. Zu diesem Behufe hat er insbesondere zu prüfen, ob die Schriftstücke unterschrieben, die Abschriften in der erforderlichen Zahl (vgl. § 23 der Anw.) übergeben und gehörig beglaubigt sind, ob die Person, für welche zugestellt werden soll (der Auftraggeber), und die Person, an welche zuzustellen ist (der Empfänger derselben), mit hinreichender Bestimmtheit bezeichnet sind, ob insbesondere in dem Falle, wenn die Zustellung durch die Post bewirkt werden soll, die Bezeichnung des Empfängers so bestimmt ist, daß der Gerichtsvollzieher die Adresse des der Post zu übergebenden Schreibens in der gehörigen Weise (vgl. § 30 der Anw.) abzufassen vermag. Auf die Hebung von Mängeln hat der Gerichtsvollzieher soweit als möglich sofort bei der Entgegennahme des Auftrags hinzuwirken. Die Hebung der Mängel obliegt dem Auftraggeber; der Gerichtsvollzieher soll aber, insbesondere wenn der Auftraggeber sich nicht am Wohnsitze des Gerichtsvollziehers befindet, soweit thunlich, selbst dazu behilflich sein.

II. Wegen der Zustellung an Personen, die von der inländischen Gerichtsbarkeit befreit sind, wird auf § 37 der Dienstvorschriften verwiesen.

§ 10. I. Die Bezeichnung des Bevollmächtigten, Zustellungsbevollmächtigten oder Prozeßbevollmächtigten, an welchen die Zustellung in den Fällen der §§ 173 bis 179 der CPO. zu erfolgen hat, ist Sache des Auftraggebers. Ebenso hat er bei Zustellungen, welche an eine nicht prozeßfähige Partei bewirkt werden sollen, den gesetzlichen Vertreter zu bezeichnen, an welchen die Zustellung für die Partei zu erfolgen hat (§ 171 der CPO.). Der Auftrag, eine Zustellung an eine Behörde, Gemeinde, Korporation oder an einen Personenverein zu machen, welcher, wie Aktiengesellschaften, eingetragene Genossenschaften, registrierte Gesellschaften, eingetragene Vereine, als solcher klagen und verklagt werden kann, kann jedoch dem Gerichtsvollzieher erteilt werden, ohne daß der gesetzliche Vertreter oder Vorsteher, an welchen die Zustellung zu erfolgen hat, bezeichnet wird. In solchen Fällen ist der Gerichtsvollzieher, wenn er selbst, ohne Mitwirkung der Post, die Zustellung ausführt, verpflichtet, sich nach der Person des gesetzlichen Vertreters oder Vorstehers in geeigneter Weise, in dem Geschäftslokale der Behörde u. s. w., nötigenfalls auch bei den an seinem Amtswohnsitz oder am Orte der Zustellung befindlichen öffentlichen Behörden, bei welchen solche Aufschlüsse zu erlangen sind (insbesondere den Polizeibehörden, bezüglich der Handelsgesellschaften, Aktiengesellschaften, Genossenschaften dem Amtsgerichte, welches das Handelsregister oder das Genossenschaftsregister führt, s. Bekanntmachung vom 24. Dezbr. 1899, § 2, JMBl. S. 815), zu erkundigen.

II. Zustellungen, welche an einen Unteroffizier oder an einen Gemeinen des aktiven Heeres (vgl. § 38 des Reichs-Militärgesetzes vom 2. Mai 1874, RGBl. S. 55) oder der aktiven Marine bewirkt werden sollen, müssen für ihn an den Chef der zunächst vorgesetzten Kommandobehörde (Chef der Kompagnie, Eskadron, Batterie u. s. w.) erfolgen (§ 172 der CPO.). Zu den Unteroffizieren gehören auch die Feldwebel, Wachtmeister und die ihnen gleich- oder nachstehenden Avancierten (vgl. die Anlage zum Militärstrafgesetzbuche für das Deutsche Reich. RGBl. 1872, S. 204). Bei Zustellungen an solche Personen hat der Auftraggeber den Truppenteil (Kompagnie, Eskadron, Batterie u. s. w. unter Angabe des Regiments u. s. w.) zu bezeichnen, welchem der Unteroffizier oder Gemeine angehört; die Person des Chefs der Kommandobehörde, an welchen die Zustellung zu erfolgen hat, im Falle einer Stellvertretung die Person des Stellvertreters, hat der Gerichtsvollzieher, wenn er die Zustellung selbst ausführt, nötigenfalls selbst zu ermitteln.

a. Gewöhnliche Zustellung.

Ort der Zustellung.

§ 11. I. Der Gerichtsvollzieher kann die gewöhnliche Zustellung an jedem Orte ausführen, wo der Empfänger angetroffen wird. Hat der Empfänger jedoch an diesem Orte eine Wohnung oder ein Geschäftslokal, so ist er berechtigt, bei einer außerhalb der Wohnung oder des Geschäftslokals versuchten Zustellung die Annahme zu verweigern (§ 180 der CPO.). Im Falle einer solchen Weigerung muß die Zustellung in der Wohnung oder im Geschäftslokale gemacht werden.

II. Der Gerichtsvollzieher soll daher regelmäßig die Wohnung oder das Geschäftslokal des Empfängers zur Vornahme der Zustellung aufsuchen, wo die Zustellung auch in Abwesenheit desselben (vgl. § 13 bis 18 der Anw.) und bei Verweigerung der Annahme der zu übergebenden Schriftstücke (vgl. § 21 der Anw.) erfolgen kann. Bei der Vornahme einer Zustellung außerhalb der Wohnung oder des Geschäftslokals muß der Ort und die Gelegenheit so gewählt werden, daß jede unnötige Belästigung des Empfängers vermieden wird.

Personen, an welche die Zustellung zu erfolgen hat.

§ 12. I. Die Zustellung erfolgt an den bezeichneten Empfänger in Person.

II. Handelt es sich um die Zustellung an einen Unteroffizier oder Gemeinen des aktiven Heeres oder der aktiven Marine, so muß die Zustellung an den Chef der zunächst vorgesetzten Kommandobehörde (Chef der Kompagnie, Eskadron, Batterie u. s. w.) erfolgen. Zu den Unteroffizieren gehören in dieser Beziehung auch die Feldwebel, die Wachtmeister und die ihnen gleich- oder nachstehenden Avancierten.

III. Handelt es sich um die Zustellung an eine Behörde, Gemeinde, Korporation oder einen Verein, der als solcher klagen und verklagt werden kann, so erfolgt sie an deren gesetzlichen Vertreter oder Vorsteher. Wenn mehrere gesetzliche Vertreter oder Vorsteher vorhanden sind, genügt die Zustellung an einen derselben.

Ersatzzustellung.

§ 13. I. Wird der Empfänger in seiner Wohnung nicht angetroffen, so kann die Zustellung in der Wohnung an einen zu der Familie gehörenden erwachsenen Hausgenossen oder an eine in der Familie dienende erwachsene Person erfolgen.

Die Zustellung an eine der genannten Personen ist nur in der Wohnung des Empfängers zulässig; an einem dritten Orte kann ihnen nicht mit Rechtswirksamkeit zugestellt werden. Daß die in der Familie dienende Person auch im nämlichen Hause wohne, ist nicht erforderlich (§ 181 Abs. 1 der CPO.).

II. Wird in der Wohnung ein zu der Familie gehörender erwachsener Hausgenosse oder eine in der Familie dienende erwachsene Person nicht angetroffen, so kann die Zustellung an den Hauswirt oder Vermieter des Empfängers erfolgen, sofern sie mit dem Empfänger in dem nämlichen Hause wohnen. Die Zustellung an den Hauswirt oder Vermieter des Empfängers ist jedoch nur zulässig, wenn diese zur Annahme des Schriftstücks bereit sind. An Familienangehörige oder Bedienstete des Hauswirts oder Vermieters kann die Zustellung nicht gemacht werden (§ 181 Abs. 2 der CPO.).

III. Zustellungen an den gesetzlichen Vertreter oder den Vorsteher einer Behörde, einer Gemeinde, einer Korporation oder eines Vereins (§ 12 Abs. 3 der Anw.) können, wenn die Behörde u. s. w. ein besonderes Geschäftslokal hat, in der Wohnung nur an den gesetzlichen Vertreter oder Vorsteher in Person erfolgen (§ 184 Abs. 2 der CPO.).

§ 14. I. Wird in einem Falle, in welchem die Zustellung an eine dritte Person nach § 13 Abs. 1 und 2 zulässig ist, der Empfänger in seiner Wohnung nicht angetroffen, und ist die Zustellung nach diesen Bestimmungen nicht ausführbar, so kann sie durch Niederlegung erfolgen (§ 182 der CPO.). Das zu übergebende Schriftstück ist

entweder auf der Gerichtsschreiberei des Amtsgerichts, in dessen Bezirke der Ort der Zustellung gelegen ist,

oder bei der Postanstalt an diesem Orte

oder bei dem Gemeindevorsteher oder dem Polizeivorsteher an diesem Orte

niederzulegen.

II. Bei Zustellungen am Sitze des Gerichts hat der Gerichtsvollzieher die Niederlegung stets auf der Gerichtsschreiberei zu bewirken.

III. Die Niederlegung hat, wenn sie bei dem Gemeindevorsteher oder dem Polizeivorsteher geschehen soll, stattzufinden

a. in den Landesteilen rechts des Rheins bei dem Bürgermeister oder dessen Stellvertreter, in Landgemeinden in den vom Wohnsitze des Bürgermeisters entfernten Orten bei dem als Gehilfe der Polizeiverwaltung aufgestellten Mitgliede des Gemeindeausschusses oder Ortsführer (Art. 139 Abs. 2 der Gemeindeordnung für die Landesteile diesseits des Rheins),

b. in der Pfalz bei dem Bürgermeister oder dessen Stellvertreter, ferner in den vom Wohnsitze des Bürgermeisters entfernten Orten bei dem dort aufgestellten Adjunkten (Art. 73 der Gemeindeordnung für die Pfalz) und in denjenigen im Verband einer Bürgermeisterei befindlichen Gemeinden, in welchen der Bürgermeister nicht seinen Wohnsitz hat, bei dem Adjunkten, welchem die Handhabung der Polizei in der Gemeinde übertragen ist (Art. 82 Abs. 3 der Gemeindeordnung für die Pfalz).

Vgl. die Bekanntmachung vom 26. Dezember 1899, JMBl. 1900 S. 110.

IV. Die Niederlegung bei der Postanstalt, bei dem Gemeindevorsteher oder dem Polizeivorsteher ist nur zulässig, wenn die Postanstalt, der Gemeindevorsteher oder der Polizeivorsteher sich am Orte der Zustellung befinden; ist dies nicht der Fall, so kann die Niederlegung nur auf der Gerichtsschreiberei des Amtsgerichts erfolgen.

V. Unter mehreren Niederlegungsstellen hat der Gerichtsvollzieher thunlichst diejenige zu wählen, welche dem Empfänger am bequemsten zugänglich ist.

§ 15. I. Die Niederlegung muß sowohl durch eine an der Thüre der Wohnung des Empfängers zu befestigende schriftliche Anzeige als auch, soweit thunlich, durch mündliche Mitteilung an zwei, in der Nachbarschaft wohnende Personen bekannt gemacht werden. In der schriftlichen Anzeige ist der Ort der Niederlegung anzugeben; die Anzeige hat ferner die Bemerkung zu enthalten, daß die Niederlegung zum Zwecke der Zustellung erfolgt sei, und daß die niedergelegten Schriftstücke an dem Orte der Niederlegung abzuholen seien. Die an zwei Nachbarn zu machende Mitteilung hat an solche Personen zu erfolgen, von denen vorauszusetzen ist, daß sie den Empfänger von der Niederlegung in Kenntnis setzen werden.

Dieselben sind hiezu von dem Gerichtsvollzieher ausdrücklich aufzufordern.

II. Hat der Gerichtsvollzieher die Zustellung durch Niederlegung bei dem Gemeinde- oder Polizeivorsteher bewirkt, so sind diese berechtigt, das Schriftstück nach sechs Monaten, vom Tage der Niederlegung ab gerechnet, an den Gerichtsvollzieher, der die Zustellung bewirkt hat, oder an einen anderen Gerichtsvollzieher, wenn sie dienstlich im Orte anwesend sind, zurückzuliefern. Jeder dienstlich im Orte anwesende Gerichtsvollzieher ist verpflichtet, solche Schriftstücke in Empfang zu nehmen und auf der Gerichtsschreiberei abzuliefern. Dies gilt auch von den Schriftstücken, welche ein Gerichtsdiener niedergelegt hat. (Bekanntmachung vom 16. Dezember 1899 § 19, JMBl. S. 483).

§ 16. Die Zustellung an Gewerbetreibende, welche ein besonderes Geschäftslokal (Laden, Comptoir u. s. w.) haben, kann, wenn sie in dem Geschäftslokale nicht angetroffen werden, an einen darin anwesenden Gewerbegehilfen (Kommis, Ladenmädchen, Buchhalter, Gesellen u. s. w.) erfolgen (§ 183 Abs. 1 der CPO.).

§ 17. Zustellungen an einen Rechtsanwalt, einen Notar oder einen Gerichtsvollzieher können, wenn sie in ihrem Geschäftslokale nicht angetroffen werden, an einen darin anwesenden Gehilfen (Konzipienten, Buchhalter) oder Schreiber erfolgen (§ 183 Abs. 2 der CPO.).

§ 18. Zustellungen an den gesetzlichen Vertreter oder den Vorsteher einer Behörde, Gemeinde, Korporation oder eines Vereins (§ 12 Abs. 3 der Anw.) können, wenn er während der gewöhnlichen Geschäftsstunden der Behörde u. s. w. in dem Geschäftslokale derselben nicht angetroffen wird oder an der Annahme verhindert ist, in dem Geschäftslokal an einen anderen darin anwesenden Beamten oder Bediensteten der Behörde u. s. w. bewirkt werden. (§ 184 Abs. 1 der CPO.).

§ 19. I. Bei Zustellungen an Personen, welche ein Geschäftslokal haben, in dem ihnen auch in ihrer Abwesenheit zugestellt werden kann (§§ 16 bis 18 der Anw.), hat der Gerichtsvollzieher in der Regel sich zunächst in das Geschäftslokal zu begeben und die Zustellung dort zu versuchen. Kann die Zustellung im Geschäftslokale nicht bewirkt werden, so hat der Gerichtsvollzieher sich in die Wohnung des Empfängers zu begeben und dort erforderlichenfalls nach § 13 zu verfahren. Die Zustellung durch Niederlegung (§ 14 der Anw.) kann nur erfolgen, wenn die Zustellung in der Wohnung (oder an den Hauswirt oder Vermieter) nicht ausführbar ist.

II. Der Gerichtsvollzieher kann, wenn er den Empfänger an dem Orte, an welchem er ihn zuerst aufgesucht hat, nicht angetroffen hat, statt eine Zustellung nach den §§ 13 bis 18 zu machen, auch den Versuch wiederholen, dem Empfänger in Person zuzustellen. Ob er dies thun will, hängt von seinem Ermessen ab; es darf jedoch nicht geschehen, wenn dadurch das Interesse, welches der Auftraggeber an rascher Bewirkung der Zustellung hat, gefährdet oder die Besorgung anderer Geschäfte in nachteiliger Weise verzögert würde.

§ 20. I. Ehe der Gerichtsvollzieher die Zustellung an eine der in den §§ 13, 16 bis 18 bezeichneten Personen oder durch Niederlegung (§ 14 der Anw.) macht, hat er sich die Überzeugung zu verschaffen, daß die Wohnung oder das Geschäftslokal, in welchem die Zustellung vorgenommen oder vergebens versucht wird, auch wirklich die Wohnung oder das Geschäftslokal des Empfängers ist, und daß die Personen, mit denen er verhandelt, auch wirklich diejenigen sind, für welche sie sich ausgeben, und zu dem Empfänger wirklich in dem angegebenen Verhältnisse stehen.

II. Bei jeder Zustellung, die nicht an den bezeichneten Empfänger in Person, sondern entweder durch Übergabe an einen Ersatzempfänger oder durch Niederlegung geschieht, hat der Gerichtsvollzieher das zu übergebende Schriftstück vor der Übergabe oder der Niederlegung zu verschließen. Der Verschluß ist in der Weise zu bewirken, daß die Schriftstücke in Briefform zusammengefaltet oder in einen Briefumschlag gelegt und mit dem Dienstsiegel oder einer Siegelmarke verschlossen werden. Die Außenseite des Schriftstücks oder des Umschlags ist mit der Adresse des Empfängers sowie mit dem Namen und der Amtsbezeichnung des Gerichtsvollziehers zu versehen. In den Fällen des § 18 kann der Verschluß unterbleiben; das Gleiche gilt in den Fällen des § 17, es sei denn, daß das zuzustellende Schriftstück eine persönliche Angelegenheit des Empfängers betrifft.

III. Die Personen, welchen an Stelle des Empfängers zugestellt wird (§§ 13, 16 bis 18 der Anw.), sind zu belehren, daß sie verpflichtet sind, die ihnen übergebenen Schriftstücke dem Empfänger alsbald auszuhändigen.

IV. An unerwachsene Kinder, an Mieter oder an Fremde darf eine Zustellung niemals geschehen.

V. An eine Person, die als Gegner der Person, an welche zugestellt werden soll, an dem Rechtsstreite beteiligt ist, z. B. an den andern Ehegatten in einem Ehescheidungsprozesse, darf die Ersatzzustellung nicht bewirkt werden, wenn die Beteiligung aus dem zuzustellenden Schriftstücke hervorgeht oder dem Gerichtsvollzieher sonst bekannt geworden ist (§ 185 der CPO.).

Verweigerung der Annahme der Zustellung.

§ 21. Die Annahme einer gehörig erfolgenden Zustellung darf von der Person, an welche sie bewirkt wird, nicht verweigert werden. Dem Hauswirt oder Vermieter des Empfängers kann jedoch nur zugestellt werden, wenn sie zur Annahme bereit sind (§ 13 Abs. 2 der Anw.). Wird die Annahme ohne gesetzlichen Grund (vgl. §§ 11, 22 der Anw.) verweigert, so ist das zu übergebende Schriftstück am Orte der Zustellung zurückzulassen (§ 186 der CPO.).

Zustellung an Sonntagen, zur Nachtzeit.

§ 22. I. Wegen der Vornahme von Zustellungen an Sonntagen und allgemeinen Feiertagen sowie zur Nachtzeit wird auf § 35 der Dienstvorschriften verwiesen.

II. Die Verfügung des Richters, durch welche die Erlaubnis zur Vornahme der Zustellung an einem Sonntag oder allgemeinen Feiertag oder zur Nachtzeit erteilt wird, ist bei der Zustellung abschriftlich mitzuteilen (§ 188 der CPO.).

Zustellung desselben Schriftstücks an mehrere Personen.

§ 23. I. Bei Zustellungen an den Vertreter (gesetzlichen Vertreter oder Prozeßbevollmächtigten) mehrerer Beteiligter genügt die Übergabe nur einer Ausfertigung oder Abschrift (§ 189, Abs. 1 der CPO.).

II. Einem Zustellungsbevollmächtigten (§ 174 der CPO.) mehrerer Beteiligter sind dagegen so viele Ausfertigungen oder Abschriften zu übergeben, als Beteiligte vorhanden sind (§ 189 Abs. 2 der CPO.). Das Gleiche gilt bei der für mehrere Unteroffiziere oder Gemeine einer Kompagnie u. s. w. an den Chef der Kompagnie u. s. w. zu bewirkenden Zustellung.

Zustellungsurkunde.

§ 24. I. Über jede von ihm bewirkte Zustellung hat der Gerichtsvollzieher eine Urkunde aufzunehmen (§§ 190, 191 der CPO.).

II. Die Urkunde muß enthalten:

1. Ort und Zeit der Zustellung;
2. die Bezeichnung der Person, für welche zugestellt werden soll (des Auftraggebers);
3. die Bezeichnung der Person, an welche zugestellt werden soll (des Empfängers); bei Zustellungen an den gesetzlichen Vertreter oder den Vorsteher einer Behörde, Gemeinde u. s. w. (§ 12 Abs. 3 der Anw.) sowohl die Bezeichnung des gesetzlichen Vertreters oder Vorstehers als auch die Bezeichnung der Behörde u. s. w. und die Angabe des Verhältnisses, in welchem er zu derselben steht; bei Zustellungen an den Chef der Compagnie u. s. w. (§ 12 Abs. 2 der Anw.) sowohl die Bezeichnung des Chefs der Kommandobehörde als auch die Bezeichnung des Unteroffiziers oder Gemeinen, an welchen die Zustellung bewirkt werden soll, und die Angabe, daß derselbe dem Truppenteil angehört, an dessen Chef zugestellt ist;
4. die Bezeichnung der Person, welcher zugestellt d. h. das Schriftstück übergeben worden ist; in den Fällen der §§ 13, 16 bis 18 die Angabe des Grundes, durch welchen die Zustellung an die dritte Person gerechtfertigt wird, wozu sowohl die Angabe des Umstandes, wegen dessen die Zustellung nicht an den Empfänger selbst erfolgen konnte (Abwesenheit desselben, im Falle des § 184 der CPO. auch Verhinderung an der Annahme), als auch die Angabe des Verhältnisses erforderlich ist, durch welches die Befugnis der dritten Person zur Entgegennahme der Zustellung begründet wird; erforderlichenfalls auch die Angabe, daß diese Person erwachsen ist; im Falle der Zustellung durch Niederlegung (§ 14 der Anw.) die Bemerkung, wie die für diese Zustellungsart geltenden Vorschriften befolgt sind;
5. im Falle der Verweigerung der Annahme (§ 21 der Anw.) die Erwähnung, daß die Annahme verweigert und das zu übergebende Schriftstück am Orte der Zustellung zurückgelassen worden ist;

6. die Bemerkung, daß eine Ausfertigung oder eine beglaubigte Abschrift des zuzustellenden Schriftstücks und daß eine beglaubigte Abschrift der Zustellungsurkunde übergeben ist;
7. die Unterschrift des Gerichtsvollziehers; der Unterschrift ist das Dienstsiegel beizufügen.

§ 25. I. Die Zustellungsurkunden müssen unverzüglich bei der Zustellung an dem Orte, an welchem diese bewirkt wird, aufgenommen werden. Die Zustellungsurkunde ist auf die Urschrift des zuzustellenden Schriftstücks, im Falle der Zustellung einer Ausfertigung auf die weitere Ausfertigung, welche mit der Zustellungsurkunde dem Auftraggeber zurückzugeben ist (§ 8 Abs. 1 der Anw.), oder auf einen mit dem Schriftstück oder der Ausfertigung zu verbindenden Bogen zu setzen.

II. Eine durch den Gerichtsvollzieher beglaubigte Abschrift der Zustellungsurkunde ist auf das bei der Zustellung zu übergebende Schriftstück (Abschrift oder Ausfertigung) oder auf einen mit demselben zu verbindenden Bogen zu setzen. Im Falle der Zustellung an den Zustellungs-Bevollmächtigten mehrerer Beteiligter (§ 23 Abs. 2 der Anw.) ist auf jede dem Empfänger zu übergebende Abschrift oder Ausfertigung eine beglaubigte Abschrift der Zustellungsurkunde zu setzen.

III. Wird die Zustellungsurkunde oder die für den Empfänger bestimmte Abschrift derselben auf einen besonderen Bogen geschrieben, so ist auf die Haltbarkeit der herzustellenden Verbindung besonders zu achten; auf der Zustellungsurkunde ist in diesem Falle auch die Geschäftsnummer, welche das zuzustellende Schriftstück trägt, z. B. die Nummer des Prozeßregisters, und, wenn das Schriftstück keine Geschäftsnummer trägt, der Betreff anzugeben.

IV. Im übrigen sind die für die Aufnahme von Urkunden geltenden allgemeinen Vorschriften der §§ 49, 50, 56, 58 der Dienstvorschriften maßgebend.

§ 26. Die Urschrift der Zustellungsurkunde ist dem Auftraggeber ohne Verzug und spätestens am Tage nach der Zustellung zu übergeben oder zu übersenden. War der Auftrag von mehreren Personen erteilt, so ist die Zustellungsurkunde einer von ihnen, entsprechend der mit dem Auftrag erteilten Weisung, in deren Ermangelung nach dem Ermessen des Gerichtsvollziehers zu übersenden. War der Auftrag unter Vermittelung des Gerichtsschreibers erteilt, so erfolgt die Übermittelung der Zustellungsurkunde unmittelbar an die Behörde, die Partei oder ihren Bevollmächtigten, welche die Vermittelung des Gerichtsschreibers in Anspruch genommen hatten. Ist der Auftrag von einer öffentlichen Behörde erteilt, welche ihren Sitz am Amtswohnsitze des Gerichtsvollziehers hat, so ist dieser verpflichtet, die Zustellungsurkunde der Behörde zu überbringen. In allen anderen Fällen erfolgt die Übermittelung durch die Post, sofern nicht der Auftraggeber erklärt hat, die Zustellungsurkunde bei dem Gerichtsvollzieher abholen zu wollen. Der Gerichtsvollzieher ist berechtigt, die Gebühren und Auslagen von dem Auftraggeber durch Postvorschuß zu erheben (§ 20 der RGO.).

§ 27. Wenn das nämliche Schriftstück im Auftrage des nämlichen Auftraggebers mehreren Personen zuzustellen ist und die Zustellungen an einem Tage und an dem nämlichen Orte stattfinden, so kann die Beurkundung derselben in einer Zustellungsurkunde erfolgen. In den den einzelnen Empfängern zu übergebenden Abschriften der Zustellungsurkunde werden die auf die Zustellungen an die übrigen Empfänger bezüglichen Stellen weggelassen. Die Gebühren und Auslagen werden auch in diesem Falle für jede Zustellung besonders berechnet; ebenso erhält jede der Zustellungen im Dienstregister eine besondere Nummer.

b. Zustellung durch die Post.

§ 28. I. Soll durch die Post zugestellt werden, so hat der Gerichtsvollzieher die bei der Zustellung zu übergebende Ausfertigung oder Abschrift, nachdem er sie erforderlichenfalls beglaubigt hat (§ 8 Abs. 3 der Anw.), in einen Briefumschlag zu legen, den Briefumschlag zu verschließen und mit der erforderlichen Aufschrift (§ 29 der Anw.) zu versehen und sodann den Brief der Post mit dem Ersuchen zu übergeben, die Zustellung einem Postboten des Bestimmungsorts aufzutragen. Die Aushändigung an die Post soll durch Einlieferung am Schalter erfolgen.

II. Auf dem bei der Zustellung zu übergebenden Schriftstück ist zu vermerken, in wessen Auftrag es zur Post gegeben worden ist.

III. Auf der Urschrift des zuzustellenden Schriftstücks oder auf einem mit der Urschrift zu verbindenden Bogen ist unter Bezeichnung des Auftraggebers, für den die Zustellung erfolgt, zu bezeugen, daß die Übergabe in der beschriebenen Weise erfolgt ist (§ 194 der CPO.).

§ 29. Der Briefumschlag, in welchem die Ausfertigung oder Abschrift der Post übergeben wird, muß mit dem Dienstsiegel verschlossen, mit der Adresse des Empfängers und in der linken oberen Ecke mit der Nummer, unter welcher die Zustellung in das Dienstregister eingetragen ist, versehen sein. Unterhalb der Nummer hat der Gerichtsvollzieher sich und, wenn er in eine Gerichtsvollzieherei eingestellt ist, diese als Absender zu bezeichnen.

§ 30. I. Die auf den Briefumschlag zu setzende Adresse muß eine thunlichst genaue sein. Sie muß die Person, an die zugestellt werden soll, nach Namen, Stand oder Gewerbe und Wohnort, so genau bezeichnen, daß sie leicht und sicher aufgefunden werden kann und Verwechslungen ausgeschlossen sind. Bei Zustellungen an Dienstboten oder Gewerbegehilfen soll wenn thunlich der Name des Dienstherrn oder Arbeitgebers beigefügt werden. Bei Zustellungen, die in größeren Städten zu bewirken sind, ist wo möglich die Straße und die Hausnummer anzugeben. Bei häufig vorkommenden Familiennamen und bei Ortsnamen, welche den Namen anderer Ortschaften gleich oder ähnlich sind, ist besondere Sorgfalt geboten, insbesondere ist bei solchen Ortsnamen die Gemeinde oder das Amtsgericht, in dessen Bezirke sie liegen, anzugeben. Bei Briefen nach Orten ohne Postanstalt soll außer dem eigentlichen Bestimmungsorte noch die Postanstalt angegeben werden, von welcher aus die Bestellung des Briefes bewirkt werden soll.

II. Bei Zustellungen an Behörden, Gemeinden, Korporationen sowie bei Vereinen, die als solche klagen und verklagt werden können, ist die Adresse an diese selbst zu richten mit dem Zusatze „zu Handen des Vorstehers“ oder „zu Handen des gesetzlichen Vertreters“.

III. Zustellungen, welche an einen Unteroffizier oder an einen Gemeinen des aktiven Heeres (vgl. § 38 des Reichs-Militärgesetzes vom 2. Mai 1874, RGBl. S. 55) oder der aktiven Marine bewirkt werden sollen, müssen für ihn an den Chef der zunächst vorgesetzten Kommandobehörde (Chef der Kompagnie, Eskadron, Batterie u. s. w.) erfolgen (§ 172 der

CPO.). Zu den Unteroffizieren gehören auch die Feldwebel, Wachtmeister und die ihnen gleich- oder nachstehenden Avancierten. Die Adresse ist bei solchen Zustellungen an den Soldaten selbst zu richten, jedoch mit genauer Bezeichnung des Truppenteils und unter Beifügung des Zusatzes „zu Handen des Chefs . . .".

§ 31. Soll die Zustellung an einem Sonntag oder allgemeinen Feiertag erfolgen, so ist dies auf der Aufschrift des Briefes besonders zu vermerken.

§ 32. I. Das Ersuchen der Post geschieht dadurch, daß dem Briefe der Entwurf zu der von dem Postboten aufzunehmenden Zustellungsurkunde und zu der Abschrift derselben, welche der Postbote bei der Zustellung zu übergeben hat, äußerlich beigefügt und dies in der linken unteren Ecke der Vorderseite des Briefumschlags durch die Worte „Hiebei ein Formular zur Zustellungsurkunde nebst Abschrift" vermerkt wird. Ein besonderes schriftliches oder mündliches Ersuchen ist nicht erforderlich. Zu den Entwürfen für die Urschrift und die Abschrift der Zustellungsurkunde sind die von der Postverwaltung unentgeltlich zu beziehenden, auf weißem Papiere hergestellten Formulare zu verwenden, nötigenfalls unter Vornahme der erforderlichen Abänderungen. Der Gerichtsvollzieher hat den Kopf der Formulare der Urschrift und der Abschrift vollständig und gleichlautend mit der Aufschrift des Briefumschlags auszufüllen. Auf die Außenseite des zusammengefalteten Formulars zur Urschrift hat er zum Behufe der Rücksendung der Urkunde an ihn seine Adresse zu setzen.

II. Die Sendung ist zu frankieren. Wegen der Zustellungen in Armensachen wird auf § 65 der Dienstvorschriften verwiesen.

§ 33. Ergibt sich aus dem zuzustellenden Schriftstück oder ist dem Gerichtsvollzieher sonst bekannt, daß eine derjenigen Personen, an die eine Ersatzzustellung (§§ 181, 183, § 184 Abs. 1 der CPO.) erfolgen kann, an dem Rechtsstreit als Gegner der Partei, an welche die Zustellung erfolgen soll, beteiligt ist, so hat der Gerichtsvollzieher auf den Briefumschlag und auf die Urschrift der Zustellungsurkunde mit roter Tinte unmittelbar unter dem Namen des Adressaten den Vermerk zu machen:

„Eine Zustellung an . . . . (z. B. an die Ehefrau oder an das Dienstmädchen N.) darf nicht stattfinden."

§ 34. Die zur Post eingelieferten Briefe mit Postzustellungsurkunden werden von der Postbehörde, falls der Empfänger den in der Aufschrift des Briefes angegebenen Ort verlassen hat und die Zustellung an diesem Orte nicht erfolgen kann, nur dann nachgesendet, wenn der der Postanstalt bekannte neue Aufenthaltsort des Empfängers mit dem ersten Bestimmungsorte der Sendung in demselben Amtsgerichtsbezirke gelegen ist. Liegt der neue Bestimmungsort nicht in dem nämlichen Amtsgerichtsbezirke, so findet die Nachsendung nur auf besonderes Verlangen statt. Soll daher der Brief nachgesendet werden, so hat der Gerichtsvollzieher sowohl in der Aufschrift des der Post zu übergebenden Briefes als in dem Kopfe der Urschrift der Zustellungsurkunde den Vermerk: „Nachzusenden innerhalb des Landgerichtsbezirks" oder „Nachzusenden innerhalb des Deutschen Reichs" zu machen.

§ 35. I. Bei der Zustellung durch die Post wird von dem Postboten die Zustellung nach Maßgabe der §§ 180 bis 186 der CPO. vorgenommen und über die Zustellung eine den Erfordernissen des § 195 Abs. 2 der CPO. entsprechende, von ihm zu unterzeichnende Urkunde aufgenommen (§ 195 der CPO.).

II. Die für die Postbehörden geltende Anweisung zur postdienstlichen Behandlung der Schreiben mit Zustellungsurkunden ist durch die Bekanntmachung vom 31. Januar 1900 (JMBl. S. 503, 612) zur Kenntnis der Justizbehörden gebracht worden.

III. Die Zustellungsurkunde wird von der Postanstalt dem Gerichtsvollzieher übersendet. Dieser hat die rechtzeitige Erledigung der Zustellung durch das Dienstregister zu überwachen, die von der Postanstalt überlieferte Zustellungsurkunde zu prüfen und etwaige Mängel durch Vermittlung der Postanstalt abstellen zu lassen. Alsdann ist die Zustellungsurkunde unverzüglich, spätestens am Tage nach ihrem Eingange, mit der Urschrift des zugestellten Schriftstücks und mit der nach § 28 Abs. 3 der Anweisung ausgestellten Bescheinigung dem Auftraggeber zu übergeben oder zu überliefern. Die Vorschriften des § 36 der Anweisung finden Anwendung.

c. Zustellung durch Aufgabe zur Post.

§ 36. I. Die Zustellung durch Aufgabe zur Post, welche das Gesetz nur in gewissen Fällen gestattet (vgl. z. B. §§ 175, 244, 829 der CPO.), besteht darin, daß der Gerichtsvollzieher das zu übergebende Schriftstück unter der Adresse des Empfängers nach dessen Wohnorte zur Post gibt und darüber eine Urkunde aufnimmt, welche in der nämlichen Weise wie bei gewöhnlichen Zustellungen der Urschrift beigefügt wird. Die Beförderung der Sendung an den Empfänger erfolgt durch die Post in der nämlichen Weise wie bei gewöhnlichen Briefen; die Zustellung ist aber nicht erst bewirkt, wenn die Sendung an den Empfänger gelangt, sondern sie wird mit der Aufgabe zur Post als bewirkt angesehen, selbst wenn die Sendung als unbestellbar zurückkommt (§§ 175, 192 der CPO.). Das zu übergebende Schriftstück wird von dem Gerichtsvollzieher, erforderlichenfalls nach erfolgter Beglaubigung (§ 8 Abs. 3 der Anw.), in gewöhnlicher Briefform zur Post gegeben. Die Postsendung ist mit der Bezeichnung „Einschreiben" zu versehen, wenn der Auftraggeber es verlangt. Eine beglaubigte Abschrift der von dem Gerichtsvollzieher aufzunehmenden Urkunde ist dem zu übergebenden Schriftstück in gleicher Weise wie bei den gewöhnlichen Zustellungen beizufügen und in die Postsendung mit einzuschließen.

II. Mit Rücksicht hierauf muß die Urkunde vor der Aufgabe der Sendung zur Post aufgenommen werden. Der Gerichtsvollzieher ist dafür verantwortlich, daß die Aufgabe genau so erfolgt, wie in der Urkunde angegeben ist. Findet die Aufgabe nicht in dieser Weise statt, so muß eine neue Urkunde aufgenommen und Abschrift dieser Urkunde der Sendung beigefügt werden.

III. Die Urkunde muß enthalten:

1. die Bezeichnung der Person, für welche zugestellt werden soll;
2. die Bezeichnung der Person, an welche zugestellt werden soll;
3. die Angabe, unter welcher Adresse, zu welcher Zeit und bei welcher Postanstalt die Aufgabe geschehen ist;
4. die Unterschrift des Gerichtsvollziehers; der Unterschrift ist das Dienstsiegel beizudrücken.

IV. Ist die Postsendung eingeschrieben, so wird der Postschein mit der Zustellungsurkunde verbunden.

V. Die Urschrift des zugestellten Schriftstücks ist mit der Zustellungsurkunde dem Auftraggeber in der im § 35 Abs. 3 vorgeschriebenen Weise zu übermitteln. Das Gleiche geschieht mit der Postsendung, wenn sie als unbestellbar zurückkommt.

d. Zustellung von Anwalt zu Anwalt.

§ 37. I. Bei Zustellungen, welche im Auftrag eines Rechtsanwalts an den Gegenanwalt oder an den von diesem nach § 19 der RAO. bestellten Zustellungsbevollmächtigten zu machen sind, genügt zum Nachweise der Zustellung das mit Datum und Unterschrift versehene schriftliche Empfangsbekenntnis des Anwalts oder Zustellungsbevollmächtigten, welchem zugestellt worden ist (§ 198 der CPO., § 19 der RAO.). Der Gerichtsvollzieher kann daher von dem Rechtsanwalte, welcher den Auftrag erteilt, angewiesen werden, die Zustellung ohne Aufnahme einer Zustellungsurkunde vorzunehmen. Eine solche Anweisung liegt in der Bestimmung, daß die Zustellung „von Anwalt zu Anwalt" erfolgen solle. Das von dem Gegenanwalt oder dem Zustellungsbevollmächtigten ausgestellte Empfangsbekenntnis ist dem Auftraggeber zu übermitteln. Die Bescheinigung des zustellenden Anwalts über die Zustellung ist dem anderen Anwalte, wenn er sie verlangt, Zug um Zug gegen Aushändigung des bezeichneten Empfangsbekenntnisses zu übergeben.

II. Wird die Ausstellung des Empfangsbekenntnisses verweigert oder ist es wegen Abwesenheit des Gegenanwalts oder aus einem sonstigen Grunde nicht zu erlangen, so hat der Gerichtsvollzieher die Zustellung unter Aufnahme der gewöhnlichen Zustellungsurkunde nach den allgemeinen Vorschriften vorzunehmen, sofern nicht der Auftraggeber für diesen Fall etwas Anderes bestimmt hat.

e. Besondere Vorschriften für gewisse Zustellungen bei der Zwangsvollstreckung.

§ 38. Bezüglich der Zustellung des über eine Vollstreckungshandlung aufgenommenen Protokolls (§ 763 Abs. 2 der CPO.), der Zustellung des Pfändungsbeschlusses und des

Überweisungsbeschlusses an den Drittschuldner und der Zustellung der Benachrichtigung von dem Bevorstehen der Pfändung einer Forderung an den Drittschuldner und an den Schuldner (§§ 829, 835, 845, 846, 857 der CPO.) sind die besonderen Vorschriften der §§ 80, 150, 165, 166 der Anweisung maßgebend.

3. Zustellungen in Strafsachen und in Forstrügesachen.

§ 39. I. Der Angeklagte (§§ 219, 364, 426 der StPO.), der Privatkläger (§ 426 der StPO.), der Nebenkläger (§ 437 der StPO.) und gewisse andere bei dem Verfahren beteiligte Privatpersonen (vgl. §§ 322, 324, 328, 340, 474, 478 der StPO.) sowie die Verwaltungsbehörde, welche die Anklage wegen einer Zuwiderhandlung gegen die Vorschriften über die Erhebung öffentlicher Abgaben und Gefälle selbst erhoben hat (§ 466 der StPO.), können Zeugen und Sachverständige zur Hauptverhandlung oder zu dem im § 478 der StPO. bezeichneten Termin unmittelbar laden. Der Angeschuldigte kann unter gewissen Voraussetzungen Sachverständige auch zur Einnahme eines Augenscheins in der Voruntersuchung laden lassen (§ 193 der StPO.).

II. Die Ladung geschieht auf Betreiben der bezeichneten Personen durch Zustellung einer Ladungsschrift des Auftraggebers unter entsprechender Anwendung der §§ 7 bis 35 der Anweisung.

III. Die Ladung einer dem aktiven Heere oder der aktiven Marine angehörenden Person des Soldatenstandes erfolgt durch Ersuchen der Militärbehörde (§ 48 Abs. 2 der StPO., Bekanntmachung vom 10. Mai 1880, JMBl. S. 197).

IV. Vor der Zustellung der Ladung an einen als Zeugen oder Sachverständigen geladenen öffentlichen Beamten oder Diener hat der Gerichtsvollzieher nach Maßgabe der bestehenden Vorschriften (K. Verordnung vom 25. September 1879, JMBl. S. 1291) die vorgesetzte Dienstbehörde zu benachrichtigen.

§ 40. I. Da die von einer Privatperson unmittelbar geladenen Personen nur dann zum Erscheinen verpflichtet sind, wenn ihnen bei der Ladung die gesetzliche Entschädigung für Reisekosten und Versäumnis bar dargeboten oder deren Hinterlegung bei dem Gerichtsschreiber nachgewiesen wird (§ 219, Abs. 2 der StPO.), so kann der mit der Zustellung der

Ladung beauftragte Gerichtsvollzieher zugleich beauftragt werden, die Entschädigung bar darzubieten und auf Verlangen des zu Ladenden auszuzahlen. Die Auszahlung darf nur gegen Quittung erfolgen. Das Darbieten, die Annahme und Auszahlung oder die Zurückweisung der Entschädigung ist in der Zustellungsurkunde anzuführen. Die Quittung und im Falle der Zurückweisung der Entschädigung ist das Geld mit der Zustellungsurkunde dem Auftraggeber zu übermitteln. Erfolgt die Zustellung nicht an den zu Ladenden in Person, so hat der Gerichtsvollzieher, sofern nicht der Auftraggeber eine andere Anweisung gegeben hat, den Betrag bei dem Gerichtsschreiber zu hinterlegen und die Hinterlegungsbescheinigung der geladenen Person durch eingeschriebene Sendung zu überschicken. In der Zustellungsurkunde ist anzuführen, daß die Hinterlegung erfolgen werde. Wenn die Zustellung der Ladung durch die Post erfolgt, so hat der Gerichtsvollzieher auf Verlangen des Auftraggebers die Entschädigung der zu ladenden Person mittels Postanweisung zu übersenden. Der Postschein über die bare Einzahlung der Entschädigung ist mit der Zustellungsurkunde dem Auftraggeber zu übermitteln.

II. Wird dem Gerichtsvollzieher von dem Auftraggeber die Bescheinigung des Gerichtsschreibers über die erfolgte Hinterlegung der Entschädigung übergeben, so ist dieselbe mit der Ladung in gewöhnlicher Weise zuzustellen.

III. Der Auftrag, die Ladung zuzustellen, darf nicht aus dem Grunde abgelehnt werden, weil der Auftraggeber nicht die Entschädigung bar darbietet oder hinterlegt hat. Der Sachverhalt ist alsdann in der Zustellungsurkunde, bei einer Zustellung durch die Post neben dem Vermerke, welcher auf das zu übergehende Schriftstück gesetzt wird (§ 28 Abs. 2 der Anw.), ersichtlich zu machen. Auch ist es Pflicht des Gerichtsvollziehers, solchenfalls darauf zu achten, daß in der Ladungsschrift der Hinweis auf die gesetzlichen Folgen des Nichterscheinens eines ordnungsmäßig geladenen Zeugen wegbleibt.

4. Zustellungen von Willenserklärungen.

§ 41. I. Der Gerichtsvollzieher hat auch außerhalb einer anhängigen Rechtsangelegenheit die ihm von einem Beteiligten aufgetragene Zustellung von schriftlichen Willenserklärungen zu bewirken. Als solche Erklärungen kommen z. B.

in betracht: eine Kündigung oder Mahnung, die Erklärung einer Anfechtung oder Aufrechnung, ein Vertragsantrag oder die Annahme eines solchen, die Erklärung des Rücktritts von einem Vertrage, die Bestimmung einer Frist, in welcher der Gegner eine Handlung vornehmen oder eine Erklärung abgeben soll, die Androhungen und Mitteilungen, welche beim Pfandverkauf und bei sonstigen, kraft gesetzlicher Ermächtigung stattfindenden Verkäufen vorkommen, ferner bis zur Anlegung des Grundbuchs die im Art. 23 Abs. 1 der S.O. vorgeschriebene Erklärung an den Drittbesitzer.

II. Alle diese Zustellungen erfolgen durch Übergabe einer beglaubigten Abschrift der von dem Auftraggeber dem Gerichtsvollzieher übergebenen, von dem Auftraggeber unterschriebenen Erklärung unter Beurkundung der erfolgten Übergabe (vgl. § 2 der Anw.). Die Zustellung kann nicht nur durch den Gerichtsvollzieher selbst, sondern auch durch die Post (§ 3 Nr. 2 der Anw.) erfolgen. Eine Zustellung durch Aufgabe zur Post ist jedoch ausgeschlossen. Im übrigen finden auf diese Zustellungen die Vorschriften der CPO. und der §§ 2 bis 35 der Anweisung entsprechende Anwendung.

III. Die Erklärung, durch welche der Gerichtsvollzieher zur Zustellung ermächtigt wird, wird nicht mit zugestellt. Dies gilt auch dann, wenn die zuzustellende Erklärung ein Zugeständnis, eine Anerbietung, eine Einwilligung oder einen Verzicht zum Gegenstande hat.

IV. Die Urkunden über die Zustellung einer Willenserklärung außerhalb eines Rechtsstreits unterliegen einer Gebühr von 1 Mark; diese Gebühr wird auch erhoben, wenn die Zustellung durch die Post erfolgt. Für jede Beglaubigung der Abschrift eines zuzustellenden Schriftstücks durch den Gerichtsvollzieher kommt außerdem eine Gebühr von 50 Pfennig zur Erhebung. Die Entrichtung der Gebühren erfolgt durch Verwendung von Gebührenmarken. Die Entrichtung der Gebühren obliegt dem Gerichtsvollzieher; der Gerichtsvollzieher kann die Übernahme der Zustellung von der Bezahlung des Betrags der zu entrichtenden Gebühren abhängig machen (Art. 193 bis 195 des Gebührengesetzes in der Fassung der Bekanntmachung vom 11. November 1899, Verordnung vom 15. September 1879, JMBl. S. 1485, Bekanntmachung vom 17. September 1879, JMBl. S. 1487). Die Bestimmungen des

Gebührengesetzes finden keine Anwendung auf die Zustellung des nach §§ 4, 11 Abs. 4 des Reichs-Gesetzes vom 21. Juli 1879, betreffend die Anfechtung von Rechtshandlungen eines Schuldners außerhalb des Konkursverfahrens (RGBl. 1898 S. 709), zur Wahrung des Anfechtungsrechts zuzustellenden Schriftsatzes.

5. Formulare.

§ 42. I. Formulare für die von dem Gerichtsvollzieher bei Zustellungen aufzunehmenden Urkunden und Bescheinigungen und für die im Falle der Zustellung durch Niederlegung an der Thüre der Wohnung des Empfängers zu befestigende schriftliche Anzeige sind in dem Anhang unter Nr. I—XVI beigegeben.

II. Den Gerichtsvollziehern wird empfohlen, bei der Herstellung der Zustellungsurkunden an Stelle der Einzelformulare I bis X und XII die anliegenden Formulare a bis d zu verwenden.

III. Die Benutzung von Formularen, die in der Fassung von den hier festgestellten Formularen abweichen, ist nicht gestattet. Vorhandene Formulare dürfen bis 1. Januar 1901 aufgebraucht werden; das Formular XV ist sofort in Gebrauch zu nehmen.

6. Mitwirkung der Gerichtsvollzieher bei den Zustellungen von Amtswegen.

§ 43. I. Da die Gerichtsvollzieher nach § 13 Abs. 1 der GVO. zugleich Gerichtsdiener sind, kann ihnen auch die Vornahme von Zustellungen von Amtswegen übertragen werden (§ 6 Abs. 3 der Bekanntmachung vom 16. Dezember 1899, JMBl. S. 475).

II. Die Zustellungen von Amtswegen hat der Gerichtsvollzieher in seiner Eigenschaft als Amtsgerichtsdiener nach den für die Zustellungen von Amtswegen geltenden besonderen Vorschriften (Bekanntmachung vom 16. Dezember 1899, JMBl. S. 475) zu bewirken.

III. Wird von einem Notar bei dem Zwangsversteigerungsverfahren, der Vermittelung der Auseinandersetzung in Ansehung eines Nachlasses oder des Gesamtguts einer ehelichen oder fortgesetzten Gütergemeinschaft oder dem amtlichen Verfahren über die Eröffnung von Testamenten und Erbverträgen eine Zustellung von Amtswegen veranlaßt, so kann der Notar, dem hiebei die Verrichtungen des Gerichtsschreibers obliegen, mit der Bewirkung der Zustellung den Gerichtsdiener und deshalb auch den Gerichtsvollzieher desjenigen Amtsgerichts, in dessen Bezirke das Notariat liegt, beauftragen. Der Vorstand des Amtsgerichts kann, wenn neben dem Gerichtsvollzieher ein Amtsgerichtsdiener aufgestellt ist, die nötigen Anordnungen über die Verteilung der Geschäfte erlassen (§ 203 der Geschäftsordnung für die Notariate vom 24. Dezember 1899, JMBl. S. 591, mit § 7 Abs. 2 der Bekanntmachung vom 16. Dezember 1899, JMBl. S. 475).

II. Zwangsvollstreckung in bürgerlichen Rechtsstreitigkeiten.

1. Allgemeine Vorschriften.

Geschäftsbereich des Gerichtsvollziehers.

§ 44. Die Gerichtsvollzieher haben die Zwangsvollstreckung in bürgerlichen Rechtsstreitigkeiten, soweit sie nicht den Gerichten zugewiesen ist, zu bewirken (§ 753 der CPO.).

§ 45. Zum Wirkungskreise der Gerichtsvollzieher gehören folgende Vollstreckungen:

1. die Zwangsvollstreckung wegen Geldforderungen in bewegliche körperliche Sachen mit Einschluß der Wertpapiere und der vom Boden noch nicht getrennten Früchte (§§ 803 bis 827 der CPO.); vgl. die §§ 89 bis 148 der Anweisung;
2. die Pfändung von Forderungen aus Wechseln und anderen Papieren, welche durch Indossament übertragen werden können (§ 831 der CPO.); vgl. die §§ 161, 162 der Anweisung;
3. die Zwangsvollstreckung zur Erwirkung der Herausgabe von beweglichen Sachen und der Herausgabe, Überlassung oder Räumung von unbeweglichen Sachen und bewohnten Schiffen (§§ 883 bis 885 der CPO.); vgl. die §§ 167 bis 175 der Anweisung;
4. die Zwangsvollstreckung zur Beseitigung des vom Schuldner gegen die Vornahme einer von ihm zu duldenden Handlung geleisteten Widerstandes (§ 892 der CPO.); vgl. § 176 der Anweisung;
5. die Verhaftung des Schuldners (§§ 899 bis 914 der CPO.); vgl. die §§ 177 bis 184 der Anweisung;

6. die Vollziehung von Arrestbefehlen und einstweiligen Verfügungen, soweit es sich um die Ausführung von Maßregeln handelt, welche bei der Zwangsvollstreckung zum Wirkungskreise des Gerichtsvollziehers gehören (§§ 916 bis 945 der CPO.); vgl. die §§ 189 bis 198 der Anweisung.

§ 46. Die Zwangsvollstreckung wegen Geldforderungen in Forderungen und andere Vermögensrechte, vorbehaltlich der in § 45 Ziffer 2 genannten Pfändungen, die Zwangsvollstreckung wegen Geldforderungen in das unbewegliche Vermögen und die Zwangsvollstreckung zur Erwirkung von Handlungen und Unterlassungen sind den Gerichten zugewiesen. Bei der Zwangsvollstreckung in Forderungen und in das unbewegliche Vermögen steht jedoch den Gerichtsvollziehern in gewissem Umfang eine Mitwirkung zu (§§ 149 bis 160, 163 bis 166, 185 bis 188 der Anw.).

§ 47. Die Zwangsvollstreckung wegen Geldforderungen gegen den Fiskus, gegen Gemeinden und die unter Leitung des Staates oder einer Gemeinde stehenden Körperschaften und Stiftungen erfolgt, soweit nicht dingliche Rechte verfolgt werden, ausschließlich durch die zuständigen Verwaltungsbehörden (Art. 9, Art. 11 Abs. 3 des AG. zur CPO. und KO. in der Fassung der Bekanntmachung vom 26. Juni 1899). Die Gerichtsvollzieher dürfen daher solche Zwangsvollstreckungen nicht vornehmen.

Begriff des Gläubigers und des Schuldners.

§ 48. Bei der Zwangsvollstreckung heißt derjenige, für welchen die Vollstreckung erfolgt, der Gläubiger, derjenige, gegen welchen sie erfolgt, der Schuldner, ohne Rücksicht darauf, ob es sich um die Beitreibung einer Geldforderung oder um die Herausgabe einer Sache oder um die Erzwingung einer Handlung oder einer Unterlassung handelt.

Auftrag.

§ 49. I. Der Auftrag zur Zwangsvollstreckung wird dem Gerichtsvollzieher von dem Gläubiger unmittelbar oder unter Vermittelung des Gerichtsschreibers des Amtsgerichts, bei welchem der Gerichtsvollzieher aufgestellt ist, erteilt (§ 753 der CPO.).

II. Der unter Vermittelung des Gerichtsschreibers beauftragte Gerichtsvollzieher hat sich in jeder Beziehung, insbesondere bei Ablieferung der beigetriebenen Gelder, als unmittelbar von dem Gläubiger beauftragt anzusehen.

III. Der Auftrag kann nicht nur von dem Gläubiger selbst oder seinem gesetzlichen Vertreter, sondern auch von einem Bevollmächtigten erteilt werden. Wird der Auftrag von einem gesetzlichen Vertreter oder Bevollmächtigten des Gläubigers erteilt, so hat der Gerichtsvollzieher sich zu vergewissern, daß das Vertretungsverhältnis oder die Vollmacht wirklich besteht. Der von dem Gläubiger zu seinem Vertreter in dem Rechtsstreite bestellte Rechtsanwalt oder sonstige Prozeßbevollmächtigte ist vermöge der Prozeßvollmacht auch ermächtigt, die Zwangsvollstreckung für den Gläubiger zu beantragen und ihn bei derselben zu vertreten. Die Prozeßvollmacht erstreckt sich aber nicht auf die Empfangnahme der beigetriebenen Leistung; diese muß vielmehr, sofern nicht der Prozeßbevollmächtigte durch eine besondere Vollmacht auch hiezu ermächtigt ist, an den Gläubiger selbst abgeliefert werden. Eine Ausnahme besteht bezüglich der von dem Gegner zu erstattenden Prozeßkosten; zur Empfangnahme derselben ist der Prozeßbevollmächtigte schon durch die Prozeßvollmacht ermächtigt (§ 81 der CPO.).

§ 50. Der Gerichtsvollzieher hat die Zulässigkeit der Zwangsvollstreckung, mit welcher er beauftragt wird, selbstständig zu prüfen und bei der Ausführung der Zwangsvollstreckung selbständig nach dem Gesetz und den Dienstvorschriften zu verfahren. Weisungen des Gläubigers hat er dabei soweit zu befolgen, als sie mit den Gesetzen und den Dienstvorschriften nicht in Widerspruch stehen.

Vollstreckungsgericht.

§ 51. I. Gegen die Weigerung des Gerichtsvollziehers, einen Vollstreckungsauftrag zu übernehmen oder eine Vollstreckungshandlung dem Auftrage gemäß auszuführen, kann die Entscheidung des Vollstreckungsgerichts angerufen werden (§ 766 Abs. 2 der CPO.).

II. Das Vollstreckungsgericht entscheidet ferner über Anträge, Einwendungen und Erinnerungen, welche die Art und Weise der Zwangsvollstreckung oder das bei derselben vom Gerichtsvollzieher zu beobachtende Verfahren betreffen (§ 766 Abs. 1 der CPO.), sowie über Erinnerungen, welche in Ansehung der vom Gerichtsvollzieher in Ansatz gebrachten Kosten erhoben werden (§ 766 Abs. 2 der CPO., § 22 der RGO.).

III. Als Vollstreckungsgericht ist das Amtsgericht zuständig, in dessen Bezirke das Vollstreckungsverfahren stattfinden soll oder stattgefunden hat, soweit nicht ausnahmsweise (z. B. für die Pfändung einer Forderung, für die Abnahme des Offenbarungseids, für die Anlegung eines Arrestes) ein anderes Amtsgericht für zuständig erklärt ist (§ 764 der CPO.).

Schuldtitel.

§ 52. I. Die Zwangsvollstreckung findet nur für Ansprüche statt, für welche der Gläubiger das Vollstreckungsrecht erlangt hat. Das Vollstreckungsrecht beruht entweder auf einer gerichtlichen Entscheidung oder auf einer urkundlichen Feststellung des Anspruchs, welcher das Gesetz die Wirkung der Zulässigkeit der Zwangsvollstreckung beilegt.

II. Die Zwangsvollstreckung findet statt:

1. aus Endurteilen deutscher Gerichte, welche rechtskräftig oder für vorläufig vollstreckbar erklärt sind (§ 704 Abs. 1 der CPO.).

III. Die Zwangsvollstreckung findet nach § 794 der CPO. ferner statt:

2. aus Vergleichen, welche nach Erhebung der Klage zwischen den Parteien oder zwischen einer Partei und einem Dritten zur Beilegung des Rechtsstreits seinem ganzen Umfange nach oder in betreff eines Teiles des Streitgegenstandes vor einem deutschen Gericht abgeschlossen worden sind;
3. aus Vergleichen, welche im Falle des § 510 der CPO. vor dem Amtsgericht abgeschlossen worden sind;
4. aus Entscheidungen deutscher Gerichte, gegen welche das Rechtsmittel der Beschwerde stattfindet; hierher gehören z. B. Kostenfestsetzungen, der Beschluß über die Verpflichtung einer zum Armenrechte zugelassenen Partei zur Kostennachzahlung, die Verurteilung eines ungehorsamen Zeugen oder Sachverständigen zum Kostenersatz;
5. aus Vollstreckungsbefehlen;
6. aus Urkunden, welche von einem deutschen Gerichte (auch dem Merkantil-Friedens- und Schiedsgerichte der Stadt Nürnberg, Art. 7 Abs. 2 des AG. zum GVG.) oder von einem deutschen Notar innerhalb der Grenzen seiner Amtsbefugnisse in der vorgeschriebenen Form

aufgenommen wird, sofern die Urkunde über einen Anspruch errichtet ist, welcher die Zahlung einer bestimmten Geldsumme oder die Leistung einer bestimmten Quantität anderer vertretbarer Sachen oder Wertpapiere zum Gegenstande hat, und der Schuldner sich in der Urkunde der sofortigen Zwangsvollstreckung unterworfen hat. Als ein Anspruch, welcher die Zahlung einer Geldsumme zum Gegenstande hat, gilt auch der Anspruch aus einer Hypothek, einer Grundschuld oder einer Rentenschuld.

IV. Durch verschiedene Reichsgesetze sind weitere Schuldtitel beigefügt worden, insbesondere

7. Eintragungen in die Tabelle des Konkursgerichts und rechtskräftig bestätigte Zwangsvergleiche im Konkursverfahren (§ 164 Abs. 2, §§ 194, 206 der KO.);
8. Vorschuß-, Zusatz- und Nachschußberechnungen im Sinne der §§ 106 bis 115 des Genossenschaftsgesetzes in der Fassung der Bekanntmachung vom 20. Mai 1898, welche von dem Konkursgerichte für vollstreckbar erklärt sind, sowie gerichtliche Beschlüsse über die dem Revisor einer Genossenschaft zukommende Vergütung und die ihm zu erstattenden Auslagen im Sinne des § 62 des Genossenschaftsgesetzes;
9. rechtskräftig bestätigte vorgängige Vereinbarungen oder rechtskräftig bestätigte Auseinandersetzungen im Sinne der §§ 98, 99 des Gesetzes über die Angelegenheiten der freiwilligen Gerichtsbarkeit;
10. gerichtlich bestätigte Dispachen (§ 158 Abs. 2 des GFG.);
11. die Urteile der Gewerbegerichte und die vor denselben nach der Klageerhebung abgeschlossenen Vergleiche (Gesetz, betr. die Gewerbegerichte, vom 29. Juli 1890 § 56);
12. die von einem deutschen Konsulargericht oder dem Gericht eines deutschen Schutzgebiets erlassenen Entscheidungen und aufgenommenen Urkunden (§ 41 des Gesetzes über die Konsulargerichtsbarkeit vom 7. April 1900, § 2 des Gesetzes, betr. die Rechtsverhältnisse in den deutschen Schutzgebieten, in der Fassung vom 19. März 1888);
13. von der Grundbuchanlegung an Zuschlagsbeschlüsse,

welche im Zwangsversteigerungsverfahren ergangen sind (§§ 93, 132 des ZVG.).

V. Landesgesetzlich findet die Zwangsvollstreckung statt

14. bis zur Grundbuchanlegung aus dem bei der Zwangsversteigerung unbeweglicher Gegenstände, bei der gerichtlichen Versteigerung von Bergwerken, Steinbrüchen und Gräbereien und bei der Versteigerung auf Übergebot nach pfälzischem Rechte im Versteigerungsprotokoll enthaltenen Räumungsbefehle (Art. 78 Ziff. 8, Art. 182 der SO., Art. 208 des AG. zur CPO. und KO. der bisherigen Fassung mit Art. 166 Abs. 6 Satz 2 des AG. zum BGB.), sowie aus den im Verteilungsverfahren bei der Zwangsvollstreckung in das unbewegliche Vermögen, bei der gerichtlichen Versteigerung von Bergwerken, Steinbrüchen, Gräbereien und unbeweglichen Kuxen, im pfälzischen Hypothekenreinigungsverfahren und bei der Verteilung der Entschädigung für Zwangsenteignung und zwangsweise Belastung von Grundstücken erteilten Erhebungsanweisungen (Art. 121, 155, 182 der SO., Art. 53, 54, 208, 209 des AG. zur CPO. und KO. der bisherigen Fassung mit Art. 166 Abs. 6 Satz 2 des AG. zum BGB.);

15. ohne Rücksicht auf die Grundbuchanlegung aus rechtsrheinischen Hypothekenurkunden (Art. 127 des AG. zur CPO. und KO. der bisherigen Fassung, Art. 166 Abs. 2 des AG. zum BGB.); nach der Grundbuchanlegung sind Hypothekenurkunden jedoch nur dann vollstreckbar, wenn sie über Hypotheken ausgestellt sind, die schon zu der Zeit der Grundbuchanlegung bestehen (Art. VIII des EG. vom 17. Mai 1898 zu dem Gesetze, betr. Änderungen der CPO.);

16. aus pfälzischen Notariatsurkunden über freiwillige gerichtliche Versteigerungen von Liegenschaften und aus Notariatsurkunden über Teilungen und Teilungsversteigerungen (Art. 220 des A.G. zur CPO. und KO. der bisherigen Fassung, Art. 166 Abs. 4 des A.G. zum B.G.B.).

VI. In gleicher Weise findet die Zwangsvollstreckung auch aus Entscheidungen der deutschen Rheinschiffahrtsgerichte statt (§§ 5, 7 Abs. 1 der Allerhöchsten Verordnung vom

18. Juni 1879, JMBl. S. 257). Entscheidungen der außer den Rheinschiffahrtsgerichten in den anderen Bundesstaaten bestehenden besonderen Gerichte (§ 14 des GVG.) werden nach Maßgabe des Reichsgesetzes, betreffend die Gewährung der Rechtshilfe, vom 21. Juni 1869 (Beil. zum G.-Bl. 1870/71, S. 73) gleichfalls vollstreckt.

VII. Aus den Urteilen nichtdeutscher Gerichte findet die Zwangsvollstreckung nur statt, wenn ihre Zulässigkeit durch ein von einem deutschen Gericht erlassenes Vollstreckungsurteil ausgesprochen ist (§ 722 der CPO.). Das Vollstreckungsurteil muß vollstreckbar ausgefertigt sein. Aus den Urteilen nichtdeutscher Rheinschiffahrtsgerichte erfolgt die Zwangsvollstreckung auf grund einer von dem Landgerichte Frankenthal mit der Vollstreckungsklausel versehenen Ausfertigung (§ 7 Abs. 2 der Allerhöchsten Verordnung vom 18. Juni 1879).

VIII. Von den Schiedssprüchen gilt das Nämliche wie von den Urteilen nichtdeutscher Gerichte (§ 1042 der CPO.).

IX. Bei den von einem Notar eines anderen deutschen Bundesstaats ausgefertigten Notariatsurkunden kann der Gerichtsvollzieher, um sich zu vergewissern, daß die Urkunde von dem Notar innerhalb der Grenzen seiner Amtsbefugnisse und in der vorgeschriebenen Form aufgenommen ist, und daß dieselbe sich in der Verwahrung des Notars befindet, welcher die vollstreckbare Ausfertigung erteilt hat, die Vorlage eines von einem Gerichte des Wohnorts des Notars hierüber ausgestellten Zeugnisses verlangen.

Vollstreckungsklausel.

§ 53. Die Zwangsvollstreckung findet nur auf grund einer mit der Vollstreckungsklausel versehenen Ausfertigung des Schuldtitels (vollstreckbare Ausfertigung) statt. Andere Ausfertigungen des Schuldtitels berechtigen nicht zur Zwangsvollstreckung. Eine Ausnahme besteht bezüglich der im Mahnverfahren erlassenen Vollstreckungsbefehle (§§ 699, 794 Ziff. 4 der CPO.) und der Arrestbefehle und einstweiligen Verfügungen (§§ 922, 936 der CPO.); dieselben bedürfen der Vollstreckungsklausel nur, wenn die Vollstreckung für einen anderen als den in dem Befehle bezeichneten Gläubiger oder gegen einen anderen als den im Befehle bezeichneten Schuldner erfolgen soll (§§ 796, 929, 936 der CPO.).

§ 54. I. Die vollstreckbare Ausfertigung der Urteile der deutschen Gerichte, der im § 52 Ziff. 2 bis 5, 7, 8, 9, 10, 13 genannten Schuldtitel und der im § 52 Ziff. 6 genannten gerichtlichen Urkunden wird von dem Gerichtsschreiber erteilt (§§ 724, 795, 797 der CPO., §§ 164, 194, 206 der KO., Art. 80, 121 der SO.); ebenso hat der Gerichtsschreiber die vollstreckbare Ausfertigung der Hypothekenurkunde (§ 52 Ziff. 15) zu erteilen, wenn die Urkunde über die Hypothekbestellung von dem Gerichte aufgenommen ist (Art. 130 des A.G. zur CPO. und KO. der bisherigen Fassung). Den Vollstreckungsbefehlen, Arrestbefehlen und einstweiligen Verfügungen wird die erforderliche Vollstreckungsklausel gleichfalls von dem Gerichtsschreiber beigefügt.

II. Die vollstreckbare Ausfertigung der von einem Gewerbegericht erlassenen Entscheidungen und der vor ihm abgeschlossenen Vergleiche (§ 52 Ziff. 11) wird von dem Gerichtsschreiber des Gewerbegerichts erteilt.

III. Die vollstreckbare Ausfertigung der von einem deutschen Konsulargericht oder dem Gericht eines deutschen Schutzgebiets erlassenen Entscheidungen und aufgenommenen Urkunden (§ 52 Ziff. 12) wird von dem Gerichtsschreiber des Konsulargerichts oder des Gerichts des Schutzgebiets erteilt.

IV. Die Vollstreckungsklausel lautet:

> Vorstehende Ausfertigung wird dem u. s. w. (Bezeichnung des Gläubigers) zum Zwecke der Zwangsvollstreckung erteilt.

V. Die Vollstreckungsklausel wird der Ausfertigung des Schuldtitels oder der Urschrift des Vollstreckungsbefehls am Schlusse beigefügt, von dem Gerichtsschreiber unterschrieben und mit dem Gerichtssiegel versehen (§ 725 der CPO.).

VI. Die vollstreckbare Ausfertigung der im § 52 Ziff. 6 genannten Notariatsurkunden, der Hypothekenurkunden, sofern die Urkunde über die Hypothekbestellung von einem Notar aufgenommen ist, und der in der Pfalz nach Art. 220 des A.G. zur CPO. und KO. der bisherigen Fassung einen Schuldtitel für die Zwangsvollstreckung bildenden Notariatsurkunden wird von dem Notare, welcher die Urkunde verwahrt, erteilt. Befindet sich eine der im § 52 Ziff. 6 genannten Notariatsurkunden in der Verwahrung einer Behörde, so hat diese die vollstreckbare Ausfertigung zu erteilen. Die Form der vollstreckbaren Ausfertigung notarieller Urkunden ist die nämliche wie bei gerichtlichen Schuldtiteln (§§ 795, 797 der CPO., Art. 136, 221 des A.G. zur CPO. und KO. der bisherigen Fassung, § 186 der Geschäftsordnung für die Notariate vom 24. Dezember 1899, JMBl. S. 591).

Besondere Voraussetzungen für die Zulässigkeit der Zwangsvollstreckung.

§ 55. I. Die Vollstreckungsklausel wird erst erteilt, wenn die Voraussetzungen der Zwangsvollstreckung (z. B. die Rechtskraft des Urteils, die Bedingung, von deren Eintritt der Anspruch des Gläubigers abhängt) eingetreten sind. Der Eintritt derselben wird bei der Erteilung der Vollstreckungsklausel geprüft; dem Gerichtsvollzieher steht eine Prüfung dieser Frage nicht zu.

II. Eine Ausnahme besteht jedoch bezüglich der Fälle, in welchen die Geltendmachung des Anspruchs von dem Eintritt eines Kalendertags oder die Zwangsvollstreckung von einer dem Gläubiger obliegenden Sicherheitsleistung abhängt. Die Prüfung dieser Voraussetzungen obliegt dem Gerichtsvollzieher.

III. Die Zwangsvollstreckung darf, wenn die Geltendmachung des Anspruchs nach dem Inhalte des Schuldtitels von dem Eintritt eines Kalendertags abhängt, erst beginnen, wenn der Kalendertag abgelaufen ist (§ 751 Abs. 1 der CPO.). Ebenso muß, wenn dem Schuldner eine Frist zur Leistung im Urteile bestimmt ist (z. B. § 721 der CPO.), der Ablauf der Frist abgewartet werden.

IV. Hängt die Vollstreckung nach dem Schuldtitel oder die Vollstreckungsklausel von einer dem Gläubiger obliegenden Sicherheitsleistung ab, so darf die Zwangsvollstreckung nur erfolgen, wenn der Gläubiger die Leistung der erforderlichen Sicherheit durch eine öffentliche oder öffentlich beglaubigte Urkunde nachgewiesen hat (§ 751 Abs. 2 der CPO.). Aus der Urkunde muß sich ergeben, daß die in dem Schuldtitel bezeichnete Sicherheit bei der Hinterlegungsstelle hinterlegt oder, wenn bei einem Amtsgericht eine Hinterlegungsstelle nicht errichtet ist, von dem Amtsgericht in vorläufige Verwahrung (§ 40 Ziff. 3 bis 6 der Hinterlegungsordnung vom 18. Dezember 1899, JMBl. S. 1057) genommen worden ist. Sofern in dem Schuldtitel nicht ein Anderes bestimmt ist, sind Wertpapiere zur Sicherheitsleistung nur geeignet, wenn sie auf den Inhaber lauten, einen Kurswert haben und einer Gattung angehören, in der Mündelgeld angelegt werden darf (§ 234 Abs. 1 des B.GB., § 108 der CPO.). Nach § 1807 des

B.GB. sind mündelsicher nur die Schuldverschreibungen des Reichs oder eines Bundesstaats, sowie die Schuldverschreibungen, deren Verzinsung von dem Reiche oder einem Bundesstaate gewährleistet ist, ferner die Wertpapiere, die von dem Bundesrate zur Anlegung von Mündelgeld für geeignet erklärt sind. Nach Art. 212 des EG. zum B.GB. sind ferner alle diejenigen Wertpapiere mündelsicher, welche durch Landesgesetz in dem Bundesstaat, in dem die Hinterlegung erfolgen soll, zur Anlegung von Mündelgeld für geeignet erklärt sind. Auf Grund dieser Vorschrift sind in Bayern für mündelsicher erklärt die Schuldverschreibungen bayerischer Gemeinden mit Einschluß der Distrikts- und Kreisgemeinden, sowie die Pfandbriefe und die Schuldbriefe für Gemeindedarlehen (Kommunalobligationen) der bayerischen Landwirtschaftsbank, die Pfandbriefe der bayerischen Hypotheken- und Wechselbank, der süddeutschen Bodenkreditbank, der Vereinsbank und der Handelsbank in München und der Vereinsbank in Nürnberg und die Pfandbriefe und die Kommunalobligationen der Pfälzischen Hypothekenbank in Ludwigshafen a/Rh. Art. 32 des Übergangsgesetzes zum B.GB., Bekanntmachung vom 9. September 1899, JMBl. S. 383). Mit Wertpapieren kann Sicherheit nach § 234 Abs. 3 des B.GB. und § 108 Abs. 1 der CPO., sofern das Gericht in dem Schuldtitel nicht ein Anderes bestimmt hat, nur in Höhe von drei Vierteilen des Kurswerts geleistet werden. Hat z. B. der Gläubiger eine Sicherheit von 1000 ℳ zu leisten, so muß er, wenn er die Sicherheit in $3^1/_2$%igen bayerischen Staatsschuldverschreibungen leisten will und diese einen Kurs von 95 haben, mindestens 1500 ℳ Nennwert hinterlegen. Der Gerichtsvollzieher hat zu prüfen, ob die geleistete Sicherheit den bezeichneten Vorschriften entspricht. Den Kurswert kann er aus dem in den Zeitungen veröffentlichten Kurszettel entnehmen oder bei einer mit dem Verkehr in Wertpapieren vertrauten Behörde oder Privatperson erfragen.

V. Die vollstreckbare Ausfertigung der Erhebungsanweisungen § 52 Ziff. 14 der Anw.) wird erst nach Eintritt der Fälligkeit des Anspruchs erteilt.

§ 56. I. Die dem Schuldner obliegende Leistung kann im Schuldtitel von einer Zug um Zug zu bewirkenden Gegenleistung des Gläubigers abhängig gemacht sein, z. B. kann das Urteil dahin lauten, daß der Beklagte schuldig ist, gegen

Übergabe eines näher bezeichneten Pferdes an den Kläger 300 Mark zu zahlen. Hier wird die vollstreckbare Ausfertigung von dem Gerichtsschreiber ohne Rücksicht auf die Gegenleistung erteilt; der Gerichtsvollzieher darf aber mit der Zwangsvollstreckung erst beginnen, nachdem der Schuldner wegen der ihm gebührenden Gegenleistung befriedigt oder in Ansehung derselben in Annahmeverzug geraten ist (§ 756 der CPO.).

II. In Annahmeverzug kommt der Schuldner hinsichtlich der Gegenleistung dadurch, daß er die ihm gehörig angebotene Gegenleistung nicht annimmt. Ein nur wörtliches Angebot genügt, wenn zur Bewirkung der Gegenleistung eine Handlung des Schuldners erforderlich ist, insbesondere wenn er die geschuldete Sache abzuholen hat, ingleichen, wenn er bereits erklärt hat, die Gegenleistung nicht annehmen zu wollen. Dem Angebote der Leistung steht die Aufforderung gleich, die erforderliche Handlung vorzunehmen. Auch das Angebot der Leistung von seiten des Gläubigers ist nicht erforderlich, wenn für die vom Schuldner vorzunehmende Handlung eine Zeit nach dem Kalender bestimmt und diese Zeit abgelaufen ist (§§ 293 bis 296 des B.GB.).

III. Wird dem Gerichtsvollzieher der Nachweis, daß der Schuldner wegen der Gegenleistung befriedigt oder in Annahmeverzug versetzt ist, nicht durch Vorlegung öffentlicher oder öffentlich beglaubigter Urkunden, z. B. eines Gerichtsvollzieherprotokolls (§ 255 der Anw.) oder einer notariell beglaubigten Quittung erbracht, deren Zustellung bereits erwirkt ist oder sogleich erfolgen kann (§ 62 der Anw.), so muß der Gerichtsvollzieher selbst, bevor er mit der Vollstreckung beginnen darf, dem Schuldner die Gegenleistung in einer den Verzug der Annahme begründenden Weise anbieten. Er müßte also in dem obigen Beispiele das Pferd zu dem Schuldner bringen oder, wenn nach dem Inhalte des Schuldtitels der Schuldner zur Abholung verpflichtet ist, ihn zur Abholung auffordern. Das Angebot und die Erklärungen des Schuldners sind in dem Pfändungsprotokoll oder in einem gesonderten Protokolle zu beurkunden (§§ 756, 762, 763 der CPO.).

§ 57. Hat der Schuldner nur gegen Aushändigung einer Urkunde, z. B. des Wechsels, zu leisten, so muß sich der Gerichtsvollzieher vor dem Beginne der Vollstreckung außer dem Schuldtitel auch diese Urkunde aushändigen lassen.

§ 58. Ist der Schuldtitel auf mehrere Leistungen des Schuldners in der Art gerichtet, daß die eine oder die andere zu bewirken ist (Wahlschuld), so kann der Gläubiger die Zwangsvollstreckung nach seinem Belieben auf die eine oder die andere Leistung richten. Der Schuldner kann sich jedoch, wenn nach dem Schuldtitel das Wahlrecht dem Schuldner zusteht, durch eine der übrigen zur Wahl gestellten Leistungen von seiner Verbindlichkeit befreien, solange nicht der Gläubiger die Leistung, wegen deren er die Zwangsvollstreckung betreibt, ganz oder zum Teile empfangen hat (§ 264 Abs. 1 des B.GB.).

Vollstreckung für oder gegen eine in der Klausel nicht bezeichnete Person oder auf einen anderen Inhalt.

§ 59. I. Die Zwangsvollstreckung findet nur nach Maßgabe der Vollstreckungsklausel und des durch dieselbe für vollstreckbar erklärten Inhalts des Schuldtitels statt.

II. Ist die Vollstreckungsklausel nur wegen eines Teiles des Anspruchs, welcher den Gegenstand des Schuldtitels bildet, oder wegen eines von mehreren Ansprüchen (z. B. wegen einer Zielfrist eines Kaufpreises) erteilt, so findet die Zwangsvollstreckung wegen des Restes des Anspruchs oder wegen der übrigen Ansprüche nur auf grund einer hierauf bezüglichen weiteren vollstreckbaren Ausfertigung oder Vollstreckungsklausel statt.

III. Ebenso findet die Zwangsvollstreckung nur für den in der Vollstreckungsklausel namentlich bezeichneten Gläubiger und gegen den in dem Schuldtitel oder in der Vollstreckungsklausel namentlich bezeichneten Schuldner statt. Soll die Zwangsvollstreckung für eine andere Person, z. B. für den Erben oder einen sonstigen Rechtsnachfolger des Gläubigers, oder gegen eine andere Person (Erben oder sonstigen Rechtsnachfolger, Nacherben, Testamentsvollstrecker, Übernehmer eines Vermögens oder eines Handelsgeschäfts, Nießbraucher, Ehegatten, Abkömmling, s. §§ 727 bis 729, 738, 742, 744, 745, Abs. 2, 749 der CPO.) stattfinden, so muß der Gläubiger, für welchen die Zwangsvollstreckung stattfinden soll, erst die Erteilung einer Vollstreckungsklausel erwirken, die ihn als Gläubiger oder die in dem Schuldtitel oder in der Vollstreckungsklausel nicht als Schuldner bezeichnete Person als Schuldner namentlich bezeichnet (§ 750 der CPO.).

§ 60. I. Sind Erben oder andere nur beschränkt

haftende Personen unter dem Vorbehalte der Beschränkung ihrer Haftung verurteilt (§§ 780 ff., 786 der CPO.), so kann der Schuldtitel ohne Rücksicht auf diese Beschränkung vollstreckt werden. Der Gerichtsvollzieher darf jedoch die Pfändung solcher Sachen, deren Pfändung der Schuldner unter Berufung auf die ihm vorbehaltene Beschränkung seiner Haftung widerspricht, dann unterlassen, wenn die im Gewahrsame des Schuldners sonst noch vorhandenen, von dem Widerspruche nicht betroffenen beweglichen Sachen bereits zur Deckung des Gläubigers ausreichen. Ist dies aber nicht der Fall, so hat der Gerichtsvollzieher die Pfändung ohne Rücksicht auf den Widerspruch durchzuführen und den Schuldner mit seinen Einwendungen an das Gericht zu verweisen.

II. Eine Zwangsvollstreckung, welche zur Zeit des Todes des Schuldners gegen diesen bereits begonnen hatte, wird in den Nachlaß desselben fortgesetzt (§ 779 der CPO.); ist die Zuziehung des Schuldners notwendig, aber die Person des Erben oder die Annahme der Erbschaft ungewiß, so kann die Zwangsvollstreckung erst fortgesetzt werden, nachdem das Gericht einen Vertreter für den Erben bestellt hat (§ 1961 des BGB.). Dagegen bedarf es, wenn der Schuldner vor Beginn der Zwangsvollstreckung gestorben ist, zur Zwangsvollstreckung einer gegen den Erben gerichteten Vollstreckungsklausel, deren Beschaffung Sache des Gläubigers ist.

Vermögen des Schuldners. Sondervermögen.

§ 61. Die §§ 735 bis 749 der CPO. und die §§ 124, 161 des HGB. regeln die Voraussetzungen, unter denen eine Vollstreckung in gewisse Vermögensmassen, nämlich in das Vereins- oder Gesellschaftsvermögen, das einem Nießbrauch unterliegende Vermögen, das Vermögen der Ehegatten und der Theilnehmer an einer fortgesetzten Gütergemeinschaft, das Vermögen der unter elterlicher Gewalt stehenden Kinder und das Nachlaßvermögen beim Vorhandensein mehrerer Miterben oder eines Testamentsvollstreckers, statthaft ist.

1. Zur Zwangsvollstreckung in gewisse dieser Vermögensmassen ist ein bestimmter Schuldtitel erforderlich.

Zur Zwangsvollstreckung in das Gesellschaftsvermögen einer offenen Handelsgesellschaft oder einer Kommanditgesellschaft ist ein gegen die Gesellschaft gerichteter Schuldtitel erforderlich (§ 124 Abs. 2, § 161 Abs. 2 des HGB.).

Zur Zwangsvollstreckung in das Gesellschaftsvermögen einer nach § 705 des BGB. eingegangenen Gesellschaft ist ein gegen alle Gesellschafter ergangenes Urteil erforderlich (§ 736 der CPO.).

Zur Zwangsvollstreckung in das Gesamtgut einer allgemeinen Gütergemeinschaft, einer Errungenschaftsgemeinschaft oder einer Fahrnisgemeinschaft ist ein gegen den Ehemann ergangenes Urteil erforderlich und genügend (§ 740 der CPO.). Im Falle der fortgesetzten Gütergemeinschaft ist zur Zwangsvollstreckung in das Gesamtgut ein gegen den überlebenden Ehegatten ergangenes Urteil erforderlich und genügend (§ 745 Abs. 1 der CPO.).

Zur Zwangsvollstreckung in einen Nachlaß ist, wenn mehrere Erben vorhanden sind, bis zur Teilung ein gegen alle Erben ergangenes Urteil erforderlich (§ 747 der CPO.). Unterliegt ein Nachlaß der Verwaltung eines Testamentsvollstreckers, so ist zur Zwangsvollstreckung in den Nachlaß ein gegen den Testamentsvollstrecker ergangenes Urteil erforderlich und genügend (§ 748 Abs. 1 der CPO.); zur Zwangsvollstreckung wegen eines Pflichtteilsanspruchs ist jedoch beim Vorhandensein eines Testamentsvollstreckers ein sowohl gegen den Testamentsvollstrecker als auch gegen den Erben ergangenes Urteil erforderlich (§ 748 Abs. 3 der CPO.).

2. In gewissen, in den §§ 737, 739, 743, 745 Abs. 2, 748 Abs. 2 der CPO. aufgezählten Fällen ist zur Zwangsvollstreckung in gewisse Vermögensstücke des zur Leistung verurteilten Schuldners außerdem noch ein vollstreckbarer Titel gegen eine andere Person erforderlich, in welchem die Verpflichtung dieser Person zur Duldung der Zwangsvollstreckung in die Vermögensstücke des Schuldners ausgesprochen ist, z. B. zur Vollstreckung in das eingebrachte Gut einer Ehefrau, wenn der Güterstand der Verwaltung und Nutznießung, der Errungenschaftsgemeinschaft oder der Fahrnisgemeinschaft unter den Eheleuten besteht (§ 729 der CPO.), zur Vollstreckung in das einem Nießbrauch unterliegende Vermögen (§ 737 der CPO.) sowie im Falle des § 748 Abs. 2 der CPO. zur Vollstreckung in einzelne Nachlaßgegenstände, wenn der Verwaltung des Testamentsvollstreckers nicht der ganze Nachlaß, sondern nur diese Gegenstände unterliegen.

Zur Vollstreckung in das der elterlichen Nutznießung

unterliegende Vermögen ist übrigens ein gegen das Kind gerichteter Titel genügend (§ 746 der CPO.).

Betreibt die Ehefrau selbständig ein Erwerbsgeschäft, so ist zur Zwangsvollstreckung in das eingebrachte Gut und in das Gesamtgut ein gegen die Ehefrau ergangenes Urteil genügend (§ 741 der CPO.).

Die nach Vorstehendem erforderliche Verurteilung eines Mitbeteiligten zur Duldung der Zwangsvollstreckung kann dadurch ersetzt werden, daß dieser in einer gerichtlichen oder notariellen Urkunde die Zwangsvollstreckung in die seiner Verwaltung oder Nutznießung unterworfenen Vermögensgegenstände bewilligt (§ 794 Abs. 2 der CPO.).

Vor Beginn der Zwangsvollstreckung zuzustellende Urkunden.

§ 62. I. Die Zwangsvollstreckung darf nur beginnen, wenn der Schuldtitel bereits zugestellt ist oder gleichzeitig zugestellt wird. In der Regel genügt die Zustellung des Schuldtitels ohne die Vollstreckungsklausel. Außer dem Schuldtitel muß aber auch die Vollstreckungsklausel zugestellt werden, wenn die Vollstreckung des Schuldtitels seinem Inhalte nach von dem durch den Gläubiger zu beweisenden Eintritt einer Thatsache abhängt oder wenn die Vollstreckungsklausel für oder gegen eine von den ursprünglichen Parteien verschiedene Person (Erbe, Nacherbe, Testamentsvollstrecker, Übernehmer eines Vermögens oder eines Handelsgeschäfts, Nießbraucher, Ehegatte, Abkömmling) erteilt worden ist.

II. Ist in diesen Fällen die Vollstreckungsklausel auf grund öffentlicher oder öffentlich beglaubigter Urkunden über den Eintritt der Voraussetzung für die Erteilung der Vollstreckungsklausel erteilt oder umgeschrieben, so ist auch die Zustellung dieser Urkunden erforderlich (§ 750 der CPO.). Der Gerichtsvollzieher hat anzunehmen, daß die Vollstreckungsklausel auf grund öffentlicher oder öffentlich beglaubigter Urkunden erteilt oder umgeschrieben ist, wenn in derselben nicht angeführt ist, daß sie auf grund eines Urteils (§ 731 der CPO.) oder aus dem Grunde erteilt sei, weil das Sachverhältnis bei dem Gericht offenkundig sei (§ 727 der CPO.). Bei den Hypothekenurkunden findet, wenn die Vollstreckungsklausel auf grund eines Eintrags im Hypothekenbuche, nach der Grundbuchanlegung im Grundbuch erteilt ist, die Zustellung einer Abschrift dieses Eintrags nicht statt (Art. 134 des AG. z. CPO. u. KO. der bisherigen Fassung).

III. Hängt die Vollstreckung von einer dem Gläubiger obliegenden Sicherheitsleistung ab, so muß die öffentliche oder öffentlich beglaubigte Urkunde, durch welche die erfolgte Sicherheitsleistung nachgewiesen wird (vgl. § 55 Abs. 4 der Anw.), vor oder bei dem Beginne der Zwangsvollstreckung in Abschrift zugestellt werden (§ 751 Abs 2 der CPO.).

IV. Hat der Schuldner Zug um Zug gegen eine von dem Gläubiger zu bewirkende Gegenleistung zu erfüllen, so müssen, wenn der Gerichtsvollzieher nicht selbst das Angebot der Gegenleistung bewirkt, die öffentlichen oder öffentlich beglaubigten Urkunden gleichfalls zugestellt werden, aus denen sich die Befriedigung des Schuldners wegen der Gegenleistung oder sein Annahmeverzug ergibt (§ 56 der Anw.).

§ 63. Die Zustellungen müssen, wenn der Schuldner einen Prozeßbevollmächtigten bestellt hat, an den Prozeßbevollmächtigten, nicht an den Schuldner selbst, bewirkt werden, sofern nicht wegen Unbekanntheit des Aufenthalts des Prozeßbevollmächtigten die Zustellung an den Schuldner selbst bewilligt worden ist (§ 177 der CPO.).

§ 64. Regelmäßig genügt es, wenn der Schuldtitel und die übrigen in § 62 bezeichneten Urkunden spätestens bis zum Beginne der Zwangsvollstreckung zugestellt werden. Die Zwangsvollstreckung aus Kostenfestsetzungsbeschlüssen und aus den im § 794 Nr. 5 der CPO. (s. § 52 Ziff. 6 der Anw.) bezeichneten vollstreckbaren Urkunden darf jedoch nur dann beginnen, wenn der Schuldtitel dem Schuldner mindestens einen Tag vorher zugestellt worden ist (§ 798 der CPO.).

§ 65. Einer Zustellung der das Rechtsnachfolgeverhältnis beweisenden Urkunden bedarf es ausnahmsweise nicht, wenn der Eigentümer eines Grundstücks sich wegen einer auf diesem lastenden Hypothek, Grundschuld oder Rentenschuld der sofortigen Zwangsvollstreckung unterworfen hat und der Rechtsnachfolger des Gläubigers, dem eine vollstreckbare Ausfertigung der Urkunde auf grund der Rechtsnachfolge erteilt ist, im Grundbuch als Gläubiger eingetragen steht. Das Gleiche gilt, wenn der Eigentümer sich in Ansehung der Hypothek, Grundschuld oder Rentenschuld der sofortigen Zwangsvollstreckung in der Weise unterworfen hat, daß die Zwangsvollstreckung gegen den jeweiligen Eigentümer des Grundstücks zulässig sein soll, sofern die Unterwerfung im Grundbuche vermerkt ist und der Rechtsnachfolger, gegen den die Vollstreckungsklausel erteilt ist, im Grundbuch als Eigentümer eingetragen steht (§§ 799, 800 der CPO.).

§ 66. Bei Urteilen eines Gewerbegerichts werden die für den Beginn der Zwangsvollstreckung erforderlichen Zustellungen nicht durch den Gerichtsvollzieher, sondern durch das Gewerbegericht bewirkt (§§ 56 des Reichsgesetzes über die Gewerbegerichte).

§ 67. I. Der Gerichtsvollzieher muß sich bei Übernahme des Auftrags erkundigen, ob die nach § 62 erforderlichen Zustellungen erfolgt sind, und sich, wenn der Gläubiger behauptet, daß dies geschehen sei, die Urkunden hierüber vorlegen lassen. Ehe der Nachweis der Zustellung geführt ist, darf der Gerichtsvollzieher mit der Vollstreckung nicht beginnen. Bei denjenigen Schuldtiteln, welche von Amtswegen zugestellt werden, insbesondere den Kostenfestsetzungsbeschlüssen, ist es üblich, daß der Gerichtsschreiber die Zustellung auf der Ausfertigung vermerkt.

II. Findet die Zustellung durch den Gerichtsvollzieher selbst gleichzeitig mit dem Beginne der Zwangsvollstreckung statt, so hat er die nach § 190 der CPO. (vgl. § 24 der Anw.) aufzunehmende Urkunde nicht mit dem Protokoll über die Vollstreckungshandlung zu verbinden, sondern gesondert zu errichten.

Zwangsvollstreckung gegen Militärpersonen.

§ 68. I. Gegen eine dem aktiven Heere oder der aktiven Marine angehörende Militärperson (vgl. § 38 des Reichs-Militärgesetzes vom 2. Mai 1874, R.-GBl. S. 55, und die Anlage zum Militärstrafgesetzbuche für das Deutsche Reich, R.-GBl. 1872, S. 204) darf die Zwangsvollstreckung erst beginnen, nachdem von derselben die vorgesetzte Militärbehörde (vgl. Bekanntmachung des K. Kriegsministeriums vom 10. Mai 1880, JMBl. S. 197) Anzeige erhalten hat (§ 752 Abs. 1 der CPO.). Der Gerichtsvollzieher hat sich darüber zu vergewissern, daß die Anzeige erstattet ist, und sich zu diesem Behufe die dem Gläubiger von der Militärbehörde erteilte Empfangsbescheinigung vorlegen zu lassen; kann der Gläubiger die Bescheinigung nicht vorlegen, so hat der Gerichtsvollzieher die Anzeige selbst zu bewirken.

II. Die Angehörigen der Münchener Schutzmannschaft sowie des Gendarmeriekorps zählen nicht zu den dem aktiven Heere angehörenden Militärpersonen.

Zwangsvollstreckung während des Konkurses.

§ 69. I. Während der Dauer des Konkursverfahrens finden Zwangsvollstreckungen und Arreste zu gunsten einzelner Konkursgläubiger (§ 3 der KO.) weder in das zur Konkursmasse gehörige noch in das sonstige Vermögen des Gemeinschuldners statt (§ 14 der KO.). Für Ansprüche, welche erst nach der Eröffnung des Konkursverfahrens entstanden sind, findet die Zwangsvollstreckung auch während des Verfahrens, aber nur in das nicht zur Konkursmasse gehörige Vermögen des Gemeinschuldners statt.

II. Die Eröffnung des Konkursverfahrens hindert nicht die Zwangsvollstreckung für Forderungen, für welche ein Recht auf abgesonderte Befriedigung besteht, in die zur abgesonderten Befriedigung dienenden Gegenstände (vgl. §§ 48, 49, 51 der KO., ferner bezüglich der vor dem 1. Januar 1900 begründeten Absonderungsrechte § 14 des E.G. zu derselben); insbesondere kann die Zwangsvollstreckung für Forderungen, für welche durch Pfändung ein Pfandrecht erlangt worden ist (§ 804 der CPO.), in die gepfändeten Sachen auch während des Konkursverfahrens fortgesetzt werden, sofern nicht die Pfändung erst nach der Erlassung eines an den Schuldner gerichteten allgemeinen Veräußerungsverbots (§ 106 der KO.) erfolgt ist. Ebenso ist die Zwangsvollstreckung auf Herausgabe von Gegenständen, welche dem Gemeinschuldner nicht gehören (§ 43 der KO.), auch während des Konkursverfahrens zulässig.

III. Während eines im Auslande über das Vermögen des Schuldners eröffneten Konkursverfahrens ist die Zwangsvollstreckung in das inländische Vermögen desselben zulässig, sofern nicht durch Anordnung des Reichskanzlers Ausnahmen getroffen werden (§ 237 der KO.).

Legitimation des Gerichtsvollziehers zur Vollstreckung.

§ 70. I. Die vollstreckbare Ausfertigung, auf grund deren die Zwangsvollstreckung stattfinden soll, muß dem Gerichtsvollzieher übergeben werden.

II. Der mit der Zwangsvollstreckung beauftragte Gerichtsvollzieher ist durch den Auftrag in Verbindung mit der Übergabe der vollstreckbaren Ausfertigung ermächtigt, die Zahlungen oder sonstigen Leistungen in Empfang zu nehmen, über das Empfangene mit Wirksamkeit für den Gläubiger zu quittieren und dem Schuldner, wenn dieser seiner Verbindlichkeit genügt hat, die vollstreckbare Ausfertigung auszuliefern (§§ 754, 755 der CPO.).

III. Dem Schuldner und Dritten gegenüber wird der Gerichtsvollzieher zur Vornahme der Zwangsvollstreckung und der im Abs. 2 bezeichneten Handlungen durch den Besitz der vollstreckbaren Ausfertigung ermächtigt (§ 755 der CPO.). Er muß dieselbe deshalb bei jeder Vollstreckungshandlung bei sich führen.

Verhalten des Gerichtsvollziehers bei der Zwangsvollstreckung.

§ 71. I. Der Gerichtsvollzieher hat die Zwangsvollstreckung auf die möglichst rasch zum Ziele führende Weise auszuführen, dabei aber Bedacht zugleich darauf zu nehmen, daß jede unnötige Benachteiligung des Schuldners vermieden wird.

II. Vor dem Beginne der Zwangsvollstreckung selbst hat der Gerichtsvollzieher den Schuldner, wenn er ihn am Orte der Vollstreckung antrifft, zur freiwilligen Leistung aufzufordern. Im Falle der Abwesenheit des Schuldners ist die Aufforderung, wenn ein Angehöriger desselben angetroffen wird, an diesen zu richten.

III. Insoweit die Leistung nicht bewirkt wird, hat der Gerichtsvollzieher zur Zwangsvollstreckung zu schreiten.

IV. Bei der Ausführung der Zwangsvollstreckung hat der Gerichtsvollzieher auf Wünsche des Gläubigers und des Schuldners, soweit dies ohne überflüssige Kosten und Weitwendigkeiten und ohne Gefährdung des Zweckes der Vollstreckung geschehen kann, geeignete Rücksicht zu nehmen.

Durchsuchen von Räumen u. s. w.

§ 72. I. Der Gerichtsvollzieher ist befugt, die Wohnung und die Behältnisse des Schuldners zu durchsuchen, soweit der Zweck der Vollstreckung dies erfordert (§ 758 Abs. 1 der CPO.).

II. Er ist befugt, die verschlossenen Hausthüren, Zimmerthüren und Behältnisse öffnen zu lassen (§ 758 Abs. 2 der CPO.). Zu diesem Behufe ist, wenn thunlich, ein geeigneter Handwerker zuzuziehen.

Gewaltanwendung.

III. Der Gerichtsvollzieher ist, wenn er Widerstand findet,

zur Anwendung von Gewalt befugt und kann zu diesem Zwecke die Unterstützung der polizeilichen Vollzugorgane nachsuchen (§ 758 Abs. 3 der CPO.). Dabei hat er sich an die Gendarmeriemannschaft (Schutzmannschaft) oder an die zur Handhabung der Ortspolizei aufgestellten Diener (Polizeidiener, Gemeindediener u. s. w.) zu wenden (Bekanntmachung vom 16. August 1879, Ziffer 2, JMBl. S. 559). Die unmittelbare Inanspruchnahme der Gendarmerie- und Polizeimannschaft ist dem Gerichtsvollzieher jedoch nur gestattet, wenn er bei einer Vollstreckung bereits Widerstand gefunden hat. Glaubt der Gerichtsvollzieher, daß er bei einer Vollstreckung Widerstand finden und den Widerstand nur mit polizeilicher Hilfe überwinden werde, so hat er unter Darlegung der Gründe für seine Ansicht sich an die Distriktspolizeibehörde mit der Bitte um Abordnung von Gendarmerie- oder Polizeimannschaft zu wenden (Bekanntmachung vom 27. März 1882, JMBl. S. 70). Auf eine Entschädigung haben die zugezogenen Polizeiorgane keinen Anspruch. Ist militärische Hilfe notwendig, so hat sich der Gerichtsvollzieher an das Vollstreckungsgericht zu wenden (§ 758 Abs. 3 der CPO.).

IV. Die Durchsuchung hat sich erforderlichenfalls auf die Kleidung des Schuldners zu erstrecken; dabei sind die Gebote des Anstandes zu beobachten. Wenn die körperliche Durchsuchung einer Frau erforderlich ist, hat der Gerichtsvollzieher eine zuverlässige weibliche Hilfsperson zuzuziehen.

Zuziehung von Zeugen.

§ 73. I. Wird bei einer Vollstreckungshandlung Widerstand geleistet oder ist bei einer in der Wohnung des Schuldners erfolgenden Vollstreckungshandlung weder der Schuldner noch eine zur Familie desselben gehörige oder in dieser Familie dienende erwachsene Person gegenwärtig, so hat der Gerichtsvollzieher zwei großjährige Männer oder einen Gemeinde- oder Polizeibeamten als Zeugen zuzuziehen (§ 759 der CPO.). Als Zeugen sind nur unbeteiligte und, wenn thunlich, am Orte der Vollstreckung wohnende Personen zuzuziehen. Den Zeugen kann eine Entschädigung bis zum Betrage von je 1 Mark gewährt werden (§ 15 der RGO.). Ob und in welchem Betrage die Entschädigung zu gewähren ist, hat der Gerichtsvollzieher unter Berücksichtigung des Falles nach Billigkeit zu ermessen; ist der Zeuge mit der Entschädigung nicht zufrieden, so hat ihn der

Gerichtsvollzieher nach § 766 Abs. 2 der CPO. an das Vollstreckungsgericht zu verweisen.

II. Als Gemeinde- oder Polizeibeamte können die im § 72 genannten polizeilichen Vollzugsorgane zugezogen werden. Außer diesen sind in den Landesteilen rechts des Rheins in den Gemeinden mit städtischer Verfassung die Distriktsvorsteher und, wo solche nicht vorhanden sind, die nicht rechtskundigen Bürgermeister und Magistratsräte, in München auch die Polizeibezirkskommissäre, in den Gemeinden mit Landgemeindeverfassung die Bürgermeister, Beigeordneten und Gemeindebevollmächtigten sowie die Ortsführer, in der Pfalz die Bürgermeister, Adjunkten, Gemeinderäte und Polizeikommissäre verpflichtet, der Aufforderung des Gerichtsvollziehers, der Vollstreckungshandlung als Zeugen beizuwohnen, Folge zu leisten (Bekanntmachung vom 16. August 1879, Ziff. 2, JMBl. S. 559). Wird die Zuziehung von Zeugen aus dem Grunde notwendig, weil zur Beseitigung eines Widerstandes Gewalt angewendet werden soll, so sollen als Zeugen in der Regel nicht polizeiliche Vollzugsorgane zugezogen werden.

Vollstreckung in militärischen Gebäuden.

§ 74. I. Gegen eine dem aktiven Heere oder der aktiven Marine angehörende Person des Soldatenstandes (vgl. § 38 des Reichs-Militärgesetzes vom 2. Mai 1874, R.-GBl. S. 55, und die Anlage zum Militär-Strafgesetzbuche für das Deutsche Reich, R.-GBl. 1872, S. 204) darf der Gerichtsvollzieher in Kasernen und anderen militärischen Dienstgebäuden Vollstreckungshandlungen nicht vornehmen. Die Vollstreckung erfolgt durch die zuständige Militärbehörde (Bekanntmachung vom 10. Mai 1880, JMBl. S. 197), welche auf Antrag des Gläubigers durch das Vollstreckungsgericht um die Vornahme derselben ersucht wird. Werden Gegenstände gepfändet, so werden dieselben dem von dem Gläubiger beauftragten Gerichtsvollzieher übergeben. Dieser hat mit denselben in der nämlichen Weise wie mit den von ihm selbst gepfändeten Gegenständen zu verfahren (§ 790 der CPO. vgl. § 145 der Anw.)

II. Die Angehörigen der Münchner Schutzmannschaft sowie des Gendarmeriekorps zählen nicht zu den dem aktiven Heere angehörenden Militärpersonen.

Anwesenheit des Gläubigers bei der Vollstreckung.

§ 75. Der Gläubiger ist berechtigt, den Vollstreckungshandlungen beizuwohnen oder sich bei denselben durch einen Bevollmächtigten vertreten zu lassen. Auf Verlangen ist der Gläubiger oder der Bevollmächtigte desselben von der Zeit, zu welcher die Vollstreckungshandlung vorgenommen werden soll, in Kenntnis zu setzen.

Zwangsvollstreckung an Sonntagen und zur Nachtzeit.

§ 76. I. Zur Nachtzeit sowie an Sonntagen und allgemeinen Feiertagen darf eine Vollstreckungshandlung nur mit Erlaubnis des Amtsrichters erfolgen, in dessen Bezirke die Handlung vorgenommen werden soll (vgl. § 35 der Dienstvorschriften). Die Verfügung, durch welche die Erlaubnis erteilt wird, ist bei der Zwangsvollstreckung vorzuzeigen. Die Nachtzeit umfaßt in dem Zeitraume vom 1. April bis 30. Septbr. die Stunden von neun Uhr abends bis vier Uhr morgens und in dem Zeitraume vom 1. Oktober bis 31. März die Stunden von neun Uhr abends bis sechs Uhr morgens (§ 761 der CPO.).

II. Vollstreckungshandlungen, welche an einem Sonntag oder allgemeinen Feiertage stattfinden, sollen, wenn thunlich, nicht während des vormittägigen öffentlichen Gottesdienstes vorgenommen werden.

Kosten der Zwangsvollstreckung.

§ 77. Der Gerichtsvollzieher hat bei der Zwangsvollstreckung zugleich die Kosten derselben, soweit sie notwendig waren (§ 91 der CPO.), beizutreiben (§ 788 der CPO.). Einer richterlichen Festsetzung dieser Kosten bedarf es nicht; vielmehr hat der Gerichtsvollzieher selbst bei den einzelnen Ansätzen die Notwendigkeit zu prüfen. Zu den notwendigen Kosten gehören insbesondere die Gebühren und baren Auslagen des Gerichtsvollziehers, die Kosten für Erteilung der vollstreckbaren Ausfertigung und die Kosten der Uebersendung der beigetriebenen Leistung an den Gläubiger. Die Beitreibung der Kosten erfolgt nötigenfalls durch Pfändung und Versteigerung beweglicher Sachen. Dabei macht es keinen Unterschied, ob die Zwangsvollstreckung wegen einer Geldforderung oder wegen eines anderen Anspruchs stattfindet.

Leistung des Schuldners.

§ 78. Nach Empfang der geschuldeten Leistungen hat der Gerichtsvollzieher dem Schuldner die vollstreckbare Ausfertigung nebst einer Quittung auszuliefern. Im Falle einer Teilleistung hat er diese auf der vollstreckbaren Ausfertigung zu bemerken und dem Schuldner Quittung zu erteilen (§ 757 der CPO.).

Protokoll.

§ 79. I. Der Gerichtsvollzieher hat über jede Vollstreckungshandlung ein Protokoll aufzunehmen (§ 762 der CPO.). Die Aufnahme des Protokolls hat in unmittelbarem Anschluß an die Vollstreckungshandlung und, wenn nicht besondere Umstände eine Abweichung notwendig machen, an Ort und Stelle zu geschehen. Bei der Aufnahme des Protokolls sind die für die Aufnahme von Urkunden überhaupt geltenden Vorschriften (§ 49 der Dienstvorschriften) zu beobachten.

II. Das Protokoll muß vorbehaltlich der für gewisse Vollstreckungshandlungen getroffenen besonderen Bestimmungen (z. B. § 106 der Anw.) enthalten:

1. Ort und Zeit der Aufnahme;
2. den Gegenstand der Vollstreckungshandlung unter Bezeichnung der vollstreckbaren Urkunde, auf grund deren sie vorgenommen ist, und unter kurzer Erwähnung der wesentlichen Vorgänge;
3. die Namen der Personen, mit welchen verhandelt ist, wozu im Falle der Zuziehung von Zeugen (§ 73 der Anw.) auch diese gehören;
4. die Unterschrift dieser Personen und die Bemerkung, daß die Unterzeichnung nach vorgängiger Vorlesung oder Vorlegung zur Durchsicht und nach vorgängiger Genehmigung erfolgt sei;
5. die Unterschrift des Gerichtsvollziehers.

III. Die Erwähnung der wesentlichen Vorgänge bei der Vollstreckungshandlung (Ziffer 2) hat in der Weise zu geschehen, daß in dem Protokoll alles angegeben wird, was zur Durchführung der Vollstreckung geschehen ist, und daß, wenn die Vollstreckung nicht zur vollständigen Befriedigung des Gläubigers führt, aus dem Protokoll zu ersehen ist, daß alle zulässigen Mittel versucht worden sind. Wird die Vollstreckungshandlung zur Nachtzeit oder an einem Sonntag oder allgemeinen Feiertage vorgenommen, so ist in dem Protokoll zu erwähnen, daß die richterliche Erlaubnis (§ 76 der Anw.) vorgezeigt worden ist.

IV. Hat einem der in Ziffer 4 bezeichneten Erfordernisse nicht genügt werden können, so ist der Grund anzugeben.

V. Bei den Geschäften, welche nach Verhältnis der verwendeten Zeit vergütet werden, ist im Protokolle die Dauer der Zeit anzugeben. Ist die Zeitangabe unterblieben, so darf nur die für die geringste Zeitdauer bestimmte Gebühr berechnet werden (§ 23 der RGO., § 13 der GO.).

§ 80. Die Aufforderungen und sonstigen Mitteilungen, welche zu den Vollstreckungshandlungen gehören (vgl. § 808 Abs. 3 der CPO.), sind von dem Gerichtsvollzieher mündlich zu erlassen und vollständig in das Protokoll aufzunehmen. Kann die mündliche Ausführung nicht erfolgen, so hat der Gerichtsvollzieher die Aufforderung oder Mitteilung gleichwohl in das Protokoll aufzunehmen und eine Abschrift des Protokolls unter entsprechender Anwendung der §§ 172, 181 bis 186 der CPO. (vgl. § 10 Abs. 2, §§ 13 bis 21 der Anw.) zuzustellen. Kann demjenigen, an welchen die Aufforderung oder Mitteilung zu richten ist, am Orte der Zwangsvollstreckung nicht zugestellt werden, so ist ihm die Abschrift des Protokolls nach Art eines gewöhnlichen Briefes durch die Post zu übersenden. Im Falle der Unbekanntheit seines Aufenthalts findet ein Versuch, die Aufforderung oder Mitteilung zu seiner Kenntnis zu bringen, nicht statt. Die Befolgung der Vorschriften über die Zustellung oder Übersendung der Abschrift des Protokolls muß zum Protokolle bemerkt werden (§ 763 der CPO.). Die Übergabe einer Abschrift dieser Bemerkung bei der Zustellung ist nicht erforderlich.

Einstellung oder Beschränkung der Vollstreckung.
a. auf Anweisung des Gläubigers.

§ 81. Auf Anweisung des Gläubigers hat der Gerichtsvollzieher jederzeit die Zwangsvollstreckung gänzlich oder bis auf weitere Anweisung oder auf bestimmte Zeit einzustellen. Mündlich erteilte Anweisungen dieses Inhalts sind zu den Vollstreckungsakten zu vermerken. Hat der Gerichtsvollzieher die vollstreckbare Urkunde dem Gläubiger hinausgegeben, so darf er die Zwangsvollstreckung nicht fortsetzen, so lange ihm die Urkunde nicht wieder eingehändigt ist.

b. auf Verlangen des Schuldners.

§ 82. I. Durch Einwendungen des Schuldners oder dritter Personen darf der Gerichtsvollzieher sich von der Durchführung der Zwangsvollstreckung nicht abhalten lassen.

II. Nach § 775 der CPO. ist jedoch die Zwangsvollstreckung von dem Gerichtsvollzieher einzustellen oder zu beschränken:

1. wenn die Ausfertigung einer vollstreckbaren Entscheidung vorgelegt wird, aus welcher sich ergibt, daß das zu vollstreckende Urteil oder dessen vorläufige Vollstreckbarkeit aufgehoben oder daß die Zwangsvollstreckung für unzulässig erklärt oder deren Einstellung angeordnet ist;
2. wenn die Ausfertigung einer gerichtlichen Entscheidung vorgelegt wird, aus welcher sich ergibt, daß die einstweilige Einstellung der Vollstreckung oder einer Vollstreckungsmaßregel angeordnet ist;
3. wenn dem Schuldner nachgelassen ist, die Vollstreckung durch Sicherheitsleistung oder Hinterlegung abzuwenden, und eine öffentltche Urkunde vorgelegt wird, aus welcher sich ergibt, daß die Sicherheitsleistung oder Hinterlegung erfolgt ist;
4. wenn eine öffentliche Urkunde oder eine von dem Gläubiger ausgestellte Privaturkunde vorgelegt wird, aus welcher sich ergibt, daß der Gläubiger nach Erlassung des zu vollstreckenden Urteils befriedigt ist oder Stundung bewilligt hat;
5. wenn ein Postschein vorgelegt wird, aus welchem sich ergibt, daß nach Erlassung des zu vollstreckenden Urteils die zur Befriedigung des Gläubigers erforderliche Summe zur Auszahlung an den letzteren bei der Post eingezahlt ist.

III. Die bezüglich der Urteile getroffenen Bestimmungen finden auf die übrigen Schuldtitel entsprechende Anwendung (§ 795 der CPO.).

§ 83. I. Der Gerichtsvollzieher hat selbständig darüber zu entscheiden, ob die Voraussetzungen vorliegen, unter welchen er zur Einstellung oder Beschränkung der Zwangsvollstreckung verpflichtet ist.

II. Zu diesem Behufe hat er, wenn die Einstellung oder Beschränkung derselben auf grund einer Entscheidung des im § 82 Abs. 2 Ziff. 1 bezeichneten Inhalts verlangt wird und die vorgelegte Ausfertigung nicht eine vollstreckbare Ausfertigung ist, die Vollstreckbarkeit dieser Entscheidung zu prüfen. Urteile sind vollstreckbar, wenn sie ausdrücklich für vorläufig vollstreckbar erklärt oder rechtskräftig geworden sind. Die von den Landgerichten in der Berufungsinstanz erlassenen Urteile und die in der Revisionsinstanz (von dem Reichsgericht oder dem Obersten Landesgericht) erlassenen Urteile, welche nicht Versäumnisurteile sind, sind sofort rechtskräftig. Bei den übrigen Urteilen mit Einschluß der soeben genannten Versäumnisurteile ist der Eintritt der Rechtskraft dem Gerichtsvollzieher durch ein nach § 706 der CPO. von dem Gerichtsschreiber hierüber ausgestelltes Zeugnis nachzuweisen. Urteile, durch welche ein für vorläufig vollstreckbar erklärtes Urteil oder die Vollstreckbarkeitserklärung aufgehoben wird, und die in der Beschwerdeinstanz erlassenen Entscheidungen sind ohne weiteres vollstreckbar.

III. Eine Privaturkunde, aus welcher sich ergibt, daß der Gläubiger befriedigt ist oder Stundung bewilligt hat (§ 82 Abs. 2 Ziff. 4), ist nur zu berücksichtigen, wenn gegen ihre Echtheit kein Verdacht besteht. Die Vorlegung eines Postscheins, aus welchem sich nicht die bare Einbezahlung der Schuldsumme zur Auszahlung an den Gläubiger, sondern nur die Aufgabe eines angeblichen Geldbriefs unter der Adresse des Gläubigers ergibt, genügt nicht, um das Verlangen der Einstellung zu begründen.

IV. In den Fällen der Ziff. 1 und 3 des § 82 Abs. 2 sind zugleich die bereits erfolgten Vollstreckungsmaßregeln aufzuheben. In den Fällen der Ziff. 4, 5 bleiben die Maßregeln einstweilen bestehen; dasselbe gilt in den Fällen der Ziff. 2, sofern nicht durch die betreffende Entscheidung auch die Aufhebung der bisherigen Vollstreckungshandlungen angeordnet ist (§ 776 der CPO.).

§ 84. Die Einstellung oder Beschränkung der Zwangsvollstreckung ist, sofern sie nicht bei Gelegenheit einer Vollstreckungshandlung erfolgt und daher in dem über diese aufzunehmenden Protokolle (§ 79 der Anw.) zu erwähnen ist, unter genauer Bezeichnung der Schriftstücke, auf grund deren sie erfolgt, zu den Vollstreckungsakten zu bemerken. Wird eine bereits ausgeführte Vollstreckungsmaßregel aufgehoben, so ist ein Protokoll nach Maßgabe der für Protokolle über Vollstreckungshandlungen geltenden Bestimmungen (§ 79 der Anw.) aufzunehmen.

§ 85. Von der Einstellung oder Beschränkung der Zwangsvollstreckung und der Aufhebung einer Vollstreckungsmaßregel ist der Gläubiger sofort zu benachrichtigen. Eine Zwangsvollstreckung, welche aus einem der im § 82 Abs. 2 unter Ziff. 4 und 5 ausgeführten Gründe eingestellt oder beschränkt worden ist, ist ohne Rücksicht auf den Widerspruch des Schuldners fortzusetzen, wenn der Gläubiger, nachdem er von der Sachlage Kenntnis erhalten hat, die Fortsetzung verlangt.

§ 86. Werden Einwendungen erhoben, welche die Einstellung der Zwangsvollstreckung nicht begründen, so hat der Gerichtsvollzieher denjenigen, welcher die Einwendungen erhebt, an den Gläubiger zu verweisen. Dies gilt insbesondere in dem Falle, wenn ein Dritter, ohne eine der im § 82 Abs. 2 Ziff. 1 und 2 bezeichneten Entscheidungen vorzulegen, behauptet, daß ihm an dem Gegenstande der Zwangsvollstreckung ein die Veräußerung hinderndes Recht zustehe. Dem pflichtmäßigen Ermessen des Gerichtsvollziehers bleibt überlassen, in solchen Fällen eine Anweisung des Gläubigers einzuholen und bis zum Eintreffen derselben mit der Vornahme von Handlungen, welche ohne Nachteil verschoben werden können, zuzuwarten.

§ 87. Einwendungen, welche lediglich sein Verfahren bei der Zwangsvollstreckung betreffen, z. B. die Einwendung, daß die gepfändete Sache nach § 811 der CPO. der Pfändung nicht unterworfen sei, hat der Gerichtsvollzieher, wenn er sie für begründet erachtet, selbst zu berücksichtigen; anderenfalls hat er es auf die Entscheidung des Vollstreckungsgerichts (§ 51 Abs. 2 der Anw.) ankommen zu lassen.

Benachrichtigung des Gläubigers.

§ 88. Auch in anderen als den im § 82 bezeichneten Fällen hat der Gerichtsvollzieher den Gläubiger von dem Verlaufe der Zwangsvollstreckung in Kenntnis zu setzen, wenn es zur Wahrung der Interessen desselben zweckmäßig erscheint.

Zum Nachweise solcher Benachrichtigungen genügt eine kurze Bemerkung zu den Vollstreckungsakten.

2. Zwangsvollstreckung in bewegliche körperliche Sachen.

§ 89. Die Zwangsvollstreckung in bewegliche körperliche Sachen wegen Geldforderungen wird durch Pfändung und

Verwertung derselben bewirkt. Zu den beweglichen körperlichen Sachen gehören bezüglich der Zwangsvollstreckung auch die Wertpapiere (Staats- und Kommunalobligationen, Pfandbriefe, Aktien, Prioritätsobligationen u. s. w.) und die von dem Boden noch nicht getrennten Früchte.

Der Auftrag zur Beitreibung einer Geldforderung ist, wenn der Gläubiger nicht andere Gegenstände der Vollstreckung bezeichnet hat, durch Zwangsvollstreckung in die beweglichen körperlichen Sachen des Schuldners auszuführen.

§ 90. Die Pfändung hat, wenn sie in gehöriger Weise vollzogen wird, die Wirkung, daß der Gläubiger an den gepfändeten Sachen ein Pfandrecht erwirbt, welches ihm im Verhältnis zu andern Gläubigern dieselben Rechte gewährt wie ein durch Vertrag erworbenes Faustpfandrecht (§§ 1204 bis 1257 des B.GB.). Das durch eine frühere Pfändung begründete Pfandrecht geht demjenigen vor, welches durch eine spätere Pfändung begründet wird (§ 804 der CPO.). Infolge dieser Wirkung der Pfändung ist der Zeitpunkt und die gehörige Vollziehung (§§ 98 bis 103, 105 der Anw.) derselben von entscheidender Bedeutung für die Befriedigung des Gläubigers. Der Gerichtsvollzieher hat deshalb die Pfändung möglichst rasch auszuführen und bei der Vollziehung derselben mit besonderer Sorgfalt zu verfahren, um nicht durch ein Versehen die Interessen des Gläubigers zu gefährden und sich selbst der Haftung auszusetzen.

Pfändung für mehrere Gläubiger.

§ 91. I. Hat der Gerichtsvollzieher von mehreren Gläubigern den Auftrag zur Pfändung gegen den nämlichen Schuldner erhalten, ehe die Pfändung für einen derselben stattgefunden hat, so hat er die Pfändung für alle Gläubiger gleichzeitig zu bewirken (vgl. § 43 der Dienstvorschriften). Auf die Zeit der Erteilung des Auftrags kommt dabei nichts an, weil ein Vorzugsrecht für den Gläubiger erst durch die Pfändung begründet wird.

II. Das weitere Verfahren wird für alle beteiligten Gläubiger durchgeführt.

III. Über die gleichzeitige Pfändung für die mehreren Gläubiger ist nur ein Pfändungsprotokoll aufzunehmen. Das Protokoll muß die Gläubiger und deren Schuldtitel bezeichnen und die Erklärung enthalten, daß die Pfändung gleichzeitig für alle bewirkt ist. Alle zu pfändenden Sachen sind für alle beteiligten Gläubiger zu pfänden, sofern nicht ein Gläubiger bestimmte Sachen ausgeschlossen hat. Umstände, welche bezüglich einzelner Gläubiger die Beendigung oder Einstellung der Zwangsvollstreckung zur Folge haben, hindern die Fortsetzung des Verfahrens für die übrigen Gläubiger nicht. Die Versteigerung erfolgt für alle beteiligten Gläubiger. Der Erlös der Versteigerung ist, wenn er zur Deckung aller Gläubiger nicht ausreicht, nach dem Verhältnisse der Forderungen zu verteilen; verlangt ein Gläubiger ohne Zustimmung der anderen Gläubiger eine andere Verteilung, so hat der Gerichtsvollzieher die Sachlage unter Hinterlegung des Erlöses dem Vollstreckungsgericht anzuzeigen (§ 827 Abs. 3 der CPO., 199 der Anw.).

Vorbereitung der Pfändung.

§ 92. Ehe der Gerichtsvollzieher zur Pfändung schreitet, hat er eine Berechnung des Guthabens des Gläubigers aufzustellen oder die von dem Gläubiger aufgestellte Berechnung zu prüfen. Von der in dem Schuldtitel bezeichneten Hauptforderung werden die etwa geleisteten Teilzahlungen abgezogen. Zinsen, welche bis zur Zahlung laufen, werden bis zu dem Tage berechnet, an welchem voraussichtlich der Erlös der zu pfändenden Gegenstände in die Hände des Gerichtsvollziehers gelangt (§ 819 der CPO.). Prozeßkosten können nur auf grund der vollstreckbaren Ausfertigung des Festsetzungsbeschlusses (§§ 105, 798 der CPO.) beigetrieben werden. Die Kosten der Zwangsvollstreckung sind nach Maßgabe des § 77 mit der Forderung beizutreiben.

Pfändung von Sachen, die sich im Gewahrsam des Schuldners befinden.

§ 93. Der Gerichtsvollzieher darf nur diejenigen Sachen pfänden, welche sich im Gewahrsam des im Schuldtitel oder in der Vollstreckungsklausel namentlich bezeichneten Schuldners, des Gläubigers oder eines zur Herausgabe bereiten Dritten befinden (§§ 808, 809 der CPO.). Zu einem Eingriff in den Gewahrsam eines Dritten ist er nicht berechtigt. Er muß deshalb, wenn er Sachen des Schuldners pfänden will, welche sich im Gewahrsam eines anderen (z. B. desjenigen, welchem der Schuldner sie geliehen oder zur Aufbewahrung übergeben hat) befinden, bei diesem anderen erst anfragen, ob er zur Herausgabe bereit ist. Wird die Herausgabe der Sachen verweigert oder wird der Besitz abgeleugnet, so hat der Gerichtsvollzieher sich auf die Aufnahme eines Protokolls über den Vorgang zu beschränken und dem Gläubiger das Weitere zu überlassen.

§ 94. I. Sollen Sachen, die sich in Gewahrsam des Schuldners befinden, gepfändet werden, so hat der Gerichtsvollzieher den Schuldner oder eine sonst in der Wohnung angetroffene, zur Familie des Schuldners gehörende oder in der Familie dienende erwachsene Person aufzufordern, soweit der Zweck der Vollstreckung es erfordert, seine Zimmer und seine Aufbewahrungsräume sowie die darin befindlichen Kästen und sonstigen Behältnisse zu öffnen und seine Habseligkeiten vorzuzeigen.

II. Soweit es ohne Gefährdung der Interessen des Gläubigers geschehen kann, sind zunächst die dem Schuldner am leichtesten entbehrlichen Sachen zu pfänden und zwar, wenn thunlich, in erster Linie bares Geld, Kostbarkeiten oder solche Wertpapiere, die den Vorschriften über die Zwangsvollstreckung in bewegliche körperliche Sachen unterliegen. Dabei sind die Erklärungen des Schuldners oder seiner Angehörigen zu berücksichtigen. Sachen, deren Aufbewahrung unverhältnismäßige Kosten verursachen würde, und Sachen, deren Veräußerung mit Schwierigkeiten verbunden oder nur mit großem Verluste möglich wäre, sind nur in Ermangelung anderer Sachen zu pfänden.

III. Die Pfändung darf nicht weiter ausgedehnt werden, als zur Befriedigung des Gläubigers und zur Deckung der Kosten der Zwangsvollstreckung erforderlich ist (§ 803 der CPO.). Der Gerichtsvollzieher hat deshalb den Erlös, welcher aus den einzelnen gepfändeten Sachen zu erzielen sein wird, bei der Pfändung zu veranschlagen.

Beschränkung der Pfändung.

§ 95. Folgende Sachen sind nach § 811 der CPO. der Pfändung nicht unterworfen:

1. die Kleidungsstücke, die Betten, die Wäsche, das Haus- und Küchengerät, insbesondere die Heiz- und Kochöfen, soweit diese Gegenstände für den Bedarf des Schuldners oder zur Erhaltung eines angemessenen Hausstandes unentbehrlich sind;

2. die für den Schuldner, seine Familie und sein Gesinde auf vier Wochen erforderlichen Nahrungs-, Feuerungs- und Beleuchtungsmittel oder, soweit solche Vorräte auf zwei Wochen nicht vorhanden und ihre Beschaffung für diesen Zeitraum auf anderem Wege nicht gesichert ist, der zur Beschaffung erforderliche Geldbetrag;
3. eine Milchkuh oder nach der Wahl des Schuldners statt einer solchen zwei Ziegen oder zwei Schafe, nebst den zum Unterhalt und zur Streu für dieselben auf vier Wochen erforderlichen Futter- und Streuvorräten oder, soweit solche Vorräte auf zwei Wochen nicht vorhanden, dem zur Beschaffung erforderlichen Geldbetrage, wenn die bezeichneten Tiere für die Ernährung des Schuldners, seiner Familie und seines Gesindes unentbehrlich sind;
4. bei Personen, welche Landwirtschaft betreiben, das zum Wirtschaftsbetrieb erforderliche Gerät und Vieh nebst dem nötigen Dünger, sowie die landwirtschaftlichen Erzeugnisse, soweit sie zur Fortführung der Wirtschaft bis zu der Zeit erforderlich sind, zu welcher gleiche oder ähnliche Erzeugnisse voraussichtlich gewonnen werden;
5. bei Künstlern, Handwerkern, gewerblichen Arbeitern und anderen Personen, welche aus Handarbeit oder sonstigen persönlichen Leistungen ihren Erwerb ziehen, die zur persönlichen Fortsetzung der Erwerbsthätigkeit unentbehrlichen Gegenstände;
6. bei den Witwen und den minderjährigen Erben der unter Nr. 5 bezeichneten Personen, wenn sie das Erwerbsgeschäft für ihre Rechnung durch einen Stellvertreter fortführen, die zur persönlichen Fortführung des Geschäfts durch den Stellvertreter unentbehrlichen Gegenstände;
7. bei Offizieren, Deckoffizieren, Beamten, Geistlichen, Lehrern an öffentlichen Unterrichtsanstalten, Rechtsanwälten, Notaren sowie Ärzten und Hebammen die zur Verwaltung des Dienstes oder Ausübung des Berufs erforderlichen Gegenstände, sowie anständige Kleidung;

8. bei Offizieren, Militärärzten, Deckoffizieren, Beamten, Geistlichen, bei Ärzten und Lehrern an öffentlichen Anstalten ein Geldbetrag, welcher dem der Pfändung nicht unterworfenen Teile des Diensteinkommens oder der Pension für die Zeit von der Pfändung bis zum nächsten Termine der Gehalts- oder Pensionszahlung gleichkommt. Das Diensteinkommen und die Pension dieser Personen ist nur zu einem Dritteil des die Summe von 1500 Mark für das Jahr übersteigenden Betrags der Pfändung unterworfen (z. B. an einem Jahreseinkommen von 3000 Mark dürfen höchstens 500 Mark mit Beschlag belegt werden). Die Einkünfte, welche zur Bestreitung eines Dienstaufwandes bestimmt sind, und der Servis der Offiziere, Militärärzte und Militärbeamten sind bei der Ermittelung, ob und zu welchem Betrag ein Diensteinkommen der Pfändung unterliegt, außer Ansatz zu lassen. Die Pfändung ist jedoch ohne Rücksicht auf den Betrag zulässig, wenn sie wegen der den Verwandten, dem Ehegatten oder dem früheren Ehegatten für die Zeit nach Erhebung der Klage und für das diesem Zeitpunkte vorausgehende letzte Vierteljahr kraft Gesetzes zu entrichtenden Unterhaltsbeiträge beantragt wird. Das Gleiche gilt nach näherer Maßgabe des § 850 Abs. 4 der CPO. in Ansehung der zu Gunsten eines unehelichen Kindes von dem Vater für den bezeichneten Zeitraum kraft Gesetzes zu entrichtenden Unterhaltsbeiträge;
9. die zum Betriebe einer Apotheke unentbehrlichen Geräte, Gefäße und Waren;
10. die Bücher, welche zum Gebrauche des Schuldners und seiner Familie in der Kirche oder Schule oder einer sonstigen Unterrichtsanstalt oder bei der häuslichen Andacht bestimmt sind;
11. die in Gebrauch genommenen Haushaltungs- und Geschäftsbücher, die Familienpapiere, sowie die Trauringe, Orden und Ehrenzeichen;
12. künstliche Gliedmaßen, Brillen und andere wegen körperlicher Gebrechen notwendige Hilfsmittel, soweit diese Gegenstände zum Gebrauche des Schuldners und seiner Familie bestimmt sind;

13. die zur unmittelbaren Verwendung für die Bestattung bestimmten Gegenstände.

Außerdem sind der Pfändung nicht unterworfen:

14. ein der Dienstprämie der aus dem Dienste scheidenden Unteroffiziere gleichkommender Geldbetrag während der ersten drei Monate nach der Auszahlung der Prämie, sofern nicht die Pfändung zu gunsten der im § 850 Abs. 3 der CPO. bezeichneten der Ehefrau und den ehelichen Kindern zu entrichtenden Unterhaltsbeiträge erfolgt (Art. 18 Abs. 3, 4 des Reichsgesetzes vom 22. Mai 1893);
15. das Inventar der Posthaltereien (§ 20 des Reichsgesetzes vom 28. Oktober 1871);
16. das rollende Material einer Eisenbahn mit Einschluß sämtlicher beweglicher, der Eisenbahn gehörenden Gegenstände, welche sich in diesem Material befinden (Reichsgesetz vom 3. Mai 1886; Art. 23 Abs. 5 des internationalen Übereinkommens über den Frachtverkehr vom 14. Oktober 1890, RGBl. 1892 S. 793).

§ 96. I. Die Pfändung hat zu unterbleiben, wenn nur solche pfändbare Gegenstände vorgefunden werden, von deren Verwertung sich ein Überschuß über die Kosten der Zwangsvollstreckung nicht erwarten läßt (§ 803 Abs. 2 der CPO.). Sachen, die zum gewöhnlichen Haushalte gehören und im Haushalte des Schuldners gebraucht werden, sollen nicht gepfändet werden, wenn ohne weiteres ersichtlich ist, daß durch deren Verwertung nur ein Erlös erzielt werden würde, welcher zu dem Werte außer allem Verhältnisse steht (§ 812 der CPO.).

II. Erhält der Gerichtsvollzieher nach fruchtloser Vollstreckung für einen Gläubiger einen weiteren Pfändungsauftrag eines anderen Gläubigers, so bleibt, sofern ihm nicht bestimmte Sachen als Gegenstand der Pfändung bezeichnet sind oder anzunehmen ist, daß der Schuldner inzwischen pfändbare Gegenstände erworben hat, seinem pflichtgemäßen Ermessen überlassen, den Auftraggeber zunächst von der früheren fruchtlosen Vollstreckung zu benachrichtigen und seine Anweisung, ob dennoch der Auftrag auszuführen sei, einzuholen.

Widerspruch eines Dritten.

§ 97. I. Der Gerichtsvollzieher darf sich von der Pfändung dadurch nicht abhalten lassen, daß der Schuldner die zu pfändenden Sachen als einem Dritten gehörig oder als Gegenstand eines einem Dritten zustehenden Pfand- oder Vorzugsrechts oder eines anderen, die Veräußerung hindernden Rechtes bezeichnet, oder daß ein Dritter das Eigentum oder ein solches Recht an denselben in Anspruch nimmt (vgl. §§ 771 bis 774, 805, nach der Grundbuchanlegung auch § 810 Abs. 2 der CPO.). Die Pfändung von Sachen, bezüglich welcher solche Ansprüche geltend gemacht werden, hat jedoch zu unterbleiben, wenn andere geeignete Gegenstände vorhanden sind, welche zur Deckung der Forderung des Gläubigers und der Kosten der Zwangsvollstreckung ausreichen.

II. Werden Sachen, bezüglich deren solche Ansprüche geltend gemacht sind, gepfändet, so hat der Gerichtsvollzieher den Gläubiger sofort zu benachrichtigen.

III. Wird bezüglich gepfändeten Geldes von einem Dritten ein die Veräußerung hinderndes Recht behauptet, macht z. B. der Dritte geltend, daß das Geld ihm gehöre, so hat der Gerichtsvollzieher, wenn ihm das Recht, etwa durch eine vor einem Notar abgegebene Versicherung an Eidesstatt, glaubhaft gemacht wird, das Geld zu hinterlegen (§ 199 der Anw.). Der Gerichtsvollzieher hat die Herausgabe des Geldes von der Hinterlegungsstelle zu veranlassen, wenn ihm nicht binnen einer Frist von zwei Wochen seit dem Tage der Pfändung eine Entscheidung des nach § 771 Abs. 1 der CPO. zuständigen Gerichts über die Einstellung der Zwangsvollstreckung beigebracht wird (§ 815 Abs. 2 der CPO.).

Ausführung der Pfändung.

§ 98. I. Die Pfändung wird dadurch bewirkt, daß der Gerichtsvollzieher die zu pfändenden Sachen in Besitz nimmt (§ 808 Abs. 1 der CPO.).

II. Geld, Kostbarkeiten und Wertpapiere hat der Gerichtsvollzieher sogleich an sich zu nehmen; andere Sachen sind dagegen im Gewahrsam des Schuldners zu belassen, sofern nicht hiedurch die Befriedigung des Gläubigers gefährdet wird (§ 808 Abs. 2 der CPO.). Ob eine solche Gefährdung vorliegt oder nach der Pfändung einzutreten droht, hat der Gerichtsvollzieher nach Prüfung aller Umstände selbständig zu beurteilen.

a. Belassung der Sachen im Gewahrsam des Schuldners.

§ 99. I. Wenn der Gerichtsvollzieher die gepfändeten Sachen, nachdem er sie in Besitz genommen hat, im Gewahrsam des Schuldners beläßt, so hat er mit besonderer Sorgfalt dafür zu sorgen, daß die Pfändung in einer für jedermann erkennbaren Weise ersichtlich gemacht wird, weil davon, daß dies geschieht, die Wirksamkeit der Pfändung und das mit derselben verbundene Pfandrecht des Gläubigers abhängt (§ 90 der Anw.). Dabei genügt es nicht, nur überhaupt ersichtlich zu machen, daß eine Pfändung stattgefunden hat, sondern es muß auch erkennbar sein, welche einzelne Sachen gepfändet sind.

II. Bei den Sachen, bei welchen nach ihrer Beschaffenheit die Anlegung von Siegeln thunlich und geeignet ist, die Pfändung ersichtlich zu machen, ist diese Maßnahme in Anwendung zu bringen. Der Gerichtsvollzieher hat sich dabei seines Dienstsiegels zu bedienen. Wenn möglich, soll jedes einzelne Pfandstück an einer in die Augen fallenden Stelle mit einer Siegelmarke, einem Siegelabdruck oder einem sonst geeigneten Pfandzeichen versehen werden. Das Pfandzeichen ist so anzubringen, daß die Sache dadurch nicht beschädigt wird. Für eine Mehrzahl von Pfandstücken, die sich in einer Umhüllung oder in einem Behältnisse befinden, oder in einem mit Zustimmung des Schuldners abgesondertem Raume untergebracht werden, genügt ein gemeinschaftliches Pfandzeichen dann, wenn es in der Art angelegt wird, daß ohne dessen Zerstörung kein Stück aus der Umhüllung, dem Behältnis oder dem Raume entfernt werden kann. Die Schlüssel versiegelter Behältnisse oder Räume hat der Gerichtsvollzieher an sich zu nehmen.

III. Wenn die Anlegung von Siegeln nach der Beschaffenheit der gepfändeten Gegenstände nicht thunlich ist oder nicht ausreicht, um die Pfändung ersichtlich zu machen, so kann zu diesem Zwecke an dem Orte, an welchem sich dieselben befinden (z. B. in dem Lagerboden, dem Viehstalle, dem Speicher), an einer in die Augen fallenden Stelle eine mit der Unterschrift des Gerichtsvollziehers und dem Dienstsiegel versehene schriftliche Anzeige, welche die Pfandstücke möglichst genau bezeichnet, angebracht werden. Dem Gerichtsvollzieher bleibt überlassen, die Pfändung in geeigneten Fällen auch durch andere dem Zwecke entsprechende Vorkehrungen, bei welchen, soweit thunlich, auch das Dienstsiegel verwendet werden soll, erkennbar zu machen.

IV. Werden Vorräte gepfändet, so ist der dem Schuldner belassene Teil des Vorrats (§ 811 Nr. 2, 3, 4 der CPO.) von dem gepfändeten Teile äußerlich zu trennen.

V. Erforderlichenfalls ist für die gepfändeten Sachen ein Hüter zu bestellen. Der Hüter muß eine verlässige Person sein. Die ihm zu gewährende Vergütung ist nach den ortsüblichen Preisen, soweit thunlich, im voraus festzusetzen.

§ 100. Werden gepfändete Tiere im Gewahrsam des Schuldners belassen, so kann der Gerichtsvollzieher mit dem Schuldner vereinbaren, daß dieser befugt sein soll, als Entgelt für die Fütterung und Pflege des Tieres dessen gewöhnliche Nutzungen z. B. die Milch einer gepfändeten Kuh im Haushalte zu verbrauchen.

§ 101. Der Schuldner ist ausdrücklich darauf hinzuweisen, daß die gepfändeten Sachen sich nunmehr im Besitze des Gerichtsvollziehers befinden und der Schuldner sie nun für diesen in Gewahrsam hat, und daß der Schuldner sich jeder Verfügung über dieselben, sowie der Beschädigung oder Ablösung der angelegten Siegel oder der angebrachten Anzeigen bei Meidung der gesetzlichen Strafen (§§ 134, 136, 137 des StGB.) enthalten müsse.

b. Entfernung der Sachen aus dem Gewahrsam des Schuldners.

§ 102. I. Werden die Pfandstücke nicht im Gewahrsam des Schuldners belassen, so ist der Gerichtsvollzieher verpflichtet, für die sichere Unterbringung und Verwahrung der aus dem Gewahrsam des Schuldners entfernten Pfandstücke und nötigenfalls für die Erhaltung derselben bis zur Verwertung zu sorgen.

II. Der Gerichtsvollzieher ist dafür verantwortlich, daß durch die Unterbringung der gepfändeten Sachen, insbesondere durch den Transport und die Bestellung eines Verwahrers oder Hüters, nicht unnötige Kosten entstehen, und daß die Kosten das rechte Maß nicht überschreiten.

III. Gepfändetes Geld, gepfändete Wertpapiere, Gold- und Silbersachen, Juwelen und ähnliche Kostbarkeiten hat der Gerichtsvollzieher in seine eigene Verwahrung zu nehmen. Bezüglich der Behandlung dieser Gegenstände sind die in den §§ 176 bis 179, 188 der Dienstvorschriften getroffenen Bestimmungen zu beobachten. Andere zur Aufbewahrung in einem Pfandlokale geeignete Sachen sind, wenn sich in der Gemeinde ein solches Lokal befindet, in dasselbe zu verbringen, sofern der Transport nicht mit unverhältnismäßigen Kosten verbunden ist. Sachen, welche sich zur Aufbewahrung in einem solchen Lokale nicht eignen, oder deren Verbringung in dasselbe wegen der damit verbundenen Kosten nicht zweckmäßig ist, sind einer am Orte der Vollstreckung oder in dessen Nähe wohnenden zuverlässigen und zahlungsfähigen Person in Verwahrung zu geben.

IV. Die dem Verwahrer für die Verwahrung und gegebenenfalls für die Erhaltung der Pfandstücke, insbesondere für die Fütterung gepfändeter Tiere, zu gewährende Vergütung ist nach den ortsüblichen Preisen, soweit thunlich, im voraus festzustellen.

V. Der Gerichtsvollzieher hat sich von dem Verwahrer den Empfang der in Verwahrung gegebenen Sachen bescheinigen zu lassen. Dem Verwahrer ist auf Verlangen ein Verzeichnis der ihm übergebenen Sachen auszuhändigen.

VI. In wichtigeren Fällen ist über die Bestellung des Verwahrers ein Protokoll aufzunehmen. Dasselbe hat insbesondere das mit dem Verwahrer getroffene Übereinkommen, das Verzeichnis der in Verwahrung gegebenen Sachen und die Empfangsbescheinigung des Verwahrers zu enthalten. Das Protokoll über die Bestellung des Verwahrers kann auch mit dem Pfändungsprotokolle verbunden werden.

§ 103. Ist eine Pfandkammer eingerichtet (§ 201 der Dienstvorschriften), so kann der Amtsgerichtsvorstand allgemeine Bestimmungen darüber treffen, in welchen Fällen die nicht im Gewahrsame des Schuldners zu belassenden Pfandstücke in die Pfandkammer einzuschaffen sind. Der Amtsgerichtsvorstand hat die Anordnungen, die er in dieser Richtung trifft, dem Staatsministerium der Justiz anzuzeigen.

Pfändung von Sachen, die sich nicht im Gewahrsam des Schuldners befinden.

§ 104. Die Pfändung von Sachen, welche sich nicht im Gewahrsam des Gläubigers befinden oder von einem Dritten, der sie im Gewahrsam hat, herausgegeben werden, erfolgt in der nämlichen Weise wie die Pfändung der im Gewahrsam des Schuldners befindlichen Sachen.

Benachrichtigung des Schuldners von der Pfändung.

§ 105. Von der geschehenen Pfändung hat der Gerichtsvollzieher den Schuldner in der im § 80 bezeichneten Weise in Kenntnis zu setzen. Dies muß auch dann geschehen, wenn Sachen gepfändet sind, welche sich im Gewahrsam des Gläubigers oder eines Dritten befunden haben; dem Dritten ist auf Verlangen eine Abschrift des Protokolls zu erteilen.

Pfändungsprotokoll.

§ 106. I. Das über die Pfändung aufzunehmende Protokoll (§ 79 der Anw.) hat insbesondere zu enthalten:

1. ein genaues Verzeichnis der gepfändeten Gegenstände mit Angabe des beiläufigen Wertes jedes einzelnen derselben (§ 94 Abs. 3 der Anw.), nötigenfalls auch der Zahl, des Maßes oder des Gewichtes;
2. die Erwähnung, daß der Gerichtsvollzieher die gepfändeten Sachen in Besitz genommen hat;
3. die Angabe, wie über die Unterbringung der Sachen verfügt ist oder verfügt werden soll, und, wenn andere Sachen als Geld, Kostbarkeiten oder Wertpapiere gepfändet sind und die Sachen nicht in Gewahrsam des Schuldners belassen werden, die Angabe der Gründe, welche dies rechtfertigen, die Angabe der Zahl der angelegten Siegel und der sonstigen Maßnahmen, welche getroffen sind, um die Pfändung erkennbar zu machen und zu sichern (§ 99 Abs. 1 bis 3 der Anw.), und die Erwähnung der ausdrücklichen Hinweisung des Schuldners auf die Bedeutung der Pfändung (§ 101 der Anw.);
4. die Erwähnung, daß der Schuldner von der Pfändung in Kenntnis gesetzt ist oder in Kenntnis gesetzt werden soll, und die Angabe, wie dies geschehen ist oder geschehen soll (§ 105 der Anw.);
5. die Angabe der Zeit und des Ortes der Versteigerung oder der Gründe, aus welchen die sofortige Ansetzung des Versteigerungstermins unterblieben ist.

II. Sind die Sachen gleichzeitig für mehrere Gläubiger gepfändet, so sind wegen der Aufnahme des Protokolls die Vorschriften des § 91 der Anweisung zu beachten.

III. Die nach Abschluß des Protokolls erfolgte Zustellung oder Übersendung einer Abschrift desselben ist zum Protokolle nachträglich zu vermerken.

§ 107. I. Führt die Pfändung nicht zur vollständigen Deckung des Gläubigers, oder muß dieselbe unterbleiben, weil nur Sachen, welche der Pfändung überhaupt nicht unterworfen sind (§ 95 der Anw.), oder nur wertlose Sachen vorgefunden werden oder weil von der Verwertung der vorgefundenen pfändbaren Sachen sich ein Überschuß über die Kosten der Zwangsvollstreckung oder bei der Pfändung von Haushaltsgegenständen ein angemessener Erlös nicht erwarten läßt (§ 96 der Anw.), so sind in dem Protokolle die vorgefundenen nicht gepfändeten Sachen so zu bezeichnen, daß ihre Art, ihre Beschaffenheit und ihr Wert wenigstens im allgemeinen angegeben und ein Anhalt für die Beurteilung der Frage geboten wird, ob die Pfändung mit Recht unterlassen ist. Die an sich pfändbaren Sachen und diejenigen Sachen, deren Ausschließung von der Pfändung bezweifelt werden kann, sowie alle wertvolleren Stücke sind einzeln aufzuführen; im übrigen genügt die Angabe der Art der Gegenstände mit der pflichtmäßigen Versicherung, daß davon nicht mehr, als nach den gesetzlichen Bestimmungen der Pfändung nicht unterworfen ist, vorgefunden worden ist. Bei Vorräten, von denen das Gesetz dem Schuldner eine bestimmte Menge freiläßt (§ 811 Nr. 2, 3, 4 der CPO.), ist im Protokolle festzustellen, daß ein größerer als der im Gesetze bezeichnete Vorrat nicht vorhanden war.

II. In keinem Falle darf der Gerichtsvollzieher sich mit der allgemeinen Bemerkung begnügen, daß der Schuldner keine Zahlungsmittel oder nur Sachen besitze, welche der Pfändung nicht unterworfen sind, oder von deren Verwertung sich ein Überschuß über die Kosten der Zwangsvollstreckung nicht erwarten lasse.

Veräußerung der Pfandstücke.

§ 108. I. Der Gerichtsvollzieher hat die Verwertung der gepfändeten Sachen zu bewirken, ohne daß es dazu eines weiteren Auftrags des Gläubigers bedarf.

II. Gold- und Silbersachen und andere Kostbarkeiten hat der Gerichtsvollzieher vor der Verwertung durch einen Sachverständigen abschätzen zu lassen (§ 814 der CPO.). Bei der Abschätzung von Gold- und Silbersachen ist außer dem Verkaufswert auch der Metallwert zu ermitteln (§ 820 der CPO.). Die Abschätzung ist schriftlich oder zum Protokolle des Gerichtsvollziehers abzugeben. Dem zur Abschätzung verwendeten Sachverständigen kann eine Vergütung nach dem ortsüblichen Preise einer solchen Leistung gewährt werden (§ 16 der RGO.).

III. Gepfändetes Geld ist dem Gläubiger abzuliefern (§ 815 Abs. 1 der CPO., §§ 177, 188 der Dienstvorschriften), außer wenn dem Schuldner nachgelassen ist, durch Sicherheitsleistung oder Hinterlegung die Vollstreckung abzuwenden, oder wenn der Fall des § 815 Abs. 2 der CPO. (s. § 97 Abs. 3 der Anw.) gegeben ist. In diesen Fällen ist das Geld zu hinterlegen. Die Wegnahme des Geldes durch den Gerichtsvollzieher gilt als Zahlung von seiten des Schuldners, sofern nicht die Hinterlegung des Geldes zu erfolgen hat (§ 815 Abs. 3 der CPO.); über die Hinterlegung s. § 199 der Anweisung.

Öffentliche Versteigerung.

§ 109. I. Die Verwertung der gepfändeten Sachen erfolgt durch öffentliche Versteigerung (§ 814 der CPO.), sofern nicht einer der im § 122 bezeichneten Ausnahmsfälle vorliegt.

II. Bei der Versteigerung dürfen der Gerichtsvollzieher und die von ihm zugezogenen Gehilfen (Ausrufer, Schreiber u. s. w.) den zum Verkaufe gestellten Gegenstand weder für sich persönlich oder durch einen anderen noch als Vertreter eines anderen kaufen (§§ 456 bis 458 des BGB.). Der Gerichtsvollzieher darf auch seinen Angehörigen das Mitbieten nicht gestatten.

a. Ort der Versteigerung.

§ 110. I. Die Versteigerung erfolgt in der Gemeinde, in welcher die Pfändung geschehen ist, sofern nicht der Gläubiger und der Schuldner über einen anderen Ort sich einigen oder das Vollstreckungsgericht anordnet, daß die Versteigerung an einem anderen Orte stattzufinden habe (§ 816 Abs. 2, § 825 der CPO.).

II. Erfordert das Interesse des Gläubigers die Vornahme der Versteigerung an einem anderen Orte, ist insbesondere bei der Vornahme der Versteigerung am Orte der Pfändung ein angemessener Preis nicht zu erwarten oder sind die gepfändeten Sachen zur Aufbewahrung an einen anderen Ort geschafft, so hat der Gerichtsvollzieher den Gläubiger sogleich in Kenntnis zu setzen, damit derselbe, falls eine Einigung mit dem Schuldner über die Vornahme der Versteigerung an einem anderen Orte nicht zu stande kommt, die Bestimmung eines solchen bei dem Vollstreckungsgericht beantragen kann.

b. Zeit der Versteigerung.

§ 111. Die Versteigerung darf nicht vor Ablauf einer Woche seit dem Tage der Pfändung geschehen, sofern nicht der Gläubiger und der Schuldner über eine frühere Versteigerung sich einigen oder dieselbe erforderlich ist, um die Gefahr einer beträchtlichen Wertsverringerung der zu versteigernden Sache abzuwenden oder um unverhältnismäßige Kosten einer längeren Aufbewahrung zu vermeiden (§ 816 Abs. 1 der CPO.). Die Frist zwischen der Pfändung und dem Versteigerungstermin ist so zu bestimmen, daß die Versteigerung in einer der Beschaffenheit und dem Werte der zu versteigernden Sachen entsprechenden Weise öffentlich bekannt gemacht werden kann. In der Regel ist die Frist auf vierzehn Tage zu bestimmen. Über einen Monat darf der Versteigerungstermin nur aus besonderen Gründen hinausgeschoben werden.

c. Benachrichtigung der Beteiligten.

§ 112. Der Ort und die Zeit der Versteigerung sind in der Regel sogleich bei der Pfändung zu bestimmen (§ 106 Abs. 1 Nr. 5 der Anw.). Die Anberaumung des Termins ist nur auszusetzen, wenn der Gläubiger und der Schuldner darüber einig sind, daß der Termin erst später bestimmt werden soll, oder wenn die sofortige Bestimmung desselben aus besonderen Gründen, z. B. weil voraussichtlich eine andere Art der Verwertung oder die Vornahme der Versteigerung an einem anderen Orte vom Vollstreckungsgericht angeordnet werden wird, unthunlich oder unzweckmäßig erscheint. Der Gerichtsvollzieher hat, wenn der Termin nicht sogleich bei der Pfändung angesetzt wird, thunlichst dafür zu sorgen, daß der Schuldner sowie der Gläubiger von der Zeit und dem Orte Kenntnis erhält. Die Benachrichtigung kann durch einen gewöhnlichen Brief geschehen.

d. Bekanntmachung der Versteigerung.

§ 113. I. Die Versteigerung muß öffentlich bekannt gemacht werden. Die Bekanntmachung muß die Angabe des Ortes, des Tages und der Stunde der Versteigerung und die allgemeine Bezeichnung der zu versteigernden Gegenstände (Möbel, Betten, Kleidungsstücke u. dgl.) enthalten (§ 816 der CPO.). Besonders wertvolle Sachen sind einzeln aufzuführen. Die Bekanntmachung erfolgt in ortsüblicher Weise (durch öffentlichen Anschlag, durch Ausruf, durch Einrückung in öffentliche Blätter u. s. w.) unter Berücksichtigung des größeren oder geringeren Wertes der Sachen.

II. In der Bekanntmachung ist ersichtlich zu machen, daß es sich um eine Zwangsversteigerung handelt; die Namen des Gläubigers und des Schuldners sind wegzulassen. Bei Bekanntmachungen in öffentlichen Blättern ist auf möglichste Kürze Bedacht zu nehmen. Soweit thunlich, sind Sammelbekanntmachungen zu erlassen, wenn z. B. in mehreren Sachen am gleichen Tage Versteigerung stattfindet.

III. Belegstücke über die erfolgte Bekanntmachung sind zu den Vollstreckungsakten zu bringen; es genügt übrigens, wenn die Nummern einer Zeitung aufgehoben werden, ein Vermerk in die Akten über Nummer und Stelle der Zeitung. Bei Sammelbekanntmachungen ist der Beleg nur zu einem der Akten zu nehmen; in den Akten über die anderen Sachen ist auf den Akt, in welchem sich der Beleg befindet, zu verweisen. Sind Belegstücke nicht vorhanden, so ist unter dem Pfändungsprotokolle zu bemerken, in welcher Weise die Bekanntmachung erfolgt ist.

IV. Wird der bekanntgemachte Termin aufgehoben, so ist die Aufhebung, soweit es noch thunlich ist, öffentlich bekannt zu machen. Die auf die Versteigerung bezüglichen Anschläge sind sofort abzunehmen.

c. Vorbereitung der Versteigerung.

§ 114. Der Gerichtsvollzieher hat vor dem Beginne des Termins die Versteigerung dadurch vorzubereiten, daß er die zu versteigernden Sachen zur Versteigerung bereit stellt. Dabei sind dieselben mit dem im Pfändungsprotokoll enthaltenen Verzeichnisse zu vergleichen. Die fehlenden oder beschädigten Gegenstände sind unter dem Pfändungsprotokolle zu verzeichnen. War ein Verwahrer oder Hüter bestellt, so ist über die Ablieferung der Sachen an den Gerichtsvollzieher ein Protokoll aufzunehmen; in diesem Falle sind fehlende oder beschädigte Gegenstände in dem Protokolle zu verzeichnen. Dem Schuldner ist Abschrift der Bemerkung über das Fehlen oder die Beschädigung einzelner Gegenstände oder, wenn bei der Ablieferung von Sachen, für welche ein Verwahrer oder Hüter bestellt war, sich herausstellt, daß einzelne derselben fehlen oder beschädigt sind, Abschrift des Protokolls mitzuteilen. Dem Verwahrer oder Hüter ist auf Verlangen eine Bescheinigung über die Ablieferung der gepfändeten Sachen zu erteilen.

f. Ausführung der Versteigerung.

§ 115. Die Versteigerung wird, sofern nicht das Vollstreckungsgericht anordnet, daß sie durch eine andere Person vorzunehmen sei (§ 825 der CPO.), durch den Gerichtsvollzieher vorgenommen (§ 814 der CPO.); wegen der Versteigerung der in der Pfandkammer einer Gerichtsvollzieherei untergebrachten Sachen wird auf § 202 der Dienstvorschriften verwiesen.

§ 116. In dem Versteigerungstermine werden zunächst die Versteigerungsbedingungen (§ 817 der CPO.) bekannt gegeben. Eine Abweichung von den gesetzlichen Bedingungen, insbesondere die Bewilligung einer Frist zur Zahlung des Kaufgeldes, ist nur zulässig, wenn dieselbe zwischen dem Gläubiger und dem Schuldner vereinbart oder von dem Vollstreckungsgericht angeordnet ist.

§ 117. I. Nach der Bekanntmachung der Bedingungen hat der Gerichtsvollzieher die Erschienenen zum Bieten aufzufordern.

II. Die Gegenstände werden einzeln ausgeboten. Gegenstände, welche sich dazu eignen, insbesondere eine Anzahl von Gegenständen derselben Art, können auch zusammen ausgeboten werden. Bei der Bestimmung der Reihenfolge, in welcher die Gegenstände zum Ausgebote kommen, hat der Gerichtsvollzieher die Wünsche des Schuldners thunlichst zu berücksichtigen. Die Gegenstände sind bei dem Ausgebote vorzuzeigen. Bei Kostbarkeiten ist der Schätzungswert (§ 108 Abs. 2 der Anw.) anzugeben. Gold- und Silbersachen sind unter Angabe des Schätzungswerts und des Gold- oder Silberwerts auszubieten; dabei ist bekannt zu geben, daß Angebote, welche den Gold- oder Silberwert nicht erreichen, nicht angenommen werden.

III. Dem Schuldner und dem Gläubiger ist das Mitbieten zu gestatten; ein Gebot des Schuldners ist zurückzuweisen, wenn er nicht den Betrag sofort bar erlegt (§ 816 Abs. 4 der CPO. mit § 1239 des B.GB.).

§ 118. I. Der Zuschlag erfolgt an den Meistbietenden nach dreimaligem Aufrufe (§ 817 der CPO.). Gold- und Silbersachen dürfen nicht unter dem Gold- oder Silberwerte zugeschlagen werden (§ 820 der CPO.). Durch den Zuschlag kommt der Vertrag mit dem Meistbietenden zu stande; die Verpflichtung jedes einzelnen Bieters erlischt, sobald ein Übergebot abgegeben oder wenn die Versteigerung ohne Erteilung des Zuschlags geschlossen wird (§ 156 des BGB.).

II. Die Ablieferung einer zugeschlagenen Sache darf nur gegen bare Zahlung geschehen. Der Meistbietende muß die Ablieferung gegen Zahlung des Kaufgeldes, wenn nicht in den Versteigerungsbedingungen eine andere Zeit bestimmt ist, vor dem Schlusse des Versteigerungstermins verlangen. Wird das Verlangen nicht rechtzeitig gestellt, so wird die Sache anderweit versteigert, der Meistbietende wird zu einem weiteren Gebote nicht zugelassen; er haftet für den Ausfall, auf den Mehrerlös hat er keinen Anspruch (§ 817 Abs. 3 der CPO.).

III. Wird der Zuschlag dem Gläubiger erteilt, so ist der Gläubiger von der Verpflichtung zur baren Zahlung insoweit befreit, als der Erlös nach Abzug der Kosten der Zwangsvollstreckung zu seiner Befriedigung zu verwenden ist. Der Gläubiger hat mithin nur den Betrag bar zu bezahlen, welcher zur Deckung der Kosten erforderlich ist oder sich nach seiner Befriedigung als Überschuß ergibt. Sofern jedoch dem Schuldner nachgelassen ist, durch Sicherheitsleistung oder durch Hinterlegung die Vollstreckung abzuwenden, ist der Betrag auch von dem Gläubiger bar zu bezahlen (§ 817 Abs. 4 der CPO.).

§ 119. Die Versteigerung wird eingestellt, sobald der Erlös zur Befriedigung des Gläubigers und zur Deckung der Kosten der Zwangsvollstreckung hinreicht (§ 818 der CPO.). Um die Versteigerung nicht zu weit auszudehnen, hat der Gerichtsvollzieher von Zeit zu Zeit die erzielten Erlöse zusammenzurechnen.

g. **Versteigerungsprotokoll.**

§ 120. I. Das über die Versteigerung aufzunehmende Protokoll (§ 79 der Anw.) hat insbesondere zu enthalten:

1. die Angabe des Betrags der durch die Versteigerung zu deckenden Forderung (§ 92 der Anw.) einschließlich der Kosten der Zwangsvollstreckung (§ 77 der Anw.);
2. die Angabe der Versteigerungsbedingungen, soweit dieselben abweichend von den Bestimmungen des § 817 der CPO. festgesetzt sind;
3. die Aufzählung der versteigerten Gegenstände, die Namen der Meistbietenden, die Meistgebote und die Erwähnung der erfolgten Zahlung des Kaufgeldes.

II. Die Gegenstände werden in dem Versteigerungsprotokolle sogleich bei dem Ausgebote verzeichnet. Neben jedem Gegenstand ist sogleich nach dem Zuschlage das Meistgebot und der Name des Meistbietenden anzugeben. Ebenso wird die Zahlung des Kaufgeldes, sobald sie erfolgt ist, neben dem Namen des Meistbietenden bemerkt. Am Schlusse des Verzeichnisses ist die Summe des erzielten Erlöses anzugeben.

III. Die Meistbietenden haben das Protokoll mit zu unterschreiben (§ 762 Ziff. 4 der CPO.). Haben sie sich vor dem Schlusse des Termins entfernt, so ist dies in dem Protokoll als Grund des Mangels ihrer Unterschrift zu bemerken.

IV. Die Anführung der dem Meistgebote vorangegangenen Gebote und der Bieter, welche den Zuschlag nicht erhalten haben, ist nicht erforderlich. Diese Bieter haben auch das Protokoll nicht zu unterschreiben. Wird jedoch ein Gebot zurückgewiesen, so ist das im Protokolle zu vermerken.

V. Sind Gold- oder Silbersachen nicht zugeschlagen worden, weil kein den Gold- oder Silberwert erreichendes Gebot gemacht worden ist, so ist in dem Protokolle zu bemerken, daß die Sachen ohne Erfolg ausgeboten worden sind. Das Gleiche hat bei andern Gegenständen zu geschehen, für welche kein Angebot gemacht worden ist.

§ 121. Die von den Gerichtsvollziehern vorgenommenen Zwangsversteigerungen unterliegen der für öffentliche Mobiliarversteigerungen bestimmten Gebühr nicht (Art. 258 Ziff. 3 des Gesetzes über das Gebührenwesen in der Fassung der Bekanntmachung vom 11. November 1899).

Freihändiger Verkauf.

§ 122. I. Gold- und Silbersachen, welche bei der Versteigerung nicht zugeschlagen worden sind, weil ein den Zuschlag gestattendes Gebot nicht abgegeben worden ist, kann der Gerichtsvollzieher aus freier Hand zu dem Preise verkaufen, welcher den Gold- oder Silberwert erreicht (§ 820 der CPO.).

II. Ebenso sind gepfändete Wertpapiere, wenn sie einen Börsen- oder Marktpreis haben, von dem Gerichtsvollzieher aus freier Hand zum Tageskurse zu verkaufen (§ 821 der CPO.).

III. Auf Anordnung des Vollstreckungsgerichtes werden auch andere Gegenstände aus freier Hand verkauft (§ 825 der CPO.).

§ 123. Die Vorschriften des § 109 Abs. 2 der Anweisung über die Unzulässigkeit einer Beteiligung des Gerichtsvollziehers, seiner Gehilfen und Angehörigen bei dem Verkaufe finden Anwendung.

§ 124. I. Bei dem Verkauf aus freier Hand muß der Gerichtsvollzieher auf die Erzielung eines möglichst hohen Preises bedacht sein. In keinem Falle dürfen Gold- oder Silbersachen unter dem Gold- oder Silberwert oder Wertpapiere, die einen Börsen- oder Marktpreis haben, unter dem Tageskurse verkauft werden. Der Tageskurs ist durch den in den Zeitungen veröffentlichten Kurszettel oder durch Bescheinigung eines Kaufmanns, der Bankier- oder Geldwechslergeschäfte betreibt, festzustellen. Die Übergabe an den Käufer darf, wenn zwischen dem Gläubiger und dem Schuldner nicht etwas anderes vereinbart ist oder das Vollstreckungsgericht nicht ein Anderes angeordnet hat, nur gegen bare Zahlung geschehen. Der Verkauf kann auch an den Gläubiger erfolgen. In diesem Falle wird auf den Preis, soweit er nicht zur Deckung der Kosten der Zwangsvollstreckung erforderlich ist, die Forderung des Gläubigers in Anrechnung gebracht.

II. Bei einem durch das Vollstreckungsgericht angeordneten Verkaufe sind die besonderen Anordnungen des Gerichts zu beobachten. Bei dem Verkaufe von Wertpapieren bleibt es dem Ermessen des Gerichtsvollziehers überlassen, ob er sich der Vermittelung eines Bankiers oder Bankinstituts bedienen oder den Verkauf selbst besorgen will. Auch im ersteren Falle darf er das Wertpapier nicht anders als gegen bare Zahlung weggeben. Der Schlußschein (§ 10 des Reichsstempelgesetzes vom 27. April 1894) ist dem Gläubiger auszuhändigen.

§ 125. I. Das über den Verkauf aus freier Hand aufzunehmende Protokoll (§ 79 der Anw.) hat insbesondere zu enthalten:

1. die Angabe des Grundes, aus welchem die Verwertung durch Verkauf aus freier Hand erfolgt ist;
2. die genaue Bezeichnung des verkauften Gegenstandes, bei Gold- und Silbersachen auch die Angabe des Gold- oder Silberwertes, bei Wertpapieren die Angabe des Tageskurses, bei Sachen, für welche das Vollstreckungsgericht einen Preis bestimmt hat, unter

welchem sie nicht verkauft werden dürfen, die Angabe dieses Preises;
3. die Angabe des abgeschlossenen Geschäfts und die Angabe, wie dasselbe vollzogen ist.

II. Bedient der Gerichtsvollzieher sich zum Verkauf eines Wertpapiers der Vermittelung eines Bankiers, so wird das Protokoll durch die von dem Bankier über den Verkauf erteilte Rechnung ersetzt. Die Rechnung ist zu den Vollstreckungsakten zu nehmen.

Pfändung von Wertpapieren.

§ 126. I. Bei der Zwangsvollstreckung wegen Geldforderungen werden Wertpapiere wie bewegliche körperliche Sachen behandelt und wie diese durch den Gerichtsvollzieher gepfändet.

II. Die Veräußerung der gepfändeten Wertpapiere erfolgt, wenn diese einen Börsen- oder Marktpreis haben, durch freihändigen Verkauf (§ 122 Abs. 2 der Anw.). Wertpapiere, welche einen Börsen- oder Marktpreis nicht haben, sind nach den allgemeinen Bestimmungen zu versteigern (§ 821 der CPO.). Da die Art, wie die Verwertung stattzufinden hat, bei Wertpapieren davon abhängt, ob dieselben einen Börsen- oder Marktpreis haben, so hat der Gerichtsvollzieher sich vor allem hierüber zuverlässig zu unterrichten. Die erforderlichen Aufschlüsse kann er entweder aus dem in den Zeitungen veröffentlichten Kurszettel entnehmen oder bei einer mit dem Verkehr mit solchen Papieren vertrauten Behörde oder Privatperson erholen.

§ 127. I. Bei den Wertpapieren, welche auf Namen lauten, ist nach dem Verkaufe zur vollständigen Ausführung des Verkaufs, derselbe mag aus freier Hand oder durch Versteigerung stattfinden, die Erwirkung der Umschreibung auf den Namen des Käufers erforderlich. Die Erwirkung der Umschreibung obliegt dem Gerichtsvollzieher, welcher zu diesem Behufe durch das Vollstreckungsgericht ermächtigt werden kann, die erforderlichen Erklärungen an Stelle des Schuldners abzugeben (§ 822 der CPO.). Der Gerichtsvollzieher hat die Erteilung dieser Ermächtigung vor dem Verkauf unter Einreichung der vollstreckbaren Urkunde und des Pfändungsprotokolls zu beantragen. Die Umschreibung auf den Namen des Käufers ist nach dem Verkaufe bei der Gesellschaft oder der

Behörde, welche das Wertpapier ausgegeben hat, oder der sonst nach den für das Wertpapier maßgebenden Bestimmungen zuständigen Stelle zu erwirken.

II. Bei Inhaberpapieren, welche durch Einschreibung auf den Namen oder in anderer Weise außer Kurs gesetzt sind, ist vor dem Verkaufe die Wiederinkurssetzung zu erwirken. Der Gerichtsvollzieher kann durch das Vollstreckungsgericht ermächtigt werden, die hiezu erforderlichen Erklärungen an Stelle des Schuldners abzugeben (§ 823 der CPO.). Die Erteilung der Ermächtigung ist in gleicher Weise wie die Erteilung der Ermächtigung zur Erwirkung der Umschreibung eines auf Namen lautenden Wertpapiers zu beantragen. Die Wiederinkurssetzung ist bei der zuständigen Behörde zu erwirken.

III. Ist eine auf den Namen des Gläubigers umgeschriebene Schuldverschreibung des bayerischen Staates oder einer dem bayerischen Staate angehörenden Körperschaft, Stiftung oder Anstalt des öffentlichen Rechtes gepfändet, so hat der Gerichtsvollzieher vor dem Verkaufe die Löschung der Umschreibung bei der Staatsschuldentilgungskommission oder der Körperschaft, Stiftung oder Anstalt, die die Schuldverschreibung ausgegeben hat, zu beantragen; er bedarf hiezu keiner Ermächtigung des Vollstreckungsgerichts, sondern nur einer Vollmacht des Gläubigers (Art. 50 Abs. 2, Art. 57 des AG. zum BGB.). Durch die Löschung der Umschreibung wird das Papier in ein Inhaberpapier zurückverwandelt.

§ 128. I. Zu den Wertpapieren, die in Ansehung der Zwangsvollstreckung wie bewegliche körperliche Sachen behandelt werden, gehören alle Inhaberpapiere, z. B. Aktien, Staatsschuldverschreibungen, Pfandbriefe, Grundschuldbriefe auf den Inhaber, ferner alle Papiere, die an sich Inhaberpapiere sind, jedoch infolge Umschreibung auf den Namen eines bestimmten Berechtigten lauten, z. B. auf den Namen umgeschriebene Staatsschuldverschreibungen, weiters Namenaktien (§ 222 des HGB.).

II. Nicht zu den Wertpapieren gehören Sparkassescheine, Sparkassebücher, Pfandscheine, Lebensversicherungspolicen und dergleichen Urkunden, bei welchen das Papier nicht Träger des Rechtes ist. Inländische Banknoten und Reichskassenscheine sind wie bares Geld zu behandeln.

III. Nicht hieher gehören ferner Wechsel und andere durch Indossament übertragbare Papiere auf Namen, für deren Pfändung besondere Vorschriften gelten (s. §§ 161, 162 der Anw.).

IV. Auch Hypothekenbriefe, ferner Grundschuld- und Rentenschuldbriefe, die nicht auf den Inhaber lauten, können nicht nach den Vorschriften über die Pfändung beweglicher körperlicher Sachen gepfändet werden. Der Gerichtsvollzieher hat indessen, wenn er solche Urkunden beim Schuldner vorfindet und die Pfändung nicht zur vollen Deckung führt, deren Vorhandensein unter genauer Bezeichnung der Hypothek, Grundschuld oder Rentenschuld im Pfändungsprotokolle zu vermerken.

Pfändung von Früchten.

§ 129. I. Früchte können, auch bevor sie von dem Boden getrennt sind, gepfändet werden. Die Pfändung ist jedoch unzulässig, wenn die Beschlagnahme der Früchte im Wege der Zwangsvollstreckung in das unbewegliche Vermögen erfolgt ist (§ 810 Abs. 1 der CPO.). Die Früchte können ferner insoweit nicht gepfändet werden, als sie zu den im § 811 Nr. 4 der CPO. (vgl. § 95 Nr. 4 der Anw.) bezeichneten Erzeugnissen gehören.

II. Die Pfändung von Früchten, die von dem Boden noch nicht getrennt sind, darf nicht früher als einen Monat vor der gewöhnlichen Zeit der Reife erfolgen (§ 810 Abs. 1 Satz 2 der CPO.). Die Pfändung und Verwertung der Früchte erfolgt, vorbehaltlich der in dem Nachstehenden angeführten Abweichungen, in der gleichen Weise wie bei beweglichen Sachen.

§ 130. Die Pfändung kann nur in der Weise erfolgen, daß die Früchte, sobald sie von dem Boden getrennt werden, in den Besitz des Gerichtsvollziehers oder, wenn sie vor der Trennung verkauft werden, in den Besitz des Käufers fallen. Die erfolgte Pfändung muß durch geeignete Veranstaltungen, durch Aufstellen einer Pfandtafel oder eines Pfandzeichens mit einer von dem Gerichtsvollzieher unterschriebenen und mit dem Dienstsiegel versehenen Pfändungsanzeige oder durch andere zweckentsprechende Maßnahmen, bei welchen soweit thunlich auch das Dienstsiegel zu verwenden ist, für jedermann erkennbar gemacht werden. Von der Pfändung ist der Bürgermeister der Gemeinde, in deren Markung das Grundstück liegt, in

Kenntnis zu setzen. Ist die Bestellung eines Aufsehers erforderlich, so ist vorzugsweise der Feldhüter dieser Gemeinde zu wählen.

§ 131. Das Pfändungsprotokoll (§ 106 der Anw.) hat insbesondere zu enthalten:

1. die Bezeichnung des Grundstücks unter Angabe der Gemeindemarkung, der Plannummer und des beiläufigen Flächeninhalts und die Bezeichnung der Fruchtart,
2. die Angabe, welcher Erlös voraussichtlich aus der Verwertung der gepfändeten Früchte zu erwarten ist,
3. die Angabe, zu welcher Zeit die Ernte zu erwarten ist,
4. die Angabe der Vorkehrungen, durch welche die Pfändung erkennbar gemacht ist, die Erwähnung der Benachrichtigung des Bürgermeisters und die Angabe der Bestellung des Hüters oder der Gründe, aus welchen die Bestellung eines solchen unterlassen worden ist.

§ 132. I. Die Versteigerung ist erst nach der Reife zulässig. Sie kann vor oder nach der Trennung der Früchte erfolgen; im letzteren Falle hat der Gerichtsvollzieher die Aberntung bewirken zu lassen (§ 824 der CPO.). Ob die Versteigerung vor oder nach der Aberntung stattfinden soll, hat der Gerichtsvollzieher nach den Umständen, gegebenenfalls nach Befragung eines Sachverständigen (§ 136 der Anw.) zu bestimmen.

II. Der Gerichtsvollzieher muß dafür Sorge tragen, daß er von dem bevorstehenden Eintritte der Reife rechtzeitig Kenntnis erlangt, damit der Versteigerungstermin gehörig angesetzt und bekannt gemacht werden kann und nicht durch Überreife der Früchte Verlust entsteht.

III. Zur Vornahme der Aberntung hat sich der Gerichtsvollzieher, wenn er sie selbst bewirken läßt, einer zuverlässigen Person zu bedienen. Die derselben zu gewährende Vergütung ist thunlichst im voraus zu vereinbaren. Der Gerichtsvollzieher hat die Aberntung soweit zu beaufsichtigen, als erforderlich ist, um den Ertrag der Ernte mit Sicherheit festzustellen. Dem Gerichtsvollzieher obliegt ferner die Sorge für die sichere Unterbringung und Verwahrung der Ernte bis zur Versteigerung.

IV. Im Falle der Versteigerung der Früchte vor der Aberntung ist der Termin in der Regel an Ort und Stelle abzuhalten. In den Versteigerungsbedingungen ist zu erwähnen, daß der Meistbietende die Aberntung alsbald nach dem Zuschlag auf seine Kosten zu bewirken hat.

§ 133. I. Die Vorschriften der §§ 129 bis 132 gelten auch schon vor der Grundbuchanlegung. Solange das Grundbuch noch nicht angelegt ist, gelten jedoch noch folgende Sondervorschriften.

II. Im Falle der Beschlagnahme zum Zwecke der Zwangsversteigerung oder der Zwangsverwaltung (Art. 8 der SO.) kann die Zwangsvollstreckung in noch nicht getrennte Früchte, welche vor der Beschlagnahme gepfändet worden sind, nicht mehr fortgesetzt werden (Art. 20 der SO.). Der Gerichtsvollzieher hat das Pfändungsprotokoll und die sonstigen auf das Verfahren bezüglichen Schriftstücke dem Amtsgerichte, welches die Beschlagnahme beschlossen hat, vorzulegen.

Pfändung von Zubehör.

§ 134. I. Gegenstände, welche Zubehör eines Grundstücks sind und dem Eigentümer des Grundstücks gehören, dürfen nicht gepfändet werden (§ 865 Abs. 2 der CPO.). Zubehörstücke sind bewegliche Sachen, welche, ohne Bestandteil des Grundstücks zu sein, dem wirtschaftlichen Zwecke des Grundstücks zu dienen bestimmt sind, zu dem Grundstück in einem dieser Bestimmung entsprechenden räumlichen Verhältnisse stehen und im Verkehr als Zubehör angesehen werden (§§ 97, 98 des BGB.). Die vorübergehende Trennung eines Zubehörstücks von dem Grundstücke hebt die Zubehöreigenschaft nicht auf.

II. Dem wirthschaftlichen Zwecke des Grundstücks zu dienen bestimmt sind insbesondere:

1. bei einem Gebäude, das für einen gewerblichen Betrieb dauernd eingerichtet ist, insbesondere bei einer Mühle, einer Schmiede, einem Brauhaus, einer Fabrik, die zu dem Betriebe bestimmten Maschinen und sonstigen Gerätschaften;
2. bei einem Landgute das zum Wirtschaftbetriebe bestimmte Gerät und Vieh, die landwirtschaftlichen Erzeugnisse, soweit sie zur Fortführung der Wirtschaft bis zu der Zeit erforderlich sind, zu welcher

gleiche oder ähnliche Erzeugnisse voraussichtlich gewonnen werden, sowie der vorhandene, auf dem Gute gewonnene Dünger.

III. Die von einem Grundstücke getrennten Erzeugnisse und sonstigen Bestandteile, welche dem Eigentümer des Grundstücks gehören, können, soweit sie nicht Zubehör des Grundstücks sind, gepfändet werden, solange nicht ihre Beschlagnahme im Wege der Zwangsvollstreckung in das unbewegliche Vermögen erfolgt ist.

§ 135. I. Bis zur Grundbuchanlegung gelten in Ansehung der Pfändung von beweglichen Zugehörungen folgende besondere Vorschriften.

II. Die Pfändung ist zulässig, bis das Grundstück zum Zwecke der Zwangsversteigerung oder der Zwangsverwaltung in Beschlag genommen ist (Art. 8 der SO.). Im Falle der Beschlagnahme zum Zwecke der Zwangsversteigerung kann die Zwangsvollstreckung in bewegliche Zugehörungen, welche vor der Beschlagnahme gepfändet worden sind, nicht mehr fortgesetzt werden. Der Gerichtsvollzieher hat nach § 133 Abs. 2 Satz 2 zu verfahren.

Zuziehung eines Sachverständigen bei der Pfändung von Personen, die Landwirtschaft betreiben.

§ 136. I. Zur Pfändung von Früchten, die vom Boden noch nicht getrennt sind, sowie zur Pfändung von landwirtschaftlichem Gerät, Vieh, Dünger und landwirtschaftlichen Erzeugnissen bei Personen, welche Landwirtschaft betreiben, — soweit diese Gegenstände der Pfändung überhaupt unterliegen (§ 811 Nr. 4 der CPO., § 95 Nr. 4 der Anw.) — soll der Gerichtsvollzieher einen landwirtschaftlichen Sachverständigen beiziehen, sofern anzunehmen ist, daß der Wert der zu pfändenden Gegenstände den Betrag von 1000 Mark übersteigt (§ 813 Abs. 1 der CPO.).

II. Bei einem geringeren Betrage soll die Zuziehung erfolgen,

a) wenn der Schuldner sie verlangt oder
b) wenn der Gerichtsvollzieher sich die nötige Sachkunde nicht zutraut.

III. Bei einem geringeren Betrag als 1000 Mark hat die Zuziehung jedoch zu unterbleiben, wenn durch die Zuziehung eine Verzögerung der Zwangsvollstreckung eintritt oder unverhältnismäßige Kosten entstehen (§ 813 Abs. 2 der CPO.).

§ 137. Bei der Pfändung von Früchten, die von dem Boden noch nicht getrennt sind, hat der Sachverständige zu begutachten, ob die gewöhnliche Zeit der Reife binnen einem Monate zu erwarten ist (§ 810 Abs. 1 Satz 2 der CPO., § 129 Abs. 2 der Anw.) und ob die Früchte ganz oder zum Teil zur Fortführung der Wirtschaft bis zu der Zeit erforderlich sind, zu welcher gleiche oder ähnliche Erzeugnisse voraussichtlich gewonnen werden (§ 811 Nr. 4 der CPO., § 95 Nr. 4 der Anw.). Bei den übrigen im § 99 Abs. 1 genannten Gegenständen hat der Sachverständige zu begutachten, inwieweit sie nach § 811 Nr. 4 der CPO. (§ 95 Nr. 4 der Anw.) pfändbar sind.

§ 138. I. Der Gerichtsvollzieher soll sich wegen der Auswahl eines Sachverständigen an den Bürgermeister oder dessen Stellvertreter (vgl. § 14 Abs. 3a und b der Anw.) wenden und, falls dieser nicht selbst die Verrichtung als Sachverständiger übernimmt, die von diesem bezeichnete Person zuziehen. Im Falle der Behinderung oder des Ausbleibens der vom Bürgermeister oder dessen Stellvertreter bezeichneten Person ist eine andere geeignete Person zuzuziehen. Thunlichst sind Personen zuzuziehen, welche in der Nähe der zu pfändenden Gegenstände wohnen. Personen, die mit dem Gläubiger oder dem Schuldner nahe verwandt oder verschwägert sind, sollen nicht zugezogen werden. Ist die Zuziehung eines Sachverständigen nach diesen Vorschriften vergeblich versucht worden, so kann die Pfändung ohne die Zuziehung eines Sachverständigen erfolgen.

II. Das Gutachten ist, sofern der Sachverständige es nicht schriftlich übergibt, in das Pfändungsprotokoll aufzunehmen. Das schriftliche Gutachten bildet eine Anlage des Pfändungsprotokolls.

III. Das Gutachten ist für den Gerichtsvollzieher nicht bindend. Weicht er von dem Gutachten ab, so soll er die Gründe hiefür in dem Pfändungsprotokoll angeben.

IV. Dem Gerichtsvollzieher stehen Zwangsmittel im Falle des Nichterscheinens des Sachverständigen oder der Verweigerung des Gutachtens nicht zu. Er ist nicht befugt, von dem Sachverständigen eine Beeidigung des Gutachtens zu fordern.

§ 139. Dem Sachverständigen ist eine, soweit thunlich,

im voraus festzusetzende Vergütung nach dem ortsüblichen Preise der Leistung zu gewähren. Die Vergütung hat auch die Entschädigung für den etwa gemachten Aufwand zu umfassen. Ist der Sachverständige mit der vom Gerichtsvollzieher festgesetzten Vergütung nicht zufrieden, so ist er gemäß § 766 der CPO. an das Vollstreckungsgericht zu weisen.

Pfändung von bereits gepfändeten Sachen.

§ 140. Sachen, welche bereits für einen anderen Gläubiger gepfändet sind, sollen, sofern nicht der Auftraggeber die weitere Pfändung derselben verlangt, nur gepfändet werden, wenn andere zur Deckung des Gläubigers hinreichende pfändbare Gegenstände nicht vorgefunden werden, oder wenn die weitere Pfändung eine sichere und schnellere Befriedigung des Gläubigers erwarten läßt. Die weitere Pfändung ist ohne Rücksicht darauf zulässig, ob nach Deckung der Forderung des ersten Gläubigers und der Kosten der ersten Vollstreckung ein Überschuß über die Kosten der zweiten Vollstreckung zu erwarten ist.

§ 141. I. Die weitere Pfändung kann giltig in den gleichen Formen wie eine Erstpfändung (§ 808 der CPO.) geschehen. Zur Bewirkung der weiteren Pfändung genügt aber auch die Erklärung des Gerichtsvollziehers, daß er die Sachen für seinen Auftraggeber pfände (sog. Anschlußpfändung, § 826 der CPO.). Die Erklärung ist an dem Orte, wo die Pfandstücke sich befinden, abzugeben; sie braucht aber nicht dem Schuldner oder dem Gerichtsvollzieher gegenüber, welcher die Erstpfändung vorgenommen hat, abgegeben zu werden. Über die Erklärung ist ein Protokoll aufzunehmen. Ist die erste Pfändung durch einen andern Gerichtsvollzieher bewirkt, so ist ihm eine Abschrift des Protokolls förmlich zuzustellen (§ 826 der CPO.).

II. Die Anschlußpfändung setzt, da sie ohne Besitznahme erfolgt, zu ihrer Wirksamkeit das Bestehen der ersten Pfändung voraus. Der Gerichtsvollzieher muß sich deshalb sorgfältig darüber vergewissern, daß die erste Pfändung erfolgt ist und noch besteht, und welche Gegenstände von derselben betroffen sind. Zu diesem Behufe hat er, wenn thunlich, das Protokoll über die erste Pfändung einzusehen.

III. Der Gerichtsvollzieher soll die weitere Pfändung regelmäßig im Wege der Anschlußpfändung bewirken, es sei denn, daß die Rechtsgiltigkeit oder das Fortbestehen der vorausgegangenen Pfändung zweifelhaft oder die Wirksamkeit einer durch bloße Erklärung bewirkten Pfändung aus sonstigen Gründen fraglich erscheint.

IV. Von der Anschlußpfändung ist der Schuldner in gleicher Weise wie von der ersten Pfändung in Kenntnis zu setzen (§ 826 der CPO.). Die Benachrichtigung obliegt dem Gerichtsvollzieher, welcher die Anschlußpfändung bewirkt.

§ 142. I. Das über die Anschlußpfändung aufzunehmende Protokoll (§ 106 der Anw.) hat insbesondere zu enthalten:

1. die Bezeichnung der weiter gepfändeten Gegenstände, soweit thunlich, durch Bezugnahme auf das Protokoll über die erste Pfändung;
2. die Erklärung des Gerichtsvollziehers, daß er die Sachen für seinen Auftraggeber pfände;
3. die Angabe der Zeit, zu welcher diese Erklärung abgegeben ist;
4. die Angabe, daß der Schuldner von der Pfändung in Kenntnis gesetzt ist oder in Kenntnis gesetzt werden soll, und wie dies geschehen ist oder geschehen soll.

II. Um das Vorrecht des Gläubigers für den Fall, daß auch für andere Gläubiger weitere Pfändungen stattfinden, zu sichern, ist in dem Protokolle bei der Angabe der Zeit der Abgabe der Erklärung (Ziff. 3) auch die Stunde zu bezeichnen.

§ 143. I. Die Fortsetzung des Vollstreckungsverfahrens und zwar ohne Rücksicht darauf, ob die weitere Pfändung in der Form einer Erstpfändung oder einer Anschlußpfändung erfolgt ist, kann, auch wenn die Pfändung nicht durch den nämlichen Gerichtsvollzieher vorgenommen ist, nur durch einen Gerichtsvollzieher erfolgen. Nach § 27 der CPO. geht deshalb auf den Gerichtsvollzieher, von welchem die erste Pfändung bewirkt ist, der Auftrag des zweiten Gläubigers kraft Gesetzes über, sofern nicht das Vollstreckungsgericht auf Antrag eines beteiligten Gläubigers oder des Schuldners anordnet, daß die Verrichtungen jenes Gerichtsvollziehers von einem andern zu übernehmen seien. Der Gerichtsvollzieher, welchem die Fortsetzung der Vollstreckung obliegt, hat sich als von allen beteiligten Gläubigern beauftragt zu betrachten und darf keinen derselben vor den anderen bevorzugen, die Versteigerung erfolgt für alle beteiligten Gläubiger (§ 827 der CPO.). Der Gerichtsvollzieher, dessen Auftrag an den andern Gerichtsvollzieher übergeht, hat diesem die vollstreckbare Ausfertigung und die sonstigen auf den Auftrag bezüglichen Schriftstücke mit einem Verzeichnisse seiner Gebühren und Auslagen gegen Empfangsbescheinigung zu übergeben und den Auftraggeber hievon in Kenntnis zu setzen.

II. Sind die Pfändungen durch den nämlichen Gerichtsvollzieher vorgenommen, so hat derselbe das Protokoll über die weitere Pfändung zu den Akten über die erste Pfändung zu nehmen.

§ 144. Die weitere Pfändung ist auch zulässig, wenn die erste Pfändung im Auftrag einer mit dem Vollstreckungsrecht ausgestatteten Verwaltungsbehörde durch einen Gerichtsvollzieher oder durch ein Vollzugsorgan der Verwaltungsbehörde stattgefunden hat (Art. 7 Abs. 1 des AG. z. CPO. u. KO. in der Fassung der Bekanntmachung vom 26. Juni 1899). Hat ein Vollzugsorgan der Verwaltungsbehörde die erste Pfändung vorgenommen, so obliegt die Fortsetzung des Verfahrens nicht diesem, sondern dem weiter pfändenden Gerichtsvollzieher.

Veräußerung der durch die Militärbehörde gepfändeten Sachen.

§ 145. I. Wenn bei der Zwangsvollstreckung gegen eine dem aktiven Heere oder der aktiven Marine angehörenden Person des Soldatenstandes eine Pfändung in einer Kaserne oder in einem anderen militärischen Dienstgebäude durch die von dem Vollstreckungsgericht ersuchte Militärbehörde vorgenommen worden ist (§ 74 der Anw.), so werden die gepfändeten Gegenstände einem von dem Gläubiger beauftragten Gerichtsvollzieher übergeben (§ 790 der CPO.). Der Gerichtsvollzieher hat sich die vollstreckbare Urkunde aushändigen zu lassen und nach der Anweisung des Vollstreckungsgerichts entweder die Aufforderung der Militärbehörde zur Übernahme der gepfändeten Sachen abzuwarten oder derselben seine Beauftragung anzuzeigen.

II. Bei der Übernahme der gepfändeten Sachen hat der Gerichtsvollzieher dieselben mit dem über die Pfändung aufgenommenen Protokoll oder Verzeichnisse zu vergleichen und die etwa fehlenden oder beschädigten Stücke zu verzeichnen. Die weitere Ausführung der Zwangsvollstreckung erfolgt durch den Gerichtsvollzieher in gleicher Weise wie bei den von ihm selbst gepfändeten Sachen. Der Termin zur Versteigerung ist, sofern nicht einer der im § 112 bezeichneten Ausnahmsfälle vorliegt, sogleich bei der Übernahme der Sachen zu bestimmen.

Ablieferung des Erlöses.

§ 146. I. Die Wegnahme des gepfändeten Geldes durch den Gerichtsvollzieher und die Empfangnahme des durch den Verkauf der gepfändeten Sachen erzielten Erlöses durch denselben gilt als Zahlung von seiten des Schuldners, sofern nicht dem Schuldner nachgelassen ist, durch Sicherheitsleistung oder durch Hinterlegung die Vollstreckung abzuwenden oder sofern nicht der Fall des § 815 Abs. 2 der CPO. (s. § 97 Abs. 3 Satz 1 der Anw.) gegeben ist (§§ 815, 819 der CPO.). In den beiden letzteren Fällen sind das gepfändete Geld und der Versteigerungserlös nach § 199 der Anweisung zu hinterlegen.

II. Sofern eine Hinterlegung nicht stattzufinden hat, sind die beigetriebenen Gelder bis zum Betrage der Forderung sogleich an den Gläubiger abzuliefern (vgl. § 177, 188 der Dienstvorschriften). Vor der Ablieferung hat der Gerichtsvollzieher in den Vollstreckungsakten eine Verrechnung der eingenommenen Beträge aufzustellen, welche den dem Gläubiger zukommenden Betrag, die Kosten der Zwangsvollstreckung und den etwa verbleibenden Überschuß nachweisen muß. Die Verrechnung ist dem Schuldner entweder in Abschrift oder durch Aufnahme in die ihm zu erteilende Quittung mitzuteilen. Ein etwaiger Überschuß ist ihm sofort zu übermitteln. Auf die beigetriebenen nicht zu hinterlegenden Gelder findet der § 78 Anwendung.

§ 147. I. Sind die versteigerten Sachen für mehrere Gläubiger zu verschiedenen Zeiten gepfändet worden und ist der Erlös zur Deckung der Forderungen nicht ausreichend, so hat der Gerichtsvollzieher die Masse in der Weise zu verteilen, daß er die Kosten des Verkaufs vorweg in Abzug bringt und dann die einzelnen Forderungen mit den für dieselben erwachsenen besonderen Kosten nach der Reihenfolge der Pfändungen befriedigt (§§ 788, 804 der CPO.), soweit die Masse reicht. Verlangt jedoch ein Gläubiger, für welchen die zweite oder eine spätere Pfändung erfolgt ist, ohne Zustimmung der übrigen beteiligten Gläubiger eine andere Verteilung als nach der Reihenfolge der Pfändungen, so hat der Gerichtsvollzieher die Sachlage unter Hinterlegung des Erlöses dem Vollstreckungsgericht anzuzeigen. Dieser Anzeige sind die auf das Verfahren sich beziehenden Schriftstücke sowie die Hinterlegungsbescheinigung beizufügen. Über die Hinterlegung s. § 199 der Anweisung.

II. In gleicher Weise hat die Hinterlegung der Masse und die Anzeige der Sachlage bei dem Vollstreckungsgerichte zu geschehen, wenn die Pfändung für mehrere Gläubiger gleichzeitig bewirkt ist, die Masse zur Deckung der Forderungen nicht ausreicht und eine Vereinbarung der Gläubiger über die Verteilung nicht getroffen ist (§ 827 der CPO.).

Rückgabe von Pfandstücken.

§ 148. Gepfändete Sachen, welche von dem Gläubiger oder auf Anordnung des Gerichts freigegeben sind oder deren Verwertung wegen Befriedigung des Gläubigers unterbleibt, sind dem Schuldner oder dem sonstigen Empfangsberechtigten sogleich zur Verfügung zu stellen. Sind die Sachen in den Gewahrsam des Gerichtsvollziehers oder eines Verwahrers gebracht worden, so ist der Empfangsberechtigte zur Zurücknahme aufzufordern. Über die Zurückgabe hat der Gerichtsvollzieher sich von dem Empfangsberechtigten eine Bescheinigung erteilen zu lassen.

3. Zwangsvollstreckung in Forderungen und andere Vermögensrechte.

Pfändungs- und Überweisungsbeschluß.

§ 149. I. Die Zwangsvollstreckung in Geldforderungen, welche dem Schuldner gegen eine dritte Person (den Drittschuldner) zustehen, erfolgt, vorbehaltlich der unten im § 161 anzuführenden besonderen Bestimmungen für Forderungen aus Wechseln und anderen durch Indossament übertragbaren Papieren, durch das Vollstreckungsgericht (§ 828 der CPO.).

II. Zum Behufe der Pfändung verbietet das Gericht dem Drittschuldner, an den Schuldner zu zahlen. Zugleich erläßt das Gericht an den Schuldner das Gebot, sich jeder Verfügung über die Forderung, insbesondere der Einziehung derselben zu enthalten. Die Pfändung wird durch Zustellung des Pfändungsbeschlusses an den Drittschuldner bewirkt (§ 829 Abs. 1, 3 der CPO.).

III. Die gepfändete Forderung ist dem Gläubiger nach seiner Wahl zur Einziehung oder an Zahlungsstatt zum Nennwerte zu überweisen. Die Überweisung wird durch Zustellung des Überweisungsbeschlusses an den Drittschuldner bewirkt (§ 335 der CPO.).

Zustellung des Pfändungs- und Überweisungsbeschlusses.

§ 150. I. Die Zustellung des Pfändungsbeschlusses und des Überweisungsbeschlusses an den Drittschuldner hat der Gläubiger besorgen zu lassen. Die Zustellung erfolgt nach den für Zustellungen überhaupt geltenden Vorschriften. Die Zustellung ist möglichst rasch zu bewirken. In der Zustellungsurkunde hat der Gerichtsvollzieher auch die Stunde der Zustellung anzugeben. Ist der Gerichtsvollzieher mit der Zustellung mehrerer Pfändungs- oder Überweisungsbeschlüsse an denselben Drittschuldner beauftragt, so hat er sie alle in dem gleichen Zeitpunkte zuzustellen.

II. Der von dem Gläubiger mit der Zustellung beauftragte Gerichtsvollzieher hat von Amtswegen dafür zu sorgen, daß auch der Schuldner von der Pfändung und, wenn die Überweisung erfolgt ist, auch von dieser Kenntnis erhält. Zu diesem Behufe hat er den Beschluß mit einer Abschrift der Zustellungsurkunde, im Falle der Zustellung durch die Post mit einer Abschrift der von ihm aufgenommenen Bescheinigung (§ 194 der CPO.) und der Zustellungsurkunde des Postboten sofort dem Schuldner zuzustellen. An Stelle einer an den Schuldner im Auslande zu bewirkenden Zustellung erfolgt die Zustellung durch Aufgabe zur Post (§ 192 der CPO., § 36 der Anw.). Ist der Aufenthalt des Schuldners unbekannt, so unterbleibt die Zustellung (§ 829 Abs. 2 der CPO.). Wird die Zustellung an den Schuldner bewirkt, ehe die Zustellung an den Drittschuldner stattgefunden hat, oder ehe die Zustellungsurkunde des Postboten in die Hände des Gerichtsvollziehers gelangt, so hat der Gerichtsvollzieher die Zustellungsurkunde nachträglich zuzustellen. Die Zustellung an den Schuldner darf aber nur auf Verlangen des Gläubigers vor der Zustellung an den Drittschuldner bewirkt werden.

§ 151. I. Auf Verlangen des Gläubigers hat der Gerichtsvollzieher bei der Zustellung des Pfändungsbeschlusses den Drittschuldner aufzufordern, binnen zwei Wochen, von der Zustellung an gerechnet, dem Gläubiger zu erklären:

1. ob und inwieweit er die Forderung als begründet anerkenne und Zahlung zu leisten bereit sei,
2. ob und welche Ansprüche andere Personen an die Forderung machen,

3. ob und wegen welcher Ansprüche die Forderung bereits für andere Gläubiger gepfändet sei.

II. Ist die Aufforderung zur Abgabe dieser Erklärungen auf Verlangen des Gläubigers an den Drittschuldner zu richten, so hat der Gerichtsvollzieher die Zustellung im Wege der gewöhnlichen Zustellung (§ 3 Nr. 1 der Anw.), nicht durch die Post, zu bewirken. Die Aufforderung muß in die Zustellungsurkunde aufgenommen werden.

III Die Erklärungen des Drittschuldners können bei Zustellung des Pfändungsbeschlusses oder innerhalb der zweiwöchigen Frist an den Gerichtsvollzieher erfolgen. Im ersteren Falle sind dieselben in der Zustellungsurkunde aufzunehmen und von dem Drittschuldner zu unterschreiben (§ 840 der CPO.). Die Beurkundung der Erklärung ist dem Drittschuldner vor der Unterzeichnung vorzulesen oder zur Durchsicht vorzulegen. In der Urkunde ist ausdrücklich anzuführen, daß dies geschehen und daß die Genehmigung erfolgt sei. Wird eine Erklärung nicht abgegeben oder die Unterschrift verweigert, so ist dies in der Zustellungsurkunde zu bemerken. Eine nach der Zustellung erfolgte Erklärung des Drittschuldners hat der Gerichtsvollzieher sogleich dem Gläubiger zu übermitteln. Wird die Erklärung mündlich abgegeben, so hat der Gerichtsvollzieher darüber ein besonderes Protokoll aufzunehmen und dasselbe von dem Drittschuldner nach vorgängiger Genehmigung unterschreiben zu lassen. Daß die Vorlesung oder Vorlegung zur Durchsicht und die Genehmigung erfolgt sei, ist in dem Protokoll ausdrücklich anzuführen.

Herausgabe der über die überwiesene Forderung vorhandenen Urkunden.

§ 152. Ist die gepfändete Forderung dem Gläubiger überwiesen, so ist der Schuldner verpflichtet, dem Gläubiger die über die Forderung vorhandenen Urkunden, z. B. den Schuldschein, das Sparkassebuch, den Pfandschein, die Versicherungspolice, herauszugeben. Die Herausgabe kann von dem Gläubiger im Wege der Zwangsvollstreckung erwirkt werden (§ 836 der CPO.). Die Zwangsvollstreckung ist nach den für die Zwangsvollstreckung zur Erwirkung der Herausgabe beweglicher Sachen geltenden Vorschriften (§ 167 der Anw.) auszuführen. Dieselbe erfolgt auf grund der vollstreckbaren Urkunde und der Ausfertigung des Überweisungsbeschlusses.

Die wegzunehmenden Urkunden müssen in dem Überweisungsbeschlusse so genau bezeichnet sein, daß der Gerichtsvollzieher sie nach dieser Bezeichnung bei dem Schuldner aufsuchen kann. Bedarf der Überweisungsbeschluß in dieser Beziehung einer Ergänzung, so hat der Gläubiger dieselbe bei dem Vollstreckungsgerichte zu erwirken.

Pfändung einer Forderung, für welche eine Hypothek besteht.

§ 153. Bis zu dem Zeitpunkt, in welchem das Grundbuch als angelegt anzusehen ist, erfolgt die Zwangsvollstreckung in Forderungen, für welche eine Hypothek besteht, nach § 829 der CPO. und §§ 149 bis 152 der Anweisung. In den Landesteilen rechts des Rheins wird die Eintragung der Pfändung in das Hypothekenbuch von dem Vollstreckungsgerichte von Amtswegen veranlaßt (Art. 125 des AG. zur CPO. und KO. der bisherigen Fassung).

§ 154. I. Von der Grundbuchanlegung an ist zu unterscheiden, ob es sich um eine Briefhypothek, eine Buchhypothek oder eine Sicherungshypothek handelt.

II. Regelmäßig wird nach dem BGB. über die Hypothek ein Brief erteilt. Der Hypothekenbrief des BGB. hat eine andere Bedeutung als der des bisherigen Rechtes. Der letztere dient insbesondere zum urkundlichen Nachweise dafür, daß für die Forderung eine Hypothek besteht. Der Hypothekenbrief des BGB. dagegen ist der Träger des Rechtes in dem Sinne, daß der Gläubiger die Hypothek erst mit der Aushändigung des Briefes erwirkt (§ 1117 des BGB.), daß zu der Abtretung oder Verpfändung der Hypothekenforderung die Übergabe des Briefes erforderlich ist (§ 1154 des BGB.), daß der Geltendmachung des Gläubigerrechts widersprochen werden kann, wenn nicht der Brief vorgelegt wird (§§ 1160, 1161 des BGB.) und daß Eintragungen, von denen das Recht des Gläubigers betroffen wird, in das Grundbuch regelmäßig nur erfolgen dürfen, wenn der Brief vorgelegt wird (§ 42 GBO.).

III. Die Erteilung eines Hypothekenbriefs kann ausgeschlossen werden. Dann ist die Hypothek eine Buchhypothek.

IV. Die Sicherungshypothek ist diejenige Unterart der Buchhypothek, bei der sich das Recht des Gläubigers aus der Hypothek nur nach der Forderung bestimmt (§§ 1184, 1185 des BGB.). Die Sicherungshypothek muß regelmäßig im Grundbuch als Sicherungshypothek bezeichnet sein.

V. Die zur Zeit der Grundbuchanlegung bestehenden Hypotheken verwandeln sich in den Landesteilen rechts des Rheins in Buchhypotheken (Art. 192 des EG. zum BGB.) und zwar auch dann, wenn für sie ein Hypothekenbrief im Sinne des bisherigen Rechtes ausgestellt ist. In der Pfalz verwandeln sich die zur Zeit der Grundbuchanlegung bestehenden Hypotheken in Sicherungshypotheken (Art. 1 des pfälzischen Liegenschaftsgesetzes vom 1. Juli 1898).

§ 155. I. Zur Pfändung der Briefhypothek ist außer dem Pfändungsbeschlusse (§ 829 der CPO.) die Übergabe des Hypothekenbriefs an den Gläubiger erforderlich. Wird die Übergabe im Wege der Zwangsvollstreckung erwirkt, so gilt sie als erfolgt, wenn der Gerichtsvollzieher den Brief zum Zwecke der Ablieferung an den Gläubiger wegnimmt (§ 830 Abs. 1 der CPO.). Wird der Pfändungsbeschluß vor der Übergabe des Briefes dem Drittschuldner zugestellt, so gilt die Pfändung diesem gegenüber mit der Zustellung als bewirkt (§ 830 Abs. 2 der CPO.). Zur Überweisung einer Briefhypothek genügt die Aushändigung des Überweisungsbeschlusses an den Gläubiger (§ 837 der CPO.).

II. Zur Pfändung der Buchhypothek ist neben dem Pfändungsbeschlusse (§ 829 der CPO.) die Eintragung der Pfändung in das Grundbuch erforderlich; die Eintragung erfolgt auf grund des Pfändungsbeschlusses (§ 830 Abs. 1 der CPO.). Wird der Pfändungsbeschluß vor der Eintragung in das Grundbuch dem Drittschuldner zugestellt, so gilt die Pfändung diesem gegenüber mit der Zustellung als bewirkt (§ 830 Abs. 2 der CPO.). Zur Überweisung der Buchhypothek an Zahlungsstatt ist die Eintragung der Überweisung in das Grundbuch erforderlich; zur Überweisung zur Einziehung genügt die Aushändigung des Überweisungsbeschlusses an den Gläubiger (§ 837 Abs. 1 der CPO.).

III. Für die Pfändung und Überweisung der Sicherungshypothek gelten die gleichen Vorschriften wie für die Buchhypothek. Bei der Sicherungshypothek für die Forderung aus einer Schuldverschreibung auf den Inhaber, aus einem Wechsel oder einem anderen Papiere, das durch Indossament übertragen werden kann, bedarf es jedoch der Eintragung in das Grundbuch nicht (§ 830 Abs. 3, § 837 Abs. 2 Satz 2 der CPO.); auch kann die Pfändung und Überweisung einer

Forderung, für die gemäß § 1190 des BGB. eine Sicherungshypothek in der Weise bestellt ist, daß nur der Höchstbetrag bestimmt ist, bis zu welchem das Grundstück haften soll, nach den allgemeinen Vorschriften erfolgen, sofern der Gläubiger die Überweisung der Forderung ohne die Hypothek an Zahlungsstatt beantragt (§ 837 Abs. 3 der CPO.)

IV. Soweit die Hypothekforderung auf Rückstände von Zinsen oder anderen Nebenleistungen oder auf Erstattung von Kosten gerichtet ist, die infolge der Kündigung der Hypothek und der die Befriedigung aus dem Grundstücke bezweckenden Rechtsverfolgung entstanden sind (§ 1159 des BGB.), bestimmt sich die Pfändung und Überweisung nach den allgemeinen Grundsätzen (§ 830 Abs. 3, § 837 Abs. 2 Satz 1 der CPO.).

§ 156. I. Die Thätigkeit des Gerichtsvollziehers bei der Pfändung von Forderungen, für welche eine Hypothek besteht, erstreckt sich hienach auf folgendes:

II. Der Gerichtsvollzieher hat nach Maßgabe der Vorschriften der §§ 149 bis 152 der Anweisung den Pfändungs- und den Überweisungsbeschluß zuzustellen.

III. Bei der Pfändung einer Briefhypothek hat der Gerichtsvollzieher den Hypothekenbrief dem Schuldner behufs Ablieferung an den Gläubiger wegzunehmen (§ 830 der CPO.). Die Wegnahme dieses Briefes hat der Gerichtsvollzieher im Wege der Zwangsvollstreckung nach den Vorschriften über die Zwangsvollstreckung zur Erwirkung der Herausgabe beweglicher Sachen (§ 167 der Anw.) zu bewirken. Er wird zu der Wegnahme durch den Besitz des Schuldtitels und einer Ausfertigung des Pfändungsbeschlusses ermächtigt. Der Pfändungsbeschluß ist dem Schuldner spätestens bis zum Beginne der auf die Wegnahme des Briefes gerichteten Vollstreckungsthätigkeit zuzustellen.

Zwangsvollstreckung in Reallasten, Grundschulden, Rentenschulden.

§ 157. Die Vorschriften über die Zwangsvollstreckung in eine Forderung, für welche eine Hypothek besteht, finden auf die Zwangsvollstreckung in eine Reallast, eine Grundschuld oder eine Rentenschuld entsprechende Anwendung (§ 857 Abs. 6 der CPO.). Lautet der Grundschuldbrief oder der Rentenschuldbrief auf den Inhaber, so wird er wie ein gewöhnliches Inhaberpapier gepfändet und verwertet (§ 128 der Anw.).

Zwangsvollstreckung in Forderungen, welche die Herausgabe oder die Leistung von beweglichen, körperlichen Sachen zum Gegenstande haben.

§ 158. I. Bei der Zwangsvollstreckung in Forderungen, welche die Herausgabe oder Leistung beweglicher körperlicher Sachen zum Gegenstande haben, erfolgt die Pfändung und die Zustellung des Pfändungsbeschlusses in gleicher Weise wie bei der Zwangsvollstreckung in Geldforderungen (§§ 149 ff. der Anw.). Die Überweisung der Forderung an den Gläubiger erfolgt in der Weise, daß das Vollstreckungsgericht bei der Pfändung anordnet, daß die den Gegenstand der Forderung bildenden Sachen an einen von dem Gläubiger zu beauftragenden Gerichtsvollzieher herauszugeben seien.

II. Der mit der Übernahme der Sachen beauftragte Gerichtsvollzieher hat sich vom Gläubiger den Pfändungsbeschluß und die vollstreckbare Urkunde aushändigen zu lassen. Über die Übernahme der Sachen ist ein Protokoll aufzunehmen, in welchem die Sachen genau zu verzeichnen sind. Auf die Verwertung der Sachen finden die Vorschriften über die Verwertung gepfändeter Sachen (§§ 108 bis 128 der Anw.) Anwendung (§§ 846, 847 der CPO.). Von der Übernahme und gegebenenfalls von dem Versteigerungstermine sind der Gläubiger und der Schuldner durch Übersendung einer Protokollabschrift zu verständigen.

§ 159. Eine Zwangsvollstreckung gegen den Drittschuldner auf Herausgabe der Sachen findet auf grund des Schuldtitels, vermöge dessen die Zwangsvollstreckung gegen den Schuldner vorgenommen wird, und des die Herausgabe an den Gerichtsvollzieher anordnenden Beschlusses nicht statt. Der Gerichtsvollzieher hat daher, wenn der Drittschuldner die Herausgabe verweigert, lediglich ein Protokoll über die Verweigerung der Herausgabe aufzunehmen und dem Gläubiger zu überlassen, gegen den Drittschuldner vorzugehen.

§ 160. I. Ist eine Forderung, welche eine bewegliche körperliche Sache betrifft, für mehrere Gläubiger gepfändet, so ist der Drittschuldner berechtigt und auf Verlangen eines Gläubigers, welchem der Anspruch überwiesen wurde, verpflichtet, die Sache unter Anzeige der Sachlage und unter Aushändigung der ihm zugestellten Beschlüsse dem Gerichtsvollzieher herauszugeben, welcher nach dem ihm zuerst gestellten Beschlusse zur Empfangnahme der Sache ermächtigt ist. Hat der Gläubiger einen solchen Gerichtsvollzieher nicht bezeichnet oder ist die Pfändung für mehrere Gläubiger gleichzeitig bewirkt, so erfolgt dessen Ernennung auf Antrag des Drittschuldners von dem Amtsgerichte des Ortes, wo die Sache herauszugeben ist (§ 854 Abs. 1, 3 der CPO.). Der von dem ersten Gläubiger bezeichnete Gerichtsvollzieher hat von der erfolgten Übernahme der Sache die übrigen Gläubiger sogleich zu benachrichtigen und sich die vollstreckbaren Urkunden derselben aushändigen zu lassen. Ebenso hat der auf Antrag des Drittschuldners vom Vollstreckungsgericht ernannte Gerichtsvollzieher die Gläubiger von der Herausgabe der Sache zu benachrichtigen und sich die vollstreckbaren Urkunden aushändigen zu lassen.

II. Ist der Erlös zur Deckung der Forderungen nicht ausreichend, so finden bezüglich der Verteilung und der Hinterlegung desselben die nämlichen Bestimmungen wie bei der Zwangsvollstreckung in bewegliche körperliche Sachen (§ 147 der Anw.) Anwendung. Die Reihenfolge der Pfändungen bestimmt sich nach der Zeit der Zustellung des Pfändungsbeschlusses. Im Falle der Hinterlegung hat die Anzeige an das Amtsgericht zu erfolgen, dessen Beschluß dem Drittschuldner zuerst zugestellt ist (§ 54 Abs. 2 der CPO.). Wegen der Hinterlegung s. § 199.

Pfändung von Forderungen aus Wechseln und anderen indossabeln Papieren.

§ 161. Die Pfändung von Forderungen aus Wechseln und anderen Papieren, welche durch Indossament übertragen werden können, z. B. kaufmännischen Anweisungen und Verpflichtungsscheinen, Konossementen, Ladescheinen und Lagerscheinen, die an Order gestellt sind (vgl. § 363 des H. GB.), wird dadurch bewirkt, daß der Gerichtsvollzieher diese Papiere in Besitz nimmt (§ 831 der CPO.). Dabei finden die für die Pfändung beweglicher körperlicher Sachen geltenden Vorschriften Anwendung. Das weggenommene Papier hat der Gerichtsvollzieher in seinen Gewahrsam zu nehmen und nach §§ 176, 188 der Dienstvorschriften zu verwahren.

II. Da der Wert solcher Forderungen zweifelhaft ist, soll der Gerichtsvollzieher dieselben, sofern er nicht vom Gläubiger ausdrücklich dazu angewiesen ist, nur pfänden, wenn die Forderung des Gläubigers nicht durch Pfändung anderer Sachen gedeckt werden kann. Von der geschehenen Pfändung ist der Schuldner in gleicher Weise wie bei anderen Pfändungen in Kenntnis zu setzen. Dem Gläubiger ist sofort nach der Pfändung eine beglaubigte Abschrift des Pfändungsprotokolls zu übersenden.

III. Das Pfändungsprotokoll (§ 106 der Anw.) hat insbesondere zu enthalten:

1. eine genaue Bezeichnung der gepfändeten Forderung nach Art, Gegenstand, Betrag, Fälligkeit und Namen des Gläubigers und des Schuldners und die Bezeichnung des Papiers unter Angabe des Datums der Ausstellung,
2. die Erwähnung, daß das Papier von dem Gerichtsvollzieher in Besitz genommen ist.

IV. Die weitere Durchführung der Vollstreckung erfolgt wie bei anderen Forderungen durch das Vollstreckungsgericht auf Antrag des Gläubigers.

§ 162. Das Papier ist dem Gläubiger herauszugeben, sobald derselbe die Ausfertigung eines Beschlusses des Vollstreckungsgerichts vorlegt, durch welchen die gepfändete Forderung ihm überwiesen oder angeordnet ist, daß die den Gegenstand der Forderung bildenden Sachen an einen von dem Gläubiger zu beauftragenden Gerichtsvollzieher herauszugeben sind. Über die Herausgabe des Papieres hat der Gerichtsvollzieher sich von dem Gläubiger eine Empfangsbescheinigung ausstellen zu lassen. Wird das Papier dem Schuldner herausgegeben, weil die Forderung wieder freigegeben wird (§ 148 der Anw.), so hat der Gerichtsvollzieher sich von dem Schuldner die Empfangsbescheinigung ausstellen zu lassen.

Pfändung eines Anspruchs, welcher eine unbewegliche Sache betrifft.

§ 163. Die Zwangsvollstreckung in einen Anspruch, welcher eine unbewegliche Sache betrifft, erfolgt gleichfalls durch Zustellung eines gerichtlichen Pfändungsbeschlusses, auf welche die Bestimmungen über die Zustellung des Beschlusses, durch welchen Geldforderungen gepfändet werden, entsprechende Anwendung finden (§ 846 der CPO.). Die unbewegliche Sache wird an einen vom Amtsgerichte der belegenen Sache zu bestellenden Sequester herausgegeben (§§ 848, 855 der CPO.).

Besondere Art der Verwertung einer gepfändeten Forderung auf Anordnung des Gerichts.

§ 164. Unter den im § 844 der CPO. bestimmten Voraussetzungen kann das Vollstreckungsgericht an Stelle der

Überweisung (§§ 149, 153 bis 163 der Anw.) eine andere Art der Verwertung anordnen. Das Vollstreckungsgericht kann insbesondere die Versteigerung der Forderung oder den Verkauf derselben aus freier Hand anordnen, und dasselbe kann anordnen, daß die Versteigerung oder der Verkauf aus freier Hand durch einen Gerichtsvollzieher zu bewirken sei. Bei der Ausführung einer solchen Anordnung hat der Gerichtsvollzieher sich an die von dem Vollstreckungsgerichte getroffenen Bestimmungen zu halten.

Benachrichtigung, daß die Pfändung einer Forderung bevorsteht.

§ 165. I. Der Gläubiger, welcher die Pfändung einer Forderung seines Schuldners zu erwirken beabsichtigt, kann schon vor der Pfändung durch den Gerichtsvollzieher dem Drittschuldner und dem Schuldner die Benachrichtigung, daß die Pfändung bevorstehe, mit der Aufforderung an den Drittschuldner, nicht an den Schuldner zu zahlen, und mit der Aufforderung an den Schuldner, sich jeder Verfügung über die Forderung, insbesondere der Einziehung derselben zu enthalten, zu dem Zwecke zustellen lassen, um die Zwangsvollstreckung in die Forderung zu sichern und ein Vorzugsrecht an derselben zu erwerben (§§ 845, 846 der CPO.). Die Zustellung erfolgt nach den allgemeinen Vorschriften über Zustellungen. Die an den Drittschuldner und an den Schuldner zu richtenden Aufforderungen sind in die dem Gerichtsvollzieher von dem Auftraggeber zu übergebende schriftliche Benachrichtigung aufzunehmen. Der vorherigen Erteilung einer vollstreckbaren Ausfertigung und der Zustellung des Schuldtitels bedarf es nicht.

II. Die Zustellung an den Drittschuldner hat der Zustellung an den Schuldner voranzugehen, sofern nicht der Gläubiger verlangt, daß die letztere Zustellung zuerst stattfinden solle. Die Zustellung ist möglichst rasch auszuführen. Um dem Gläubiger das erstrebte Vorzugsrecht zu sichern, ist in der Zustellungsurkunde der Zeitpunkt der Zustellung genau anzugeben.

III. Die Bestimmung des Art. 193 des Gesetzes über das Gebührenwesen in der Fassung der Bekanntmachung vom 11. November 1899 findet auf diese Zustellung keine Anwendung.

Zwangsvollstreckung in andere Vermögensrechte.

§ 166. Auf die Zwangsvollstreckung in andere als die in den §§ 149 bis 163 genannten Vermögensrechte, welche nicht Gegenstand der Zwangsvollstreckung in das unbewegliche Vermögen sind, finden die Bestimmungen über die Zwangsvollstreckung in die in den §§ 149 bis 163 genannten Forderungen entsprechende Anwendung (§ 857 der CPO.). Ist ein Drittschuldner nicht vorhanden (z. B. bei Urheberrechten, Patentrechten), so ist die Pfändung mit dem Zeitpunkt als bewirkt anzusehen, in welchem dem Schuldner das Gebot, sich jeder Verfügung über das Recht zu enthalten, zugestellt ist. Bei der Zwangsvollstreckung in Nutzungen kann das Gericht eine Verwaltung anordnen. Zu diesem Behufe kann die zu benutzende Sache durch einen Gerichtsvollzieher dem Schuldner nach den für die Zwangsvollstreckung zur Erwirkung der Herausgabe von Sachen geltenden Bestimmungen (§ 167 der Anw.) auf grund des vollstreckbaren Schuldtitels und der Ausfertigung des die Verwaltung anordnenden Beschlusses weggenommen und dem Verwalter übergeben werden (§ 857 Abs. 4 der CPO.).

4. Zwangsvollstreckung zur Erwirkung der Herausgabe von Sachen und unselbständigen Personen.

a. Bewegliche Sachen.

§ 167. I. Hat der Schuldner eine bestimmte bewegliche Sache oder von bestimmten beweglichen Sachen (z. B. von dem auf seinem Speicher lagernden Weizen) eine Quantität herauszugeben, so erfolgt die Zwangsvollstreckung dadurch, daß die Sachen von dem Gerichtsvollzieher ihm weggenommen und dem Gläubiger übergeben werden (§ 883 Abs. 1 der CPO.). Die Übergabe der weggenommenen Sachen an den Gläubiger oder die Absendung derselben an den Gläubiger hat, soweit thunlich, in unmittelbarem Anschluß an die Wegnahme zu geschehen. Der Gerichtsvollzieher hat zu diesem Behufe die erforderlichen Vereinbarungen mit dem Gläubiger rechtzeitig vor der Ausführung der Zwangsvollstreckung zu treffen. Kann ausnahmsweise die Übergabe oder Absendung der Sachen nicht sogleich nach der Wegnahme erfolgen, so hat der Gerichtsvollzieher für die Aufbewahrung derselben in gleicher Weise wie für die Aufbewahrung gepfändeter Sachen (§§ 102, 103 der Anw.) zu sorgen.

II. In gleicher Weise erfolgt die Zwangsvollstreckung, wenn es sich nicht um die Herausgabe bestimmter Sachen, sondern um die Leistung einer bestimmten Quantität vertretbarer Sachen oder Wertpapiere (z. B. 100 Kilo Roggen, zwei Stück 4 proc. Bayerische Eisenbahn-Anlehens-Obligationen zu je 1000 Mark) handelt (§ 884 der CPO.). Der Gerichtsvollzieher hat bei dem Schuldner nach Sachen der bezeichneten Gattung zu suchen, von den vorgefundenen die bezeichnete Quantität wegzunehmen und sie dem Gläubiger zu übergeben.

§ 168. I. Das über die Vollstreckungshandlung aufzunehmende Protokoll (§ 79 der Anw.) hat insbesondere zu enthalten:

1. die Bezeichnung der dem Schuldner weggenommenen Sachen, nötigenfalls mit Angabe der Zahl, des Maßes oder des Gewichts, bei Wertpapieren mit Angabe des Nennwerts, der Nummern und der sonstigen Unterscheidungsmerkmale sowie der vorgefundenen Erneuerungs-, Zins-, Renten- und Gewinnanteilscheine;
2. die Angabe, daß die Übergabe oder Absendung an den Gläubiger erfolgt oder aus welchen Gründen dieselbe nicht erfolgt ist, und in welcher Weise im letzteren Falle für die Aufbewahrung der Gegenstände gesorgt ist.

II. Im Protokoll ist auch zu vermerken, wenn der Schuldner bestreitet, daß die weggenommenen Sachen die geschuldeten sind, oder wenn ein Dritter Rechte auf den Besitz der Sachen geltend macht.

§ 169. Ist der Schuldner zur Übertragung des Eigentums oder zur Bestellung eines Rechtes an einer beweglichen Sache verurteilt, so hat der Gerichtsvollzieher die Sache nach Maßgabe der vorstehenden Bestimmungen (§ 883 Abs. 1, § 884 der CPO.) wegzunehmen und sie an den Gläubiger abzuliefern. Mit der Wegnahme der Sache zum Zwecke der Ablieferung an den Gläubiger gilt die Übergabe (vgl. §§ 929, 1032, 1205 des BGB.) als erfolgt (§ 897 Abs. 1 der CPO.). In gleicher Weise hat der Gerichtsvollzieher, wenn der Schuldner zur Bestellung einer Hypothek, Grundschuld- oder Rentenschuld oder zur Abtretung oder Belastung einer Hypothekenforderung, Grundschuld oder Rentenschuld verurteilt ist, den Hypotheken-, Grundschuld oder Rentenschuldbrief wegzunehmen und an den Gläubiger abzuliefern. Der für die Bestellung, Abtretung oder Belastung der Hypothek, Grundschuld oder Rentenschuld erforderlichen Übergabe des Briefes (vgl. §§ 1117, 1154, 1192, 1274 des BGB.) ist die Wegnahme des Briefes gleichgestellt (§ 897 Abs. 2 der CPO.).

§ 170. Ist die versuchte Wegnahme ohne Erfolg geblieben, weil die herauszugebenden Sachen oder Sachen der bestimmten Art nicht oder nur zum Teil aufzufinden waren, so ist dies in einem Protokolle zu beurkunden.

b. Unbewegliche Sachen.

§ 171. I. Hat der Schuldner eine unbewegliche Sache oder ein bewohntes Schiff herauszugeben, zu überlassen oder zu räumen, so erfolgt die Zwangsvollstreckung dadurch, daß der Gerichtsvollzieher den Schuldner aus dem Besitze setzt und den Gläubiger in den Besitz einweist (§ 855 der CPO.). Die Entsetzung erstreckt sich auch auf die Familienangehörigen des Schuldners. Auf etwaige Untermieter (§ 556 Abs. 3 des BGB.) erstreckt sie sich nur dann, wenn auch gegen die Untermieter ein vollstreckbarer Titel vorliegt.

II. Ist eine von den zu entsetzenden Personen schwer erkrankt, so hat der Gerichtsvollzieher wegen deren Unterbringung die Mitwirkung der Ortspolizeibehörde nachzusuchen. Ist auf Räumung einer Wohnung erkannt, so darf die Zwangsvollstreckung erst beginnen, nachdem die dem Schuldner im Urteile gewährte Frist zur Räumung abgelaufen ist (§ 721 der CPO.).

§ 172. Regelmäßig ist zur Einweisung in den Besitz die Anwesenheit des Gläubigers oder eines Bevollmächtigten desselben erforderlich. Der Gerichtsvollzieher hat daher die erforderlichen Vereinbarungen mit dem Gläubiger rechtzeitig vor der Ausführung der Zwangsvollstreckung zu treffen. Die Anwesenheit des Gläubigers oder seines Vertreters ist nur dann nicht erforderlich, wenn der Gläubiger durch die Maßnahmen des Gerichtsvollziehers (z. B. durch die Übergabe der Schlüssel oder die Bestellung eines Hüters) in die Möglichkeit versetzt wird, die thatsächliche Gewalt über das Grundstück u. s. w. auszuüben.

§ 173. I. Sind mit der unbeweglichen Sache oder dem Schiffe auch Zubehörstücke herauszugeben, so hat der Gerichtsvollzieher auch diese dem Gläubiger oder dem Bevollmächtigten desselben zu übergeben.

II. Bewegliche Sachen, welche nicht Gegenstand der Zwangsvollstreckung d. h. weder mit herauszugeben noch wegen der Kosten zu pfänden sind, werden von dem Gerichtsvollzieher weggeschaft und dem Schuldner, oder, wenn dieser abwesend ist, einem Bevollmächtigten desselben oder einer zur Familie des Schuldners gehörigen oder in dieser Familie dienenden erwachsenen Person übergeben oder zur Verfügung gestellt. Ist weder der Schuldner noch eine der bezeichneten Personen anwesend, so hat der Gerichtsvollzieher die Sachen auf Kosten des Schuldners in das Pfandlokal zu schaffen oder anderweit nach den für die Verwahrung gepfändeter Sachen geltenden Vorschriften (§§ 102, 103 der Anw.) in Verwahrung zu bringen. Verzögert der Schuldner die Abforderung, so hat der Gerichtsvollzieher an das Vollstreckungsgericht Anzeige zu erstatten, damit dasselbe den Verkauf der Sachen und die Hinterlegung des Erlöses anordne (§ 88 Abs. 4 der CPO.). Der Verkauf erfolgt nach den für den Verkauf gepfändeter Sachen geltenden Vorschriften und den vom Vollstreckungsgerichte getroffenen Anordnungen.

§ 174. Das über die Vollstreckungshandlung aufzunehmende Protokoll (§ 79 der Anw.) hat insbesonderes zu enthalten:

1. die Bezeichnung der herausgegebenen, überlassenen oder geräumten Sache und der mit derselben übergebenen Zugehörungen und Inventarstücke;
2. die Bezeichnung der Maßregeln, welche getroffen worden sind, um den Schuldner aus dem Besitze zu setzen und den Gläubiger oder dessen Bevollmächtigten in den Besitz einzuweisen;
3. wenn Sachen des Schuldners in Verwahrung gebracht sind, die Bezeichnung der Sachen, die Angabe des Grundes der Verwahrung und die Angabe, wie über die Unterbringung derselben verfügt ist oder verfügt werden soll;
4. die Bezeichnung der Personen, welche der Vollstreckung beigewohnt haben.

c. Unselbständige Personen.

§ 175. Bei der Zwangsvollstreckung zur Erwirkung der Herausgabe eines Kindes oder einer anderen unselbständigen Person finden die Vorschriften über die Zwangsvollstreckung zur Erwirkung der Herausgabe beweglicher Sachen (§ 167 der Anw.) entsprechende Anwendung.

5. Zwangsvollstreckung zur Beseitigung des vom Schuldner gegen die Vornahme einer von ihm zu duldenden Handlung geleisteten Widerstandes.

§ 176. I. Leistet der Schuldner Widerstand gegen die Vornahme einer Handlung, welche er nach dem vollstreckbaren Schuldtitel zu dulden hat, so kann der Gläubiger zur Beseitigung des Widerstandes einen Gerichtsvollzieher zuziehen, welcher nötigenfalls Gewalt anzuwenden hat (§ 892 der CPO.).

II. Der zugezogene Gerichtsvollzieher hat sich die vollstreckbare Ausfertigung des Schuldtitels aushändigen zu lassen und sich aus derselben genau zu vergewissern, welche Handlung der Gläubiger vorzunehmen oder vornehmen zu lassen berechtigt und der Schuldner zu dulden verpflichtet ist. Wird die Anwendung von Gewalt erforderlich, so sind die Vorschriften in den §§ 72, 73 zu beobachten. Die Zwangsmaßregeln dürfen über das zur Beseitigung des Widerstandes notwendige Maß nicht hinausgehen.

III. Das über die Vollstreckungshandlung aufzunehmende Protokoll (§ 79 der Anw.) hat insbesondere zu enthalten:

1. die Bezeichnung der Handlung, zu deren Duldung der Schuldner angehalten ist;
2. die Angabe der angewendeten Zwangsmaßregeln.

6. Haft.

Verhaftung des Schuldners.

§ 177. I. Die Haft des Schuldners wird von dem Gericht angeordnet, um den Schuldner zur Leistung des in §§ 807, 883 der CPO. bezeichneten oder des ihm nach dem bürgerlichen Rechte obliegenden Offenbarungseids zu zwingen (§§ 889, 901 der CPO.) oder um die Vornahme einer Handlung, zu der er verurteilt ist, herbeizuführen (§ 888 der CPO.).

II. Das Gericht hat bei Anordnung der Haft einen Haftbefehl zu erlassen, in welchem der Gläubiger, der Schuldner und der Grund der Verhaftung zu bezeichnen sind (§ 908 der CPO.). Die Verhaftung des Schuldners erfolgt durch einen von dem Gläubiger beauftragten Gerichtsvollzieher (§ 909 der CPO.). Die Haft gegen eine dem aktiven Heere oder der aktiven Marine angehörende Militärperson (vgl. § 74 der Anw.) wird jedoch auf Ersuchen des Gerichts durch die vorgesetzte Militärbehörde (Bekanntmachung vom 10. Mai 1880, JMBl., S. 197) vollstreckt (§ 912 der CPO.). Der Gerichtsvollzieher darf die Verhaftung nur auf grund der vollstreckbaren Urkunde und des Haftbefehls vornehmen.

§ 178. I. Die Haft ist gegen die im § 904 der CPO. genannten Personen unter den dort bezeichneten Voraussetzungen unstatthaft. Der Gerichtsvollzieher darf, wenn einer dieser Fälle eingetreten ist, die Verhaftung nicht vornehmen.

II. Gegen einen Schuldner, dessen Gesundheit durch die Vollstreckung der Haft einer nahen und erheblichen Gefahr ausgesetzt wird, darf, so lange dieser Zustand dauert, die Haft nicht vollstreckt werden (§ 906 der CPO.). Der Gerichtsvollzieher darf die Verhaftung aus diesem Grunde nur unterlassen, wenn er sich durch den Augenschein überzeugt, daß die Gesundheit des Schuldners durch die Vollstreckung der Haft einer nahen und erheblichen Gefahr ausgesetzt würde, oder wenn dies durch das Zeugnis eines amtlichen Arztes nachgewiesen ist.

III. Vor der Verhaftung eines Beamten, eines Geistlichen oder eines Lehrers an öffentlichen Unterrichtsanstalten ist der vorgesetzten Dienstbehörde von dem Gerichtsvollzieher Anzeige zu machen. Die Verhaftung darf erst erfolgen, nachdem die vorgesetzte Behörde den Gerichtsvollzieher in Kenntnis gesetzt hat, daß die für die dienstliche Vertretung des Schuldners erforderlichen Anordnungen getroffen sind (§ 910 der CPO.).

§ 179. I. Da die Aufnahme des Schuldners in das Gefängnis — abgesehen von dem Falle, daß dem Gläubiger das Armenrecht bewilligt ist (§ 115 der CPO.), — unstatthaft ist, wenn die Kosten, welche durch die Haft entstehen, einschließlich der Verpflegungskosten, nicht mindestens für einen Monat vorausgezahlt sind (§ 911 der CPO.), so muß der Gerichtsvollzieher, ehe er zur Verhaftung schreitet, sich von dem Gläubiger die Quittung des Gerichtsschreibers über diesen

Betrag oder den erforderlichen Betrag selbst zur Leistung der Zahlung an den Gerichtsschreiber aushändigen lassen (vgl. § 24 der Bekanntmachung vom 23. Juli 1883, JMBl. S. 194).

II. Der mit der Zahlung der Kosten der Haft an den Gerichtsschreiber beauftragte Gerichtsvollzieher hat sich über die geleistete Zahlung eine Quittung ausstellen zu lassen. Wird der Haftkostenvorschuß erneuert, so ist die Quittung hierüber dem Gefängniswärter auszuhändigen.

§ 180. Die Verhaftung ist so vorzunehmen, daß jedes unnötige Aufsehen vermieden wird. Ist der Schuldner dem Gerichtsvollzieher nicht bekannt, so ist zur Feststellung der Person ein glaubwürdiger Zeuge zuzuziehen. Bei der Verhaftung muß der Haftbefehl dem Schuldner vorgezeigt und auf Begehren abschriftlich mitgeteilt werden (§ 909 der CPO.). Wird Widerstand geleistet, so ist nach den in den §§ 72, 73 enthaltenen Vorschriften zu verfahren. Der verhaftete Schuldner ist sofort in das Gefängnis des Amtsgerichts, in dessen Bezirke die Verhaftung erfolgt ist, oder, wenn am Sitze dieses Amtsgerichts sich ein Landgericht befindet, in das Landgerichtsgefängnis abzuliefern und dort dem Gefängniswärter zu übergeben. Der Haftbefehl und die Quittung des Gerichtsschreibers über die Zahlung der Haftkosten sind dem Gefängniswärter auszuhändigen (vgl. § 1 der K. Verordnung vom 3. Juni 1879, JMBl. S. 237, § 1 der K. Verordnung vom 3. Dezember 1881, JMBl. S. 454, §§ 1, 2 der Bekanntmachung vom 6. Dezember 1881, JMBl. S. 483).

§ 181. I. Das über die Verhaftung aufzunehmende Protokoll (§ 79 der Anw.) hat insbesondere zu enthalten:

1. die Bezugnahme auf den Haftbefehl;
2. die Erwähnung, daß der Haftbefehl dem Schuldner bei der Verhaftung vorgezeigt ist;
3. die Erwähnung, daß der Schuldner verhaftet und in das Gefängnis abgeliefert ist.

II. Das Protokoll ist auch von dem Gefängniswärter zu unterzeichnen.

III. Muß die versuchte Verhaftung aus einem der im § 178 Abs. 1 und 2 bezeichneten Gründe unterlassen werden, so ist ein Protokoll aufzunehmen, in welchem der Hinderungsgrund anzugeben ist.

§ 182. Wenn der Schuldner infolge der Aufforderung des Gerichtsvollziehers die ihm nach dem Schuldtitel obliegende Leistung bewirkt, so unterbleibt die Verhaftung. Erklärt sich der Schuldner zur Leistung des Offenbarungseids bereit, so hat der Gerichtsvollzieher ihn, soweit dies thunlich erscheint, sogleich dem Vollstreckungsgerichte vorzuführen. In dem Protokoll ist die Leistung des Schuldners beziehungsweise die Vorführung vor das Vollstreckungsgericht und die von diesem etwa verfügte Freilassung des Schuldners zu vermerken.

Nachverhaftung.

§ 183. I. Die Verhaftung kann auch erfolgen, wenn der Schuldner sich bereits in Haft befindet (Nachverhaftung). Die Nachverhaftung erfolgt in der Weise, daß der Gerichtsvollzieher sich zu dem Schuldner in das Gefängnis begibt und ihm unter Vorzeigung des Haftbefehls erklärt, daß er ihn weiter verhafte. An die Stelle der Ablieferung des Schuldners in das Gefängnis tritt die Mitteilung des Gerichtsvollziehers an den Gefängniswärter, daß der Schuldner weiter verhaftet und die Haft nach Beendigung der infolge der früheren Verhaftung zu vollstreckenden Haft zu vollstrecken sei. Im übrigen wird die Nachverhaftung in gleicher Weise wie die erste Verhaftung ausgeführt.

II. Die Verhaftung einer in Untersuchungs- oder Strafhaft befindlichen Person findet erst nach Beendigung der Untersuchungs- oder Strafhaft statt. Um die Verhaftung rechtzeitig vornehmen zu können, hat der Gerichtsvollzieher sich nötigenfalls mit dem Beamten, welchem die Aufsicht über das Gefängnis zusteht (bei Landgerichtsgefängnissen dem ersten Staatsanwalte, bei Amtsgerichtsgefängnissen und landgerichtlichen Aushilfsgefängnissen dem Amtsrichter) zu benehmen.

Haftbefehl gegen Zeugen.

§ 184. I. Ist gegen einen Zeugen zur Erzwingung des Zeugnisses die Haft angeordnet (§ 390 Abs. 2 der CPO.), so finden die Vorschriften über die Zwangshaft im Vollstreckungsverfahren (§§ 177 ff. der Anw.) Anwendung. Der Auftrag zur Verhaftung wird dem Gerichtsvollzieher von der Partei erteilt, die den Antrag auf Erlaß des Haftbefehls gestellt hat. Der Gerichtsvollzieher wird zu der Verhaftung durch den Besitz des gerichtlichen Haftbefehls ermächtigt. In Entmündigungssachen kann das Gericht die Haft auch von

Amtswegen anordnen (§ 653 Abs. 2, § 680 Abs. 3 der CPO.).

II. Davon zu unterscheiden ist der Fall, daß ein Zeuge wegen unentschuldigten Ausbleibens oder unberechtigter Verweigerung des Zeugnisses zu einer Geldstrafe und für den Fall der Uneinbringlichkeit in eine Haftstrafe verurteilt ist (§ 380 Abs. 1, § 390 Abs. 1 der CPO.). Wegen der Vollstreckung der Haftstrafe in diesem Falle s. § 208 der Anweisung.

III. Auf die zwangsweise Vorführung eines Zeugen (§ 380 Abs. 2 der CPO.) finden die Vorschriften über die Zwangshaft in Vollstreckungssachen Anwendung. Wegen der Vollstreckung der Haft gegen den Gemeinschuldner im Konkurse s. § 198 Abs. 2 der Anw.

7. Zwangsvollstreckung in das unbewegliche Vermögen.

Bis zur Grundbuchanlegung.

§ 185. I. Für die Zwangsvollstreckung in das unbewegliche Vermögen sind bis zu dem Zeitpunkt, in welchem für einen Bezirk das Grundbuch als angelegt anzusehen ist, die Subhastationsordnung vom 23. Februar 1879 und die Novelle zu dieser vom 29. Mai 1886 maßgebend (§ 1 des EG. zum ZVG., Art. 52, 53 des AG. zur GBO. und zum ZVG.).

II. In Ansehung der Thätigkeit des Gerichtsvollziehers bei der Zwangsvollstreckung in das unbewegliche Vermögen gelten bis zur Grundbuchanlegung die Vorschriften der §§ 186, 187, von da an die Vorschriften des § 188.

§ 186. I. Die Zwangsvollstreckung in das unbewegliche Vermögen (Art. 2 der SO.) erfolgt durch das Vollstreckungsgericht und den von diesem zum Versteigerungsbeamten ernannten Notar.

II. Der Gerichtsvollzieher kann von dem Vollstreckungsgerichte beauftragt werden, die zur Ermittelung der Mieter oder Pächter des beschlagnahmten Grundstücks erforderlichen Erhebungen vorzunehmen (Art. 38 der SO., § 13 Abs. 2 der GVO.) und bewegliche Zugehörungen und Früchte zu versteigern (Art. 36 der SO.). Die Ermittelungen nimmt er in seiner Eigenschaft als Amtsgerichtsdiener vor.

III. Bei der Ermittelung der Mieter oder Pächter hat der Gerichtsvollzieher sich nach den Namen derselben zu erkundigen und zu erforschen, welchen Betrag an Miete oder Pachtgeld die einzelnen Mieter oder Pächter zu bezahlen haben, welche Vorauszahlungen geleistet sind und welche Rückstände bestehen. Über das Ergebnis der gepflogenen Erhebungen ist an das Vollstreckungsgericht schriftlicher Bericht zu erstatten.

IV. Die Versteigerungen der beweglichen Zugehörungen und Früchte erfolgt nach den für die Versteigerung bei der Zwangsvollstreckung in dieselben geltenden Bestimmungen und den von dem Vollstreckungsgerichte getroffenen Anordnungen.

V. Sind bewegliche Zugehörungen Gegenstand der Beschlagnahme, so ist auf Antrag eines Beteiligten ein Gerichtsvollzieher zu beauftragen, ein Verzeichnis derselben anzufertigen (Art. 37 der SO.).

VI. Der Gerichtsvollzieher hat ferner im Auftrage des Versteigerungsbeamten die Versteigerungsbekanntmachung spätestens einen Monat vor dem Termin in der Gemeinde, in welcher das beschlagnahmte Grundstück gelegen ist, in der Pfalz überdies in der Gemeinde des Wohnorts des Schuldners, falls derselbe in einer anderen Gemeinde der Pfalz wohnt, an dem hiefür üblichen Platze anzuheften (Art. 64 Abs. 1 Nr. 1 der SO.).

§ 187. I. In der Pfalz kann der Gläubiger, welcher die Zwangsvollstreckung in das unbewegliche Vermögen des Schuldners oder Drittbesitzers zu beantragen beabsichtigt, den Gerichtsvollzieher mit Genehmigung des Amtsrichters, dessen dienstlicher Aufsicht derselbe unterstellt ist, beauftragen, die zur Vorbereitung des Beschlagnahmegesuchs erforderlichen Ermittelungen über die Eigentumsverhältnisse vorzunehmen. Der Zweck dieser Ermittelung ist der, den Gläubiger in den Stand zu setzen, sich die nach Art. 27 Ziff. 3 der SO. zur Begründung des Beschlagnahmegesuchs erforderlichen Urkunden, nämlich einen Auszug aus dem Grundsteuerkataster, woraus der Eigentumserwerb des Schuldners oder Drittbesitzers und, soweit nötig, ihrer Rechtsvorgänger ersichtlich ist, oder, wenn der Eigentumserwerb noch nicht im Kataster eingetragen ist, einen den Eigentumserwerb nachweisenden Auszug aus den Registrirungsbüchern oder sonstige den Erwerb bescheinigende Schriftstücke zu verschaffen. Daneben ist gegebenenfalls auch noch zu erforschen, ob nach den Belastungsverhältnissen von der Zwangsvollstreckung in das Grundstück ein Ergebnis für den Gläubiger zu erwarten ist. Die Erhebungen sind insbesondere bei den

Rentämtern, den Hypothekenbewahrern, den Notaren, den Bürgermeistern und den Steuereinnehmern, erforderlichenfalls auch durch Nachfrage bei anderen verlässigen Personen, von welchen sachdienliche Aufschlüsse zu erwarten sind, vorzunehmen. Der mit solchen Erhebungen beauftragte Gerichtsvollzieher kann das dem Gläubiger, welcher sich im Besitze einer vollstreckbaren Urkunde befindet, zustehende Recht, von den öffentlichen Büchern, Plänen und Urkunden, welche das unbewegliche Vermögen des Schuldners oder Drittbesitzers betreffen, an den einschlägigen Stellen Einsicht zu nehmen (Art. 13 der SO.), Namens des Auftraggebers ausüben. Zum Nachweise der Vollmacht genügt der Besitz der vollstreckbaren Urkunde.

II. Der Gerichtsvollzieher darf solche Erhebungen außerhalb des Bezirkes des Amtsgerichts, bei welchem er aufgestellt ist, nicht persönlich vornehmen.

Von der Grundbuchanlegung an.

§ 188. I. Auch nach der Grundbuchanlegung erfolgt die Zwangsvollstreckung in das unbewegliche Vermögen auf grund des ZVG. durch das Vollstreckungsgericht und den von diesem zum Versteigerungsbeamten ernannten Notar.

II. Der Gerichtsvollzieher kann von dem Vollstreckungsgerichte beauftragt werden, eine Forderung oder eine bewegliche Sache besonders zu versteigern oder in anderer Weise, z. B. durch freihändigen Verkauf, zu verwerten (§ 65 des ZVG.). Die Vorschriften der §§ 817, 820 der CPO. finden Anwendung. Der Erlös ist von dem Gerichtsvollzieher zu hinterlegen (s. § 199 der Anw.).

III. Der Gerichtsvollzieher hat ferner auf grund des Beschlusses, durch welchen der Zuschlag erteilt wird (§ 52 Nr. 9 der Anw.), gegen den Besitzer des Grundstücks oder einer mitversteigerten Sache die Zwangsvollstreckung auf Räumung und Herausgabe zu bewirken (§ 93 des ZVG.). Die Zwangsvollstreckung geschieht im Auftrage des Erstehers nach den Vorschriften der §§ 171 ff. der Anweisung.

IV. In den Fällen des § 94 Abs. 2 und des § 150 Abs. 2 des ZVG. kann der Gerichtsvollzieher von dem Vollstreckungsgerichte beauftragt werden, ein Grundstück dem Zwangsverwalter zu übergeben. Der Gerichtsvollzieher hat alsdann unter Beachtung der Vorschriften der §§ 171 ff. der Anweisung den Schuldner aus dem Besitz zu entsetzen und den Zwangsverwalter in den Besitz einzuweisen. Er ist zur Vornahme dieser Handlungen durch den gerichtlichen Auftrag ermächtigt. Der Auftrag ist dem Schuldner oder der an Stelle des Schuldners angetroffenen Person vorzuzeigen und auf Verlangen in Abschrift mitzuteilen; einer Zustellung des Auftrags bedarf es nicht. Wohnt der Schuldner auf dem Grundstücke, so sind ihm die für seinen Hausstand unentbehrlichen Räume zu belassen, sofern das Vollstreckungsgericht nicht ein Anderes bestimmt hat (§ 149 des ZVG.).

V. Mit der Anheftung der Terminsbestimmung in der Gemeinde, in deren Bezirk das Grundstück liegt (§ 39 Abs. 2 des ZVG., Art. 26 des AG. zur GBO. und zum ZVG.), kann auch der Gerichtsvollzieher beauftragt werden (§ 10 Nr. 1 GVO.). Die Anheftung hat an der für amtliche Bekanntmachungen bestimmten Stelle der Gemeinde zu erfolgen.

VI. Eine Aufzeichnung der beweglichen Zugehörungen sowie eine Ermittelung der Mieter und Pächter des beschlagnahmten Grundstücks findet nicht mehr statt.

8. Vollziehung des Arrestes und einstweiliger Verfügungen.

§ 189. I. Der Arrest findet wegen einer Geldforderung oder wegen eines Anspruchs, welcher in eine Geldforderung übergehen kann, zur Sicherung einer künftig in das Vermögen des Schuldners vorzunehmenden Zwangsvollstreckung statt (§ 916 der CPO.).

II. Auf die Vollziehung eines Arrestes finden die Vorschriften über die Zwangsvollstreckung vorbehaltlich der in den nachfolgenden Paragraphen erwähnten Abweichungen entsprechende Anwendung (§ 928 der CPO.). Demgemäß obliegt die Vollziehung des Arrestes den Gerichtsvollziehern soweit, als sie durch Maßregeln zu erfolgen hat, welche bei der Zwangsvollstreckung zu ihrem Wirkungskreise gehören.

§ 190. I. Der Arrest wird auf grund des von dem Gericht erlassenen Arrestbefehls vollzogen. Der Arrestbefehl wird dem Gläubiger von dem Gerichte durch Verkündung oder durch Zustellung von Amtswegen zugestellt. Dem Schuldner ist er auf Betreiben des Gläubigers durch den Gerichtsvollzieher zuzustellen (§ 922 der CPO.).

II. Der Vollstreckungsklausel bedarf der Arrestbefehl nur in dem im § 53 Satz 2 erwähnten Falle.

§ 191. I. Die Vollziehung des Arrestbefehls ist unstatthaft, wenn seit dem Tage, an welchem der Befehl verkündet oder der nicht verkündete Befehl der Partei, auf deren Gesuch derselbe erging, zugestellt ist, zwei Wochen verstrichen sind (§ 929 Abs. 2 der CPO.). Der Gerichtsvollzieher hat zu prüfen, ob die Vollziehung hienach noch statthaft ist. Der Tag der Verkündung des Befehls ist in der Ausfertigung anzugeben; der Tag der Zustellung des nicht verkündeten Befehls an den Gläubiger ist auf dem Briefumschlage vermerkt, in welchem die Ausfertigung des Arrestbefehls dem Gläubiger zugestellt worden ist.

II. Die Vollziehung des Arrestbefehls ist vor der Zustellung des Arrestbefehls und, falls eine Vollstreckungsklausel erteilt ist, vor der Zustellung der Klausel an den Schuldner zulässig. Die Wirksamkeit der Vollziehung hängt jedoch davon ab, daß die Zustellung des Arrestbefehls und, wenn eine Vollstreckungsklausel erteilt ist, der Klausel und der in ihr erwähnten die Rechtsnachfolge beweisenden Urkunden (s. § 62 der Anw.) innerhalb einer Woche nach der Vollziehung des Arrestes und zugleich vor Ablauf der im vorhergehenden Absatz erwähnten zweiwöchigen Frist erfolgt (§ 929 Abs. 3 der CPO.).

III. Die Berechnung dieser Fristen bestimmt sich nach § 187 Abs. 1, § 188 des BGB. (§ 222 Abs. 1 der CPO.). Die zweiwöchige Frist z. B. endigt also mit dem Ablauf des vierzehnten Tages. Dabei wird der Tag der Verkündung oder Zustellung nicht mitgezählt. Fällt das Ende der Frist auf einen Sonntag oder allgemeinen Feiertag, so endigt die Frist mit Ablauf des nächstfolgenden Werktags (§ 222 Abs. 2 der CPO.).

§ 192. I. Durch die Hinterlegung des in dem Arreste festgestellten Geldbetrags wird die Vollziehung des Arrestes gehemmt und Schuldner zu dem Antrag auf Aufhebung des vollzogenen Arrestes berechtigt (§ 923 der CPO., vergl. § 82 der Anw.).

II. Der Gerichtsvollzieher hat mithin, falls ihm der Schuldner die Hinterlegung durch die Empfangsbescheinigung der Hinterlegungsstelle oder des Amtsgerichts, bei welchem eine vorläufige Verwahrung stattfindet (§ 19, § 40 Nr. 6 der Hinterlegungsordnung vom 18. Dezember 1899, JMBl.

S. 1057), nachweist, die Vollziehung des Arrestbefehls zu unterlassen; geschieht die Hinterlegung später, so hat der Gerichtsvollzieher den Schuldner mit dem Antrag auf Aufhebung des Arrestes an das Gericht zu verweisen.

§ 193. Sind in dem Arrestbefehle die Gegenstände bezeichnet, in welche der Arrest zu vollziehen ist, so darf er nur in diese Gegenstände vollzogen werden. Einen Arrestbefehl, welcher eine solche Bezeichnung nicht enthält, hat der Gerichtsvollzieher, sofern nicht der Gläubiger eine andere Anweisung gegeben hat, in bewegliche körperliche Sachen des Schuldners zu vollziehen.

§ 194. I. Die Vollziehung des Arrestes in bewegliches Vermögen wird durch Pfändung bewirkt. Die Pfändung erfolgt nach denselben Grundsätzen wie jede andere Pfändung und begründet ein Pfandrecht mit den nämlichen Wirkungen, welche dem durch die Pfändung in der Zwangsvollstreckung begründeten Pfandrechte zukommen (§ 930 der CPO.).

II. Die Pfändung ist so weit auszudehnen, als es zur Deckung des Gläubigers wegen seiner Forderung samt Zinsen und Kosten erforderlich ist.

III. Gepfändetes Geld ist zu hinterlegen (§ 119 der Anw.). Das Gleiche hat mit dem Betrage zu geschehen, welcher im Falle einer für einen anderen Gläubiger in den nämlichen Gegenstand durchgeführten Zwangsvollstreckung aus dem Erlös auf den Arrestgläubiger trifft (§ 930 Abs. 2 der CPO.).

IV. Andere gepfändete Sachen sind bis zum Austrage der Sache zu verwahren. Eine Veräußerung der Pfandstücke findet auf grund des Arrestbefehls nicht statt. Die Verwahrung erfolgt in der nämlichen Weise wie die Verwahrung der zum Zwecke der Zwangsvollstreckung gepfändeten Sachen. Die Sorge für die Verwahrung obliegt dem Gerichtsvollzieher.

V. Das Vollstreckungsgericht kann auf Antrag anordnen, daß eine bewegliche körperliche Sache, wenn sie der Gefahr einer beträchtlichen Wertverringerung ausgesetzt ist, oder wenn ihre Aufbewahrung unverhältnismäßige Kosten verursachen würde, versteigert und der Erlös hinterlegt werde (§ 930 Abs. 3 der CPO.). Erachtet der Gerichtsvollzieher eine solche Anordnung für veranlaßt, so hat er den Gläubiger nötigenfalls darauf aufmerksam zu machen, damit dieser den Antrag stellt. Die angeordnete Versteigerung erfolgt nach den für die Versteigerung in der Zwangsvollstreckung geltenden Bestimmungen und den besonderen Anordnungen des Gerichts.

§ 195. I. Die Verhaftung des Schuldners zur Vollziehung des persönlichen Sicherheitsarrestes (§ 918 der CPO.) erfolgt auf grund des die Haft anordnenden Arrestbefehls. Ist der Arrestbefehl noch nicht zugestellt, so wird der Gerichtsvollzieher durch den Besitz des Haftbefehls zu der Verhaftung des Schuldners ermächtigt. Die Verhaftung ist unzulässig, wenn der Schuldner die Hinterlegung des in dem Haftbefehle bezeichneten Geldbetrags dem Gerichtsvollzieher nachweist.

II. Zum Zwecke des persönlichen Sicherheitsarrests können von dem Gericht auch andere Maßregeln, z. B. die Beschlagnahme von Legitimationspapieren, angeordnet werden (§ 933 der CPO.). Bei der Ausführung solcher Maßregeln hat der Gerichtsvollzieher die von dem Gerichte getroffenen Anordnungen genau zu befolgen. Die im § 178 der Anweisung erwähnten Beschränkungen der Haft finden auch bei solchen Maßregeln entsprechende Anwendung.

§ 196. I. Einstweilige Verfügungen finden zur Sicherung der künftigen Zwangsvollstreckung wegen eines auf Herausgabe von Sachen gerichteten Anspruchs und zum Zwecke der Regelung eines einstweiligen Zustandes in Bezug auf ein streitiges Rechtsverhältnis statt (§§ 935, 940 der CPO.). Die Anordnungen, welche zur Erreichung des Zweckes erforderlich sind, werden von dem Gericht in der einstweiligen Verfügung bestimmt (§ 938 der CPO.).

II. Die Vollziehung der einstweiligen Verfügung geschieht nach den in der gerichtlichen Verfügung getroffenen Anordnungen und in der nämlichen Weise wie die Ausführung von Vollstreckungshandlungen gleichen Inhalts. Die Vorschriften des § 194 der Anweisung über die Vollziehung des Arrestes finden Anwendung (§ 936 der CPO.). Insbesondere darf auch bei einstweiligen Verfügungen die Vollziehung vor der Zustellung der Verfügung und gegebenenfalls der Vollstreckungsklausel beginnen.

§ 197. Wegen der Gebühren und Auslagen, die durch die Vollziehung eines Arrestes oder einer einstweiligen Verfügung entstehen, hat sich der Gerichtsvollzieher an seinen Auftraggeber zu halten; ihre Beitreibung von dem Schuldner ist auf grund des Befehls nicht zulässig.

§ 198. I. Einstweilige Verfügungen können auch vom Konkursgerichte vor Eröffnung des Konkursverfahrens zur Sicherung der Masse erlassen werden (§ 106 der KO.). Die Vollziehung erfolgt auf Anordnung des Gerichts.

II. Im Falle der Anordnung der Haft ist die Aufnahme des Schuldners in das Gefängnis nicht von der Vorauszahlung der durch die Haft entstehenden Kosten (vgl. § 911 der CPO.) abhängig. Das Gleiche gilt bei der vom Konkursgerichte während des Konkursverfahrens angeordneten Haft des Gemeindeschuldners (§ 101 der KO.).

9. Hinterlegung.

§ 199. I. Der Gerichtsvollzieher hat das gepfändete Geld sowie den durch die Verwertung der Pfandstücke erzielten Erlös nach Abzug der Kosten der Zwangsvollstreckung in folgenden Fällen zu hinterlegen:

1. wenn dem Schuldner im Urteile nachgelassen ist, die Zwangsvollstreckung durch Sicherheitsleistung oder durch Hinterlegung abzuwenden (§ 720 der CPO., § 108 Abs. 3, § 146 Abs. 1 der Anw.);
2. wenn dem Gerichtsvollzieher glaubhaft gemacht wird, daß an dem gepfändeten Gelde ein die Veräußerung hinderndes Recht eines Dritten bestehe (§ 815 Abs. 2 der CPO., § 97 Abs. 3 der Anw.);
3. wenn ein gerichtliches Verteilungsverfahren erforderlich wird (§ 827 Abs. 2, 3, § 854 Abs. 2, 3, § 872 der CPO., §§ 91, 147, 160 Abs. 2 der Anw.);
4. wenn im Verfahren zum Zwecke der Zwangsversteigerung eines Grundstücks eine Forderung oder eine andere bewegliche Sache besonders versteigert oder in anderer Weise verwertet worden ist (§ 65 des ZVG., § 188 Abs. 2 der Anw.);
5. wenn auf Grund eines Arrestbefehls Geld gepfändet oder zufolge gerichtlicher Anordnung eine andere Sache versteigert, oder in einem anhängigen Verteilungsverfahren auf den Arrestgläubiger ein Betrag von

dem Erlöse der Pfandstücke entfallen ist (§ 930 Abs. 2, 3 der CPO., § 194 Abs. 3, 5 der Anw.);

6. wenn das Gericht die Hinterlegung angeordnet hat (z. B § 805 Abs. 4, § 885 Abs. 4 der CPO.) oder die Zwangsvollstreckung auf Grund eines Schuldtitels erfolgt, welcher dem Schuldner eine Sicherheitsleistung oder Hinterlegung auferlegt (z. B. §§ 853, 856 der CPO.);
7. wenn die Auszahlung aus Gründen, die in der Person des Empfangsberechtigten liegen, nicht bewirkt werden kann (§ 372 des BGB.).

II. Die Hinterlegung ist, sobald feststeht, daß sie erforderlich ist, unverzüglich zu bewirken. Sie erfolgt in Gemäßheit der in der Hinterlegungsordnung vom 18. Dezember 1899 (JMBl. S. 1057) enthaltenen Vorschriften auf grund der von dem Gerichtsvollzieher auszustellenden Hinterlegungserklärung (§ 13 der Hinterlegungsordnung).

§ 200. Ist die Hinterlegung auf Anordnung des Gerichts (§ 199 Nr. 6 der Anw.) oder behufs Herbeiführung eines gerichtlichen Verteilungsverfahrens (§ 199 Nr. 3) oder im Zwangsversteigerungsverfahren (§ 199 Nr. 4) erfolgt, so ist dem Gerichte vom Gerichtsvollzieher Anzeige über die Hinterlegung zu machen; die Hinterlegungsbescheinigung ist dem Gerichte vorzulegen. Im Falle des § 199 Nr. 3 sind der Anzeige die auf das Verfahren sich beziehenden Schriftstücke beizufügen (§ 827 Abs. 2, § 854 Abs. 2 der CPO.). Die Vollstreckungstitel sind an das Vollstreckungsgericht auf dessen Verlangen abzugeben (§ 158 der Dienstvorschriften).

III. Vollstreckung gerichtlicher Anordnungen in Angelegenheiten der freiwilligen Gerichtsbarkeit.

§ 201. Nach Art. 130 des AG. zum BGB. ist in den Angelegenheiten der freiwilligen Gerichtsbarkeit die Anwendung unmittelbaren Zwanges zum Vollzug einer Verfügung zulässig, durch welche

1. die Herausgabe oder Vorlegung einer Sache, z. B. eines Erbscheins, dessen Einziehung nach § 2361 Abs. 1 des BGB. angeordnet ist, oder eines Testaments, zu dessen Ablieferung der Besitzer nach § 2259 Abs. 1 des BGB. verpflichtet ist,

2. die Herausgabe der Person eines Kindes, Mündels oder Pfleglings oder
3. eine Maßregel angeordnet wird, deren Ausführung im Falle des Ungehorsams des zur Befolgung der Verfügung Verpflichteten die Anwendung unmittelbaren Zwanges erfordert, z. B. die Anordnung des persönlichen Erscheinens einer Person vor Gericht, die Verbringung des Kindes oder Mündels in eine Erziehungsanstalt, Maßregeln zur Regelung des persönlichen Verkehrs eines geschiedenen Ehegatten mit dem Kinde.

§ 202. Die Zwangsmaßregeln werden durch das Gericht erster Instanz angeordnet (Art. 130 Abs. 2 des AG. zum BGB.).

§ 203. I. Die Anwendung des unmittelbaren Zwanges kann dem Gerichtsvollzieher übertragen werden. Der Gerichtsvollzieher hat sich die schriftliche Anordnung des Gerichts aushändigen zu lassen und sie der Person, gegen welche sich der Zwang richtet, vor der Anwendung des Zwanges vorzuweisen; auf Verlangen ist der Person Abschrift der Anordnung zu ertheilen.

II. Die Ausführung der Anordnung geschieht je nach der Maßregel, welche angeordnet ist. Ist die zwangsweise Vorführung einer Person angeordnet, so sind die in den §§ 177 ff. der Anweisung für die Ausführung der Verhaftung gegebenen Vorschriften entsprechend anzuwenden. Der Gerichtsvollzieher ist befugt, erforderlichen Falls die Unterstützung der polizeilichen Vollzugsorgane nach Maßgabe des § 72 Abs. 3 anzurufen. Richtet sich die Maßregel gegen eine dem aktiven Heere oder der aktiven Marine angehörende Militärperson, so finden die §§ 752, 790 der CPO. (vgl. §§ 68, 74 der Anw.) entsprechende Anwendung.

III. Bei der Anwendung des Zwanges darf der Gerichtsvollzieher nicht weiter gehen, als der Zweck der Vollstreckung es erfordert. Ist bei einer in der Wohnung des Verpflichteten erfolgenden Zwangsmaßregel weder der Verpflichtete noch eine zu seiner Familie gehörige oder in dieser Familie dienende erwachsene Person gegenwärtig, so hat der Gerichtsvollzieher nach Maßgabe des § 73 zu verfahren.

§ 204. Ueber die Ausführung der Anordnung ist vom

Gerichtsvollzieher ein kurzer schriftlicher Bericht zu erstatten. Mit dem Bericht ist dem Gerichte, das den Auftrag erteilte, die schriftliche Anordnung wieder vorzulegen.

VI. Zwangsvollstreckung in Verwaltungssachen und Verwaltungsrechtssachen.

§ 205. I. Die Gerichtsvollzieher können auch mit Zwangsvollstreckungen in Verwaltungssachen und in Verwaltungsrechtssachen beauftragt werden. Insbesondere können ihnen die Finanzämter (z. B. das Rentamt, das Hauptzollamt) den Auftrag erteilen, Staatsgefälle beizutreiben (§ 4 Abs. 3, § 5 Abs. 7 der Bekanntmachung des K. Staatsministeriums der Finanzen vom 27. Dezember 1899, die Vorschriften über die Beitreibung der Staatsgefälle betr., F.MBl. S. 355).

II. In Verwaltungsrechtssachen (Art. 8 des Ges. vom 8. August 1878, betr. die Errichtung eines Verwaltungsgerichtshofes und das Verfahren in Verwaltungsrechtssachen, G.- u. V.-Bl. S. 369) und in den in den Art. 10 und 11 des Gesetzes vom 8. August 1878 über die Errichtung eines Verwaltungsgerichtshofes genannten Sachen können den Gerichtsvollziehern Zwangsvollstreckungen in dem nämlichen Umfang aufgetragen werden, in welchem die Zwangsvollstreckung wegen privatrechtlicher Ansprüche zu ihrem Wirkungskreise gehört; in den übrigen Verwaltungssachen beschränkt sich der Wirkungskreis der Gerichtsvollzieher auf die Zwangsvollstreckung und Beitreibung von Geldleistungen (Art. 46 des Gesetzes vom 8. August 1878, Art. 7, 8 des AG. z. CPO. u. KO. in der Fassung der Bekanntmachung vom 26. Juni 1899).

III. Die Zwangsvollstreckung findet in den im Art. 46 des Gesetzes vom 8. August 1878 bezeichneten Sachen aus den Entscheidungen der zuständigen Behörden und des Verwaltungsgerichtshofes, in den übrigen Sachen aus den Beschlüssen und Ausstandsverzeichnissen der Verwaltungsbehörden, Gemeinden und Stiftungsverwaltungen statt, welchen das Vollstreckungsrecht oder die Befugnis zur Ausfertigung vollstreckbarer Urkunden zusteht. Die Zwangsvollstreckung aus Ausstandsverzeichnissen erfolgt auf grund der mit der Vollstreckungsklausel versehenen Urschrift des Verzeichnisses; in den übrigen Fällen erfolgt die Zwangsvollstreckung auf grund einer vollstreckbaren Ausfertigung der Entscheidung (Art. 6 des AG. z. CPO. u. KO., Allerhöchste Verordnung vom 14. Juli 1879, G.= u. V.=Bl. S. 703, JMBl. S. 329). Der Auftrag zur Zwangsvollstreckung wird dem Gerichtsvollzieher von der Behörde erteilt, welche für den Vollzug zu sorgen hat. Bei der Ausführung der Zwangsvollstreckung hat der Gerichtsvollzieher nach den für die Zwangsvollstreckung aus Urteilen in bürgerlichen Rechtsstreitigkeiten geltenden Bestimmungen zu verfahren. Die Zustellung des Schuldtitels hat der Gerichtsvollzieher nur auf Verlangen der auftraggebenden Behörde vorzunehmen. Wird ihm der Auftrag, die Zustellung zu bewirken, nicht erteilt, so hat er nicht zu prüfen, ob dieselbe bereits vorher erfolgt ist.

§ 206. I. Wegen der Beitreibung der Gebühren und Auslagen des Gerichtsvollziehers von dem Auftraggeber wird auf die §§ 69 bis 72 der Dienstvorschriften verwiesen. Wie im § 69 bemerkt ist, darf die Beitreibung erst nach fruchtloser Mahnung beginnen. Als Mahnung gilt die Übersendung einer Kostenrechnung sowie die Nichteinlösung einer Postnachnahme; in den Kostenrechnungen soll darauf hingewiesen werden, daß wenn die Zahlung nicht binnen bestimmter Frist erfolgt, die zwangsweise Beitreibung erfolgt.

II. Die Beitreibung erfolgt nach den für die Zwangsvollstreckung in bürgerlichen Rechtsstreitigkeiten geltenden Vorschriften.

V. Mitwirkung im Strafverfahren.

1. Beitreibung von Geldstrafen.

§ 207. I. Die Beitreibung der in Forstrügesachen ausgesprochenen Geldstrafen obliegt ausschließlich den Rentämtern (Art. 179, 182 des Forstgesetzes, Art. 87, 88 des Forststrafgesetzes). Auch die Beitreibung der in einem anderen Strafverfahren durch Urteil oder amtsrichterlichen Strafbefehl in Bayern ausgesprochenen Geldstrafen geschieht in der Regel durch die Rentämter. Den Vollzugsorganen der Rentämter ist zu diesem Behufe die Eigenschaft von Gerichtsvollziehern beigelegt (§ 14 der Allerhöchsten Verordnung vom 23. Dezember 1899, die Ausführung des Reichs=Gerichtskostengesetzes und des Gesetzes über das Gebührenwesen betr., JMBl. 1900 S. 335). Mit der Beitreibung können aber auch die Gerichtsvollzieher beauftragt werden (§ 14 Abs. 3 der bezeichneten Verordnung). Der Auftrag hiezu wird von der Staatsanwaltschaft oder dem Amtsrichter erteilt, welchem die Strafvollstreckung auf grund des § 483 Abs. 3 der StPO. übertragen ist (vgl. § 64 der Vorschriften über die Geschäftsbehandlung in den zur Zuständigkeit der Schöffengerichte gehörenden Strafsachen, JMBl. 1879, Bd. I Anhang, S. 28.).

II. Die Zwangvollstreckung erfolgt auf grund einer von dem Gerichtsschreiber erteilten, mit der Bescheinigung der Vollstreckbarkeit versehenen beglaubigten Abschrift der Urteilsformel (§ 483 der StPO.). Es ist jedoch nicht erforderlich, daß diese Abschrift dem Gerichtsvollzieher ausgehändigt wird; der Gerichtsvollzieher hat vielmehr ohne dieselbe die Zwangsvollstreckung vorzunehmen, wenn ihm der Auftrag der Staatsanwaltschaft oder des Amtsrichters schriftlich erteilt wird. Der schriftliche Auftrag vertritt die Stelle der vollstreckbaren Ausfertigung des Schuldtitels. Bei der Ausführung der Zwangsvollstreckung hat der Gerichtsvollzieher nach den für die Zwangsvollstreckungen wegen Geldforderungen in bürgerlichen Rechtsstreitigkeiten gegebenen Vorschriften zu verfahren. Der Zustellung des Urteils vor oder bei dem Beginne der Zwangsvollstreckung bedarf es nicht.

§ 208. I. Nach den Vorschriften, welche für die Beitreibung der in einem Strafverfahren gegen den Angeklagten ausgesprochenen Geldstrafen gelten, werden auch alle anderen Arten von Geldstrafen vollstreckt, welche im Laufe eines Civilprozesses, eines Strafprozesses, eines Ordnungsstrafverfahrens oder eines Verfahrens der freiwilligen Gerichtsbarkeit gegen eine Partei (z. B. § 83 GFG. zur Erzwingung der Ablieferung eines Testaments, §§ 132 ff. GFG. zur Erzwingung gewisser handelsgesetzlicher Verpflichtungen, insbesondere der Vornahme von Anmeldungen zum Handelsregister) oder gegen einen Zeugen, Sachverständigen, Rechtsanwalt, Verteidiger, Schöffen, Geschworenen oder im Falle des § 179 des GVG. gegen eine unbeteiligte Person festgesetzt werden (Art. 285 bis 287 des Gebührengesetzes in der Fassung der Bekanntmachung vom 11. November 1899).

II. Insbesondere ist auch eine Geldstrafe, die gegen den Schuldner im Zwangsvollstreckungsverfahren zur Erzwingung einer Handlung festgesetzt ist (§ 888 Abs. 1 der CPO.), desgleichen eine Geldstrafe, die gemäß § 890 Abs. 1 der CPO. aus dem Grunde verhängt ist, weil der Schuldner der Verpflichtung, eine Handlung zu unterlassen oder die Vornahme einer Handlung zu dulden, zuwidergehandelt hat, nicht im Auftrage des Gläubigers, sondern auf grund eines von dem Prozeßgericht erteilten schriftlichen Auftrags zu vollstrecken.

§ 209. Bezüglich der Beitreibung der von Rheinschiffahrtsgerichten ausgesprochenen Geldstrafen sind die Bestimmungen der §§ 5, 7 der Allerhöchsten Verordnung vom 18. Juni 1879 (G.- u. V.-Bl. S. 662) maßgebend.

§ 210. I. Die Beitreibung der Geldstrafen, welche in dem Disziplinarverfahren nach Art. 114 des AG. zur StPO. oder in einem Disziplinarverfahren gegen einen Richter oder Notar (Art. 58 des Disziplinargesetzes vom 26. März 1881, Art. 82, 84 Abs. 1 des Notariatsgesetzes, Bekanntmachung vom 21. Juni 1885, JMBl. S. 147) ausgesprochen sind, erfolgt in gleicher Weise wie die Beitreibung der in strafgerichtlichen Urteilen ausgesprochenen Geldstrafen.

II. Die Vollstreckung der in dem ehrengerichtlichen Verfahren gegen Rechtsanwälte erlassenen, eine Geldstrafe aussprechenden Entscheidungen erfolgt auf Grund einer von dem Schriftführer des Vorstandes der Anwaltskammer erteilten, mit der Bescheinigung der Vollstreckbarkeit versehenen beglaubigten Abschrift der Entscheidungsformel nach den Vorschriften über die Vollstreckung der Urteile in bürgerlichen Rechtsstreitigkeiten. Dasselbe gilt von der Vollstreckung der die Kosten festsetzenden Verfügung. Der Auftrag zur Zwangsvollstreckung wird von dem Schriftführer des Vorstandes erteilt (§ 97 der RAO.).

2. Vollstreckung von Bußen.

§ 211. I. Für die Vollstreckung der über eine Buße ergangenen Entscheidung sind gleichfalls die Vorschriften über die Vollstreckung der Urteile in bürgerlichen Rechtsstreitigkeiten maßgebend (§ 495 der StPO.).

II. Die Vollstreckung erfolgt auf grund einer von dem Gerichtsschreiber erteilten, mit der Bescheinigung der Vollstreckbarkeit versehenen beglaubigten Abschrift der Urteilsformel. Soll die Zwangsvollstreckung für oder gegen einen Anderen als denjenigen, welchem die Buße zuerkannt oder welcher zur Bezahlung derselben verurteilt ist, erfolgen, so ist eine entsprechende Vollstreckungsklausel erforderlich.

III. Der Auftrag zur Zwangsvollstreckung wird dem Gerichtsvollzieher von demjenigen, welchem die Buße zuerkannt ist, oder seinem Rechtsnachfolger unmittelbar oder unter Vermittelung des Gerichtsschreibers erteilt. Bei der Zwangsvollstreckung hat der Gerichtsvollzieher nach den für die Zwangsvollstreckung wegen Geldforderungen geltenden Vorschriften zu verfahren. Der Zustellung der Entscheidung vor oder bei dem Beginne der Zwangsvollstreckung bedarf es nicht; dagegen muß die nach Abs. 2 beigefügte Vollstreckungsklausel zugestellt werden.

3. Verfall einer Sicherheit. Beschlagnahme.

§ 212. I. Die Entscheidung, welche den Verfall einer zur Abwendung der Untersuchungshaft geleisteten Sicherheit ausspricht, hat gegen diejenigen, welche für den Angeschuldigten Sicherheit geleistet haben, die Wirkungen eines von dem Civilrichter erlassenen Endurteils (§ 122 der StPO.). Die Zwangsvollstreckung findet im Auftrage des Gerichts auf grund einer vollstreckbaren Ausfertigung statt.

II. Auf die nach § 325 der StPO. und § 140 des StGB. (vgl. § 480 der StPO.) angeordnete Beschlagnahme einzelner zum Vermögen des Angeschuldigten gehöriger Gegenstände finden die Bestimmungen der CPO. über die Vollziehung und die Wirkungen des dinglichen Arrestes (vgl. §§ 189, 193, 194 der Anw.) entsprechende Anwendung.

4. Wegnahme von Sachen, auf deren Einziehung erkannt ist.

§ 213. I. Die zur Erwirkung der Herausgabe eines Gegenstandes, auf dessen Einziehung erkannt ist, erforderliche Zwangsvollstreckung erfolgt auf grund einer von dem Gerichtsschreiber erteilten, mit der Bescheinigung der Vollstreckbarkeit versehenen, beglaubigten Abschrift der Entscheidungsformel nach den für die Zwangsvollstreckung wegen eines privatrechtlichen Anspruchs auf Herausgabe bestimmter beweglicher Sachen (vgl. § 167 ff. der Anw.) geltenden Vorschriften (§ 405 der StPO.). Der Auftrag zur Zwangsvollstreckung wird von der Staatsanwaltschaft oder dem mit der Strafvollstreckung betrauten Amtsrichter erteilt. Der Zustellung der Entscheidung vor oder bei dem Beginne der Zwangsvollstreckung bedarf es nicht.

II. Mit den herausgegebenen Sachen hat der Gerichtsvollzieher nach den ihm von dem Auftraggeber erteilten Anweisungen zu verfahren.

VI. Versteigerung und freihändiger Verkauf außerhalb der Zwangsvollstreckung.

1. Allgemeine Vorschriften.

§ 214. I. Der Gerichtsvollzieher ist nach § 383 Abs. 3 des B.GB. befugt, in denjenigen Fällen, in welchen nach den Vorschriften des BGB., des HGB. oder anderer Gesetze jemand berechtigt ist, einen Gegenstand öffentlich versteigern zu lassen, die Versteigerung vorzunehmen.

II. Der Gerichtsvollzieher ist ferner befugt, in denjenigen Fällen, in welchen nach den Vorschriften des BGB., des HGB. oder anderer Gesetze jemand berechtigt ist, einen Gegenstand durch eine zur öffentlichen Versteigerung befugte Person aus freier Hand verkaufen zu lassen, den Verkauf zu bewirken.

III. Zu freiwilligen Versteigerungen beweglicher Sachen ist der Gerichtsvollzieher nur befugt, sofern er hiezu durch das Staatsministerium der Justiz für zuständig erklärt worden ist (§ 12 Nr. 3 der GVO.).

§ 215. Die Versteigerung oder der freihändige Verkauf erfolgt in diesen Fällen auf Betreiben des Berechtigten, ohne daß es einer gerichtlichen Ermächtigung bedarf. Regelmäßig bedarf es auch nicht eines vollstreckbaren Schuldtitels.

§ 216. Bei der Versteigerung wie bei dem Verkauf aus freier Hand dürfen der Gerichtsvollzieher und die von ihm zugezogenen Gehilfen (Ausrufer, Schreiber, Protokollführer u. s. w.) den zum Verkaufe gestellten Gegenstand weder für sich persönlich oder durch einen anderen noch als Vertreter eines anderen kaufen (§§ 456 bis 458 des B.GB.). Der Gerichtsvollzieher darf auch seinen Angehörigen das Mitbieten nicht gestatten.

§ 217. Der Gerichtsvollzieher darf weder eine Gewähr für den Eingang der Kaufgelder übernehmen noch sich für den Empfang des Erlöses und dessen Ablieferung eine Vergütung ausbedingen.

§ 218. In Wirtshäusern sollen Versteigerungen thunlichst nicht stattfinden. Der Gerichtsvollzieher hat darauf zu sehen, daß während des Versteigerungsgeschäfts geistige Getränke nicht verabfolgt werden.

2. Pfandverkauf.

§ 219. I. Aus einem Pfande, das an beweglichen Sachen oder an Inhaberpapieren besteht, kann sich der Pfandgläubiger durch Verkauf des Pfandes befriedigen (§§ 1228, 1293 des B.GB.).

II. Der Pfandgläubiger kann den Verkauf der Pandsache entweder nach den Vorschriften der CPO., welche für den Verkauf einer gepfändeten Sache gelten (§§ 814 ff. der CPO.), oder nach den Vorschriften des B.GB. über den Pfandverkauf (§§ 1234 bis 1240 des B.GB.) bewirken (§ 1233 des B.GB.).

III. Zum Verkaufe der Pfandsache nach den für den Verkauf einer gepfändeten Sache geltenden Vorschriften ist der Pfandgläubiger nur befugt, wenn er für sein Recht zum Verkauf einen vollstreckbaren Titel gegen den Eigentümer erlangt hat (1233 Abs. 2 des B.GB.). Der Pfandgläubiger hat in diesem Falle dem Gerichtvollzieher den vollstreckbaren Titel und die Pfandsache auszuhändigen. Auf den Verkauf finden die Vorschriften der §§ 49 bis 148 Anwendung; insbesondere muß der Vollstreckungstitel vor der Zwangsvollstreckung dem Eigentümer der Sache zugestellt werden.

IV. Zum Verkaufe der Pfandsache nach den Vorschriften des BGB. über den Pfandverkauf ist der Pfandgläubiger ohne Vollstreckungstitel berechtigt. Für den Verkauf gelten die Vorschriften der §§ 220 bis 231.

V. Für ein Faustpfandrecht, das vor dem Inkrafttreten des BGB. begründet worden ist, bleiben die bisherigen Vorschriften in Kraft.

§ 220. I. Dafür, daß die gesetzlichen Voraussetzungen für das Recht des Pfandgläubigers zum Verkaufe gegeben sind, ist der Pfandgläubiger dem Eigentümer verantwortlich. Der Gerichtsvollzieher hat sich an die Weisungen des Auftrag=

gebers zu halten; den Auftrag, einen offenbar unzulässigen Pfandverkauf vorzunehmen, darf er indessen nicht übernehmen.

II. Zu den gesetzlichen Voraussetzungen für das Recht zum Verkaufe gehört insbesondere, daß der Pfandgläubiger dem Eigentümer den Pfandverkauf androht und dabei den Geldbetrag bezeichnet, wegen dessen der Verkauf stattfinden soll. Die Androhung darf unterbleiben, wenn sie z. B. wegen Unbekanntheit des Aufenthalts des Eigenthümers unthunlich ist; sie kann erst nach dem Eintritte der Verkaufsberechtigung (§ 1228 Abs. 2 des BGB.) erfolgen. Der Verkauf darf nicht vor dem Ablauf eines Monats nach der Androhung oder, wenn diese als unthunlich unterblieben ist, nach dem Eintritte der Verkaufsberechtigung geschehen (§ 1234 des BGB.). Die Androhung kann formlos erfolgen. Die Vornahme der Androhung ist Sache des Pfandgläubigers. Der Pfandgläubiger kann den Gerichtsvollzieher beauftragen, in seinem Namen die Androhung vorzunehmen. Der Gerichtsvollzieher soll die Mitteilung der Androhung in Ermangelung einer Anweisung des Gläubigers im Wege der Zustellung (§ 41 der Anw.) und, wenn es sich um Übersendung der Androhung ins Ausland handelt, durch eingeschriebenen Brief bewirken.

§ 221. Der Verkauf des Pfandes ist im Wege öffentlicher Versteigerung (§§ 222 bis 226, 228, 232 der Anw.) oder, wenn das Pfand einen Markt- oder Börsenpreis hat, aus freier Hand (§§ 227—229, 232 der Anw.) zum laufenden Preise zu bewirken (§§ 1235, 1293 des BGB.).

§ 222. Der Gerichtsvollzieher hat die zum Verkaufe gestellten Gegenstände unter fortlaufender Nummer, geeignetenfalls auch unter Angabe des Maßes, des Gewichts oder der Zahl, in ein Verzeichnis einzutragen. Das Verzeichnis ist dem Auftraggeber zur Anerkennung vorzulegen und von diesem zu unterschreiben. Hat der Auftraggeber ein solches Verzeichnis schon übergeben, so hat es der Gerichtsvollzieher zu prüfen und durch Namensunterschrift als richtig zu bestätigen. Nimmt der Gerichtsvollzieher auf Verlangen das Pfand bis zum Versteigerungstermin in Verwahrung, so ist über die Übernahme ein Protokoll zu errichten; das Protokoll kann mit dem Verzeichnisse verbunden werden. Schätzungswerte sind regelmäßig nicht in das Verzeichnis aufzunehmen; nur bei Gold- und

Silbersachen muß der Gold- oder Silberwert, erforderlichen Falles nach der Schätzung eines Sachverständigen, angegeben werden.

§ 223. Die Versteigerung hat an dem Orte zu erfolgen, an dem das Pfand aufbewahrt wird. Ist von einer Versteigerung an dem Aufbewahrungsort ein angemessener Erfolg nicht zu erwarten, so ist das Pfand an einem geeigneten anderen Orte zu versteigern (§ 1236 des BGB.). Die Bestimmung des Ortes ist Sache des Gläubigers.

§ 224. I. Die Versteigerung muß öffentlich bekannt gemacht werden. Die Bekanntmachung muß die Angabe des Ortes, des Tages und der Stunde der Versteigerung und die allgemeine Bezeichnung der zu versteigernden Gegenstände (Möbel, Betten, Kleidungsstücke u. dgl.) enthalten (§ 1237 Satz 1 des BGB.). Besonders wertvolle Sachen sind einzeln aufzuführen. Die Bekanntmachung erfolgt in ortsüblicher Weise (durch öffentlichen Anschlag, durch Ausruf, durch Einrückung in öffentliche Blätter u. s. w.) unter Berücksichtigung des größeren oder geringeren Wertes der Sachen.

II. In der Bekanntmachung ist ersichtlich zu machen, daß es sich um einen Pfandverkauf handelt; die Namen des Gläubigers sowie des Eigentümers der Pfandsache und, wenn das Pfand für eine fremde Schuld haftet, des Schuldners sind wegzulassen. Bei Bekanntmachungen in öffentlichen Blättern ist auf möglichste Kürze Bedacht zu nehmen.

III. Belegstücke über die erfolgte Bekanntmachung sind zu den Akten zu bringen; es genügt übrigens, wenn die Nummern einer Zeitung aufgehoben werden, ein Vermerk in den Akten über Nummer und Stelle der Zeitung. Sind Belegstücke nicht vorhanden, so ist in den Akten zu vermerken, in welcher Weise die Bekanntmachung erfolgt ist.

IV. Der Eigentümer des Pfandes sowie die von dem Gläubiger etwa bezeichneten dritten Personen, denen Rechte an dem Pfande zustehen, sind, soweit es thunlich ist, von dem Versteigerungstermine besonders zu benachrichtigen; die Benachrichtigung des Eigentümers kann mit der Androhung des Pfandverkaufs verbunden werden. Die erforderlichen Benachrichtigungen sind durch eingeschriebene Briefe zu bewirken, sofern nicht der Auftraggeber ein anderes bestimmt.

§ 225. I. Der Versteigerungstermin ist unter entsprechender Beachtung der im § 114 gegebenen Vorschriften vorzubereiten.

II. Im Versteigerungstermine werden zunächst die Versteigerungsbedingungen (§ 1238 des BGB.) bekannt gegeben. Gesetzliche Versteigerungsbedingung ist, daß der Käufer den Kaufpreis sofort bar zu entrichten hat und seiner Rechte verlustig sein soll, wenn dies nicht geschieht. Wenn der Pfandgläubiger eine Abweichung von den gesetzlichen Bedingungen verlangt, soll er darauf hingewiesen werden, daß er den daraus für den Eigentümer des Pfandes entstehenden Schaden zu vertreten hat (§ 1243 des BGB.).

III. Nach der Bekanntmachung der Bedingungen hat der Gerichtsvollzieher die Erschienenen zum Bieten aufzufordern.

IV. Die Gegenstände werden einzeln ausgeboten. Gegenstände, welche sich dazu eignen, insbesondere eine Anzahl von Gegenständen derselben Art, können auch zusammen ausgeboten werden. Bei der Bestimmung der Reihenfolge, in welcher die Gegenstände zum Ausgebote kommen, hat der Gerichtsvollzieher die Wünsche des Eigentümers thunlichst zu berücksichtigen. Die Gegenstände sind bei dem Ausgebote vorzuzeigen. Bei Kostbarkeiten ist der Schätzungswert (§ 108 Abs. 2 der Anw.) anzugeben. Gold- und Silbersachen sind unter Angabe des Schätzungswerts und des Gold- oder Silberwerts auszubieten; dabei ist bekannt zu geben, daß Angebote, welche den Gold- oder Silberwert nicht erreichen, nicht angenommen werden. Dem Eigentümer des Pfandes und, wenn das Pfand für eine fremde Schuld haftet, dem Schuldner sowie dem Gläubiger ist das Mitbieten zu gestatten; ein Gebot des Eigentümers und, wenn das Pfand für eine fremde Schuld haftet, des Schuldners ist, sofern nicht der Gläubiger ein Anderes bestimmt, zurückzuweisen, wenn nicht der Betrag sofort bar erlegt wird (§ 1239 Abs. 2 des BGB.).

V. Dem Zuschlag an den Meistbietenden soll ein dreimaliger Aufruf vorausgehen. Gold- und Silbersachen dürfen nicht unter dem Gold- oder Silberwerte zugeschlagen werden (§ 1240 Abs. 1 des BGB.). Durch den Zuschlag kommt der Vertrag mit dem Meistbietenden zu stande; die Verpflichtung jedes einzelnen Bieters erlischt, sobald ein Übergebot abgegeben

16*

oder wenn die Versteigerung ohne Erteilung des Zuschlags geschlossen wird (§ 156 des BGB.).

VI. Wenn die Versteigerungsbedingungen nicht ein Anderes ergeben oder der anwesende Pfandgläubiger nicht ein Anderes bestimmt, hat der Ersteher den zugeschlagenen Gegenstand gegen Zahlung des Kaufgeldes sofort in Empfang zu nehmen. Unterbleibt die Zahlung bis zum Schlusse des Versteigerungstermins oder bis zu dem in den Versteigerungsbedingungen bestimmten Zeitpunkte, so kann die Wiederversteigerung zu Lasten des Erstehers sofort vorgenommen werden (§ 1238 des BGB.). Wird der Zuschlag dem Gläubiger erteilt, so ist der Gläubiger von der Verpflichtung zur baren Zahlung insoweit befreit, als der Erlös nach Abzug der Kosten zu seiner Befriedigung zu verwenden ist (vgl. § 1239 Abs. 1 Satz 2 des BGB.).

VII. Die Versteigerung wird eingestellt, sobald der Erlös zur Befriedigung des Gläubigers und zur Deckung der Kosten hinreicht. Um die Versteigerung nicht zu weit auszudehnen, hat der Gerichtsvollzieher von Zeit zu Zeit die erzielten Erlöse zusammenzurechnen.

§ 226. I. Ueber die Versteigerung ist ein Protokoll aufzunehmen. Das Protokoll muß insbesondere enthalten:

1. den Namen des Pfandgläubigers und des Eigentümers der Pfandsache sowie, wenn das Pfand für eine fremde Schuld haftet, des Schuldners;
2. den Betrag der Forderung und der Kosten, wegen deren der Gläubiger aus der Pfandsache Befriedigung sucht;
3. die Angabe der Versteigerungsbedingungen, soweit dieselben abweichend von den Bestimmungen des § 1238 Abs. 1 des BGB. festgesetzt sind, und die Bemerkung, daß die Gegenstände als Pfand verkauft werden;
4. die Aufzählung der versteigerten Gegenstände, die Namen der Meistbietenden, die Meistgebote und die Angabe, daß der Kaufpreis gezahlt oder die Zahlung und die Übergabe der Sache unterblieben ist.

II. Die Gegenstände werden in dem Versteigerungsprotokolle sogleich bei dem Ausgebote verzeichnet. Neben jedem Gegenstand ist sogleich nach dem Zuschlage das Meistgebot sowie der Name des Meistbietenden anzugeben. Ebenso wird die Zahlung des Kaufgeldes, sobald sie erfolgt ist, neben dem Namen des Meistbietenden bemerkt. Am Schlusse des Verzeichnisses ist die Summe des erzielten Erlöses anzugeben.

III. Die Meistbietenden haben das Protokoll mit zu unterschreiben. Haben sie sich vor dem Schlusse des Termins entfernt, so ist dies in dem Protokoll als Grund des Mangels ihrer Unterschrift zu bemerken.

IV. Die Anführung der dem Meistgebote vorangegangenen Gebote und der Bieter, welche den Zuschlag nicht erhalten haben, ist nicht erforderlich. Diese Bieter haben auch das Protokoll nicht zu unterschreiben. Wird jedoch ein Gebot zurückgewiesen, so ist dies im Protokolle zu vermerken.

V. Sind Gold- oder Silbersachen nicht zugeschlagen worden, weil kein den Gold- oder Silberwert erreichendes Gebot gemacht worden ist, so ist in dem Protokolle zu bemerken, daß die Sachen ohne Erfolg ausgeboten worden sind. Das Gleiche hat bei anderen Gegenständen zu geschehen, für welche kein Angebot gemacht worden ist.

§ 227. I. Gold- und Silbersachen, welche bei der Versteigerung nicht zugeschlagen worden sind, weil ein den Zuschlag gestattendes Gebot nicht abgegeben worden ist, kann der Gerichtsvollzieher aus freier Hand zu dem Preise verkaufen, welcher den Gold- oder Silberwert erreicht (§ 1240 Abs. 2 des BGB.).

II. Ebenso können Waren oder andere Sachen, wenn sie einen Börsen- oder Marktpreis haben, aus freier Hand zum laufenden Preise verkauft werden (§ 1235 Abs. 2 des BBG.).

III. Auf Anordnung des Amtsgerichts des Ortes, an welchem das Pfand aufbewahrt wird (§ 166 des GFG.), können auch andere Gegenstände aus freier Hand verkauft werden (§ 1246 Abs. 2 des BGB.).

IV. Auf den Verkauf finden die Vorschriften der §§ 124, 125 entsprechende Anwendung.

§ 228. I. Der Erlös der Versteigerung oder des freihändigen Verkaufs ist nach Abzug der Gebühren und Auslagen des Gerichtsvollziehers sofort an den Auftraggeber abzuführen. Dies gilt auch dann, wenn der Erlös den Betrag der Forderung und der Kosten übersteigt, es sei denn, daß der Gläubiger den Gerichtvollzieher beauftragt, den Überschuß an den Eigentümer des Pfandes abzuführen oder für ihn zu hinterlegen.

II. Die Benachrichtigung des Eigentümers über das Ergebnis des Pfandverkaufs (§ 1241 des BGB.) ist dem Gläubiger zu überlassen. Der Gläubiger kann jedoch mit der Benachrichtigung auch den Gerichtsvollzieher beauftragen; in diesem Falle hat die Benachrichtigung in Ermangelung einer anderen Weisung des Gläubigers durch eingeschriebenen Brief zu geschehen.

§ 229. Die Vorschriften der §§ 219 bis 228 finden entsprechende Anwendung, wenn ein verpfändetes Papier, das durch Indossament übertragen werden kann (s. §§ 161, 162 der Anw.), einen Börsen- oder Marktpreis hat; der Pfandverkauf kann jedoch nur durch freihändigen Verkauf zum laufenden Preise erfolgen (§ 1295 des BGB.).

§ 230. I. Die Vorschriften über das durch Rechtsgeschäfte bestellte Pfandrecht finden auf ein kraft Gesetzes entstandenes Pfandrecht entsprechende Anwendung (§ 1257 des BGB.).

II. Ein gesetzliches Pfandrecht haben insbesondere die aus einer Hinterlegung Berechtigten (§ 233 des BGB.), der Vermieter (§§ 559 bis 563 des BGB.), der Verpächter (§ 581 Abs. 2, § 585 des BGB.), der Pächter (§ 590 des BGB.), der Unternehmer eines Werkes (§ 647 des BGB.), der Gastwirt (§ 704 des BGB.), der Kommissionär (§§ 397, 398 des HGB.), der Spediteur (§ 410 des HGB.), der Lagerhalter (§ 421 des HGB.) und der Frachtführer (§ 440 des HGB.).

III. Der Vermieter eines Hauses z. B. hat für seine Forderung aus dem Mietverhältnis an den eingebrachten Sachen des Mieters ein gesetzliches Pfandrecht; das Pfandrecht kann für künftige Entschädigungsforderungen und für den Mietzins für eine spätere Zeit als das laufende und das folgende Vierteljahr nicht geltend gemacht werden; es erstreckt sich nicht auf die der Pfändung nicht unterworfenen Sachen. Sind mithin die Voraussetzungen gegeben, unter denen der Vermieter berechtigt ist, aus den eingebrachten Sachen seine Befriedigung zu suchen (s. § 220 der Anw.), so kann der Vermieter die Sachen durch einen Gerichtsvollzieher öffentlich versteigern lassen, ohne daß es einen vollstreckbaren Titels bedarf.

§ 231. I. Ist die Verpfändung auf Seite des Pfandgläubigers und des Verpfänders ein Handelsgeschäft, so verkürzt sich die nach der Androhung des Verkaufs gemäß § 1234 des

BGB. (s. § 220 Abs. 2 der Anw.) zu beobachtende Frist auf eine Woche (§ 368 Abs. 1 des HGB.).

II. Das gleiche gilt für den Pfandverkauf, welchen der Kommissionär, Spediteur, Lagerhalter oder Frachtführer auf Grund des ihm nach den Vorschriften des HGB. zustehenden gesetzlichen Pfandrechts betreibt, und zwar bei dem Pfandverkauf im Auftrage des Spediteurs oder des Frachtführers auch dann, wenn nur auf ihrer Seite der Speditions- oder Frachtvertrag ein Handelsgeschäft ist (§ 368 Abs. 2 des HGB.).

III. Bei einem Pfandverkauf im Auftrag eines Frachtführers sind die Androhung (§ 220 Abs. 2 der Anw.) und die Benachrichtigungen (§ 224 Abs. 4, § 228 Abs. 2 der Anw.) an den Empfänger des Gutes und nur, wenn dieser die Annahme des Gutes verweigert oder wenn er nicht zu ermitteln ist, an den Absender zu richten (§ 440 des HGB.).

IV. Der Kommissionär kann auch dann, wenn er Eigentümer des Kommissionsguts ist, den Pfandverkauf des Kommissionsguts bewirken (§ 398 des HGB.).

§ 232. I. Wird der Pfandverkauf nach den für den Verkauf einer gepfändeten Sache geltenden Vorschriften durch Versteigerung bewirkt, so ist die Versteigerung nach Art. 258 Ziff. 3 des Gebührengesetzes in der Fassung der Bekanntmachung vom 11. November 1899 gebührenfrei.

II. Wird dagegen der Pfandverkauf im Wege der Versteigerung nach § 219 Abs. 4 bewirkt, so unterliegt die Versteigerung der im Art. 257 des Gebührengesetzes bestimmten Gebühr. Einer vorgängigen Anzeige der Versteigerung bei dem Rentamte bedarf es nicht (Art. 259 Abs. 3 des Gebührengesetzes, § 3 der Bekanntmachung vom 25. September 1879, G.- u. V.-Bl. S. 1270). Der Gerichtsvollzieher hat jedoch binnen längstens einer Woche nach Beendigung der Versteigerung dem Rentamt, in dessen Bezirke die Versteigerung stattgefunden hat, von der Versteigerung unter Mitteilung einer Abschrift des Versteigerungsprotokolls (§ 226 der Anw.) Anzeige zu erstatten. Wegen der Gebühr des Gerichtsvollziehers s. § 4 GO.

3. Fälle, in welchen die Vorschriften über den Pfandverkauf Anwendung finden.

§ 233. I. Die Vorschriften der §§ 219 bis 229, 232 gelten, soweit nicht in den §§ 234, 235 ein Anderes bestimmt ist, auch für die Fälle, in welchen nach gesetzlicher Vorschrift die Bestimmungen über den Pfandverkauf Anwendung finden.

II. Die Vorschriften über den Pfandverkauf sind für anwendbar erklärt insbesondere

1. für den Verkauf eines gemeinschaftlichen Gegenstandes bei der Auseinandersetzung in Ansehung des Gesamtguts einer ehelichen oder fortgesetzten Gütergemeinschaft oder in Ansehung eines Nachlasses sowie bei der Auseinandersetzung einer sonstigen Gemeinschaft, wenn die Teilung des Gegenstandes in Natur ausgeschlossen ist (§§ 753, 1477 Abs. 1, 1498, 1546 Abs. 2, 1549, 2042 Abs. 2 des BGB.);
2. für den Verkauf einer beweglichen Sache, welchen der Besitzer der Sache veranlaßt, um sich wegen seiner Verwendungen aus der Sache zu befriedigen (§§ 1003, 2022 des BGB.);
3. für den Verkauf eines zur Konkursmasse gehörigen beweglichen Gegenstandes, an welchem ein Gläubiger ein durch Rechtsgeschäft bestelltes Pfandrecht oder ein diesem gleichstehendes Recht beansprucht, durch den Konkursverwalter (§ 127 Abs. 1 der KO.);
4. für die Befriedigung des Gläubigers auf grund eines kaufmännischen Zurückbehaltungsrechts aus dem zurückbehaltenen Gegenstande (§ 371 Abs. 2 des HGB.).

§ 234. Bei der Geltendmachung des kaufmännischen Zurückbehaltungsrechts bedarf der Gläubiger eines vollstreckbaren Titels über sein Recht zur Befriedigung aus dem zurückbehaltenen Gegenstand auch dann, wenn die Geltendmachung im Wege des Pfandverkaufs erfolgen soll (§ 371 Abs. 3 des HGB.).

§ 235. Bei einem Pfandverkauf auf grund eines kaufmännischen Zurückbehaltungsrechts verkürzt sich die nach der Androhung des Verkaufs zu beobachtende Frist auf eine Woche (§ 371 Abs. 2 Satz 2 des HGB.).

4. Sonstige Versteigerungen und freihändige Verkäufe, die kraft gesetzlicher Ermächtigung für Rechnung eines Anderen erfolgen.

§ 236. Eine öffentliche Versteigerung außerhalb der Zwangsvollstreckung findet — abgesehen von den Fällen des

Pfandverkaufs — auch in anderen Fällen statt. In betracht kommen insbesondere:

1. die Versteigerung der zur Hinterlegung nicht geeigneten beweglichen Sache im Falle des Verzugs des Gläubigers (§ 383 Abs. 1 des BGB.);
2. die Versteigerung einer gefundenen Sache, wenn der Verderb der Sache zu besorgen ist oder die Aufbewahrung mit unverhältnismäßigen Kosten verbunden ist (§ 966 des BGB.);
3. die Versteigerung einer Sache, welche in den Geschäftsräumen oder den Beförderungsmitteln einer öffentlichen Behörde oder einer dem öffentlichen Verkehre dienenden Anstalt gefunden worden ist (§ 979 des BGB.);
4. die Versteigerung einer verpfändeten Sache sowie anderer Sachen auf grund des § 1219 des BGB. oder der §§ 379, 388, 391, 437 des HGB., weil die Sache dem Verderben ausgesetzt ist;
5. der Selbsthilfeverkauf nach § 373 des HGB. im Falle des Annahmeverzugs des Käufers;
6. der Selbsthilfeverkauf nach § 376 des HGB. im Falle des Erfüllungsverzugs beim Fixgeschäfte.

§ 237. Die nach den gesetzlichen Vorschriften etwa erforderliche Androhung des Verkaufs (z. B. § 1220 des BGB.) bleibt dem Auftraggeber überlassen. Auch die im Falle des § 966 des BGB. vorgeschriebene Anzeige an die Polizeibehörde (s. Bekanntmachung vom 14. Dezember 1899, JMBl. S. 587) ist dem Auftraggeber zu überlassen.

§ 238. I. Die zum Verkaufe gestellten Sachen sind in ein dem § 222 entsprechendes Verzeichnis zu bringen.

II. Die Versteigerungsbedingungen sowie die Zeit und den Ort der Versteigerung hat der Auftraggeber zu bestimmen. Für die öffentliche Bekanntmachung gelten in Ermangelung einer Anweisung des Auftraggebers die Vorschriften des § 224 Abs. 1, 3. Überläßt der Auftraggeber dem Gerichtsvollzieher die Bestimmung der Versteigerungsbedingungen, so hat die Versteigerung ohne besondere Bedingungen nach den für den Kauf geltenden Vorschriften des BGB. zu erfolgen. Gold- und Silbersachen dürfen auch unter dem Gold- oder Silberwerte zugeschlagen werden.

III. Von dem Versteigerungstermine sind der Auftraggeber und nach dessen Anweisung auch die Personen, für deren Rechnung der Verkauf erfolgt, zu benachrichtigen; der Auftraggeber ist gegebenenfalls aufzufordern, die Personen, welche hienach zu benachrichtigen sind, zu bezeichnen. Die Benachrichtigung erfolgt in Ermangelung einer anderweitigen Weisung des Auftraggebers durch eingeschriebenen Brief.

IV. Der Versteigerungstermin ist unter entsprechender Beobachtung der Vorschriften des § 114 vorzubereiten.

V. Im Versteigerungstermine sind zunächst die Versteigerungsbedingungen bekannt zu geben. Sodann ist zum Bieten aufzufordern. Der Auftraggeber sowie derjenige, für dessen Rechnung die Versteigerung erfolgt, können mitbieten. Dem Zuschlag soll ein dreimaliger Aufruf vorausgehen. Durch den Zuschlag kommt der Vertrag mit dem Meistbietenden zu stande; die Verpflichtung jedes einzelnen Bieters erlischt, sobald ein Übergebot abgegeben oder wenn die Versteigerung ohne Erteilung des Zuschlags geschlossen wird (§ 156 des BGB.). Die Versteigerung ist solange fortzusetzen, bis alle zum Verkaufe stehenden Sachen ausgeboten sind, wenn nicht der Auftraggeber den früheren Schluß verlangt.

VI. Über die Versteigerung ist ein Protokoll aufzunehmen. Die Vorschriften des § 226 Abs. 2—4 finden entsprechende Anwendung.

VII. Der Erlös ist nach Abzug der Gebühren und Auslagen des Gerichtsvollziehers sofort an den Auftraggeber abzuführen oder auf dessen Verlangen für die von ihm bestimmten Personen zu hinterlegen.

VIII. Die Versteigerung unterliegt der im Art. 257 des Gebührengesetzes bestimmten Gebühr. Die Vorschriften des § 232 Abs. 2 finden Anwendung. Wegen der Gebühr des Gerichtsvollziehers s. § 4 GO.

§ 239. Wird der Gerichtsvollzieher in den im § 236 bezeichneten Fällen beauftragt, Sachen, welche einen Börsen- oder Marktpreis haben, aus freier Hand zu verkaufen (vgl. §§ 385, 1221 des BGB., § 373 Abs. 2 des HGB.), so ist der Verkauf unter entsprechender Anwendung der §§ 124, 125 zu bewirken. Der Verkauf findet zum laufenden Preise statt, wenn der Auftraggeber nicht ein Anderes bestimmt.

§ 240. Wird in einem Rechtsstreit über den Anspruch auf Wandelung gemäß § 485 des BGB. durch einstweilige Verfügung des Gerichts die öffentliche Versteigerung des Tieres und die Hinterlegung des Erlöses angeordnet, so finden auf die Versteigerung die Vorschriften des § 196 der Anweisung Anwendung; die Hinterlegung ist nach Maßgabe des § 199 vorzunehmen.

5. Freiwillige Versteigerung beweglicher Sachen für Rechnung des Auftraggebers.

§ 241. I. Aufträge zu freiwilligen Versteigerungen darf der Gerichtsvollzieher nicht aufsuchen. Er hat Aufträge zu freiwilligen Versteigerungen abzulehnen, wenn der Übernahme des Auftrags die dienstlichen Interessen entgegenstehen oder wenn gegen die Befugnis des Auftraggebers über die Sachen zu verfügen, Bedenken bestehen oder wenn der Verdacht besteht, daß die Form der Versteigerung zur Verdeckung unlauterer Absichten gewählt wird. Bei sogenannten Ausverkäufen soll der Gerichtsvollzieher regelmäßig die Übernahme des Auftrags zur Versteigerung ablehnen.

II. Der Gerichtsvollzieher ist berechtigt, den Auftrag zu freiwilligen Versteigerungen ohne Angabe eines Grundes abzulehnen.

III. Bei den in eine Gerichtsvollzieherei eingestellten Gerichtsvollziehern entscheidet nach Maßgabe des § 45 Abs. 2 der Dienstvorschriften der Amtsgerichtsvorstand über Annahme oder Ablehnung der Aufträge zu freiwilligen Versteigerungen.

§ 242. I. Der Gerichtsvollzieher hat die zum Verkaufe gestellten Sachen in ein dem § 222 entsprechendes Verzeichnis zu bringen. Der Angabe des Wertes im Verzeichnisse bedarf es nur, wenn der Auftraggeber die Angabe wünscht.

II. Die Aufstellung des Verzeichnisses kann unterbleiben, wenn die zum Verkaufe gestellten Sachen nicht in den Gewahrsam des Gerichtsvollziehers übernommen werden und der Auftraggeber auf die Aufstellung verzichtet.

§ 243. Die Versteigerungsbedingungen, die Zeit und der Ort der Versteigerung sowie die Art der Bekanntmachung hat der Auftraggeber zu bestimmen. Bleibt die Bestimmung dem Gerichtsvollzieher überlassen, so soll die Versteigerung ohne besondere Bedingungen nach den für den Kauf geltenden

Vorschriften des BGB. erfolgen. Die Bekanntmachung ist, wenn sie dem Gerichtsvollzieher überlassen wird, in der ortsüblichen Weise zu bewirken; dabei ist anzugeben, daß es sich um eine freiwillige Versteigerung handelt.

§ 244. I. Der Versteigerungstermin ist unter entsprechender Beobachtung der Vorschriften des § 114 vorzubereiten.

II. Im Versteigerungstermine werden zunächst die Versteigerungsbedingungen bekannt gegeben, sodann sind die Erschienenen zum Bieten aufzufordern.

III. Die Gegenstände werden einzeln ausgeboten; Gegenstände, die sich dazu eignen, können auch zusammen ausgeboten werden. Die Weisungen des Auftragsgebers sind zu beachten. Die Gegenstände sind bei dem Ausgebote vorzuzeigen.

IV. Der Auftraggeber kann sich den Zuschlag vorbehalten. Ist dies nicht geschehen, so erfolgt der Zuschlag durch den Gerichtsvollzieher nach dreimaligem Aufrufe. Durch den Zuschlag kommt der Vertrag mit dem Meistbietenden zu stande; die Verpflichtung jedes einzelnen Bieters erlischt, sobald ein Übergebot abgegeben oder wenn die Versteigerung ohne Erteilung des Zuschlags geschlossen wird (§ 156 des BGB.).

V. Der Gerichtsvollzieher hat die zugeschlagene Sache dem Ersteher abzuliefern und den Kaufpreis in Empfang zu nehmen, wenn der Auftraggeber nicht ein Anderes bestimmt.

§ 245. I. Über die Versteigerung ist ein Protokoll aufzunehmen.

II. Das Protokoll muß insbesondere enthalten:

1. den Namen des Auftraggebers;
2. die Angabe der Versteigerungsbedingungen, wenn sie von den für den Kauf geltenden Vorschriften des BGB. abweichen, wenn z. B. die Gewährleistung ausgeschlossen ist;
3. die Aufzählung der versteigerten Gegenstände;
4. die Namen der Meistbietenden und die Angabe der Meistgebote; ist der Zuschlag an einen anderen als den Meistbietenden erteilt, so ist das Gebot sowie der Name des Erstehers anzugeben;
5. die Angabe, ob die Ablieferung der Sache und die Zahlung geschehen oder der Zuschlag vorbehalten ist.

III. Die Vorschriften des § 226 Abs. 2 bis 4 finden Anwendung.

§ 246. Die Versteigerung unterliegt der im Art. 257 des Gebührengesetzes in der Fassung der Bekanntmachung vom 11. November 1899 bestimmten Gebühr. Die Vorschriften des § 232 Abs. 2 finden Anwendung. Wegen der Gebühr des Gerichtsvollziehers s. § 4 GO.

VII. Siegelungen, Entsiegelungen, Aufzeichnung der zur Konkursmasse gehörenden Gegenstände.

§ 247. Der Gerichtsvollzieher hat im Konkursverfahren im Auftrage des Konkursverwalters die Siegelung und Entsiegelung vorzunehmen (§§ 122, 124 der KO., Art. 66 des AG. zum GVG.) und bei der Aufzeichnung der zur Konkursmasse gehörenden Gegenstände als Urkundsperson mitzuwirken (§ 123 der KO., Art. 66 des AG. zum GVG.).

§ 248. I. Gegenstand der Siegelung sind die zur Konkursmasse gehörenden beweglichen Sachen. Der Konkursverwalter bestimmt, welche Sachen von der Siegelung frei belassen werden sollen.

II. Die bei der Siegelung Anwesenden sind auf die Unverletzlichkeit der Siegel und die Strafen wegen unbefugten Erbrechens, Ablösens oder Beschädigens eines Siegels (§ 136 des Strafgesetzbuchs) hinzuweisen.

III. Die Schlüssel zu den versiegelten Behältnissen und Räumen sind dem Konkursverwalter einzuhändigen.

IV. Werden bei der Siegelung Gelder, Wertpapiere oder Kostbarkeiten, die zur Konkursmasse gehören, vorgefunden, so sind sie zu verzeichnen und gerichtlich zu hinterlegen, sofern nicht das Konkursgericht oder, wenn ein Gläubigerausschuß bestellt ist, dieser ein Anderes ausdrücklich angeordnet hat (§ 129 Abs. 2 der KO.). Die Hinterlegung erfolgt nach den Vorschriften der Hinterlegungsordnung vom 18. Dezember 1899 (JMBl. S. 1057).

V. Zur Siegelung ist der Gemeinschuldner, wenn thunlich, und der Konkursverwalter, wenn er es verlangt, zuzuziehen.

VI. Über die Siegelung ist ein Protokoll aufzunehmen.

VII. Das Protokoll hat insbesondere zu enthalten

1. den Ort und Tag der Handlung;
2. die Namen der anwesenden Personen;
3. eine Beschreibung des Herganges der Handlung, die Bezeichnung der Behältnisse und Räume, die versiegelt wurden, und des hauptsächlichsten Inhalts derselben sowie die Zahl der angelegten Siegel;
4. die Verzeichnung der zur gerichtlichen Hinterlegung übernommenen Gelder, Wertpapiere und Kostbarkeiten.

VIII. Das Protokoll ist zu verlesen und von den anwesenden Beteiligten und dem Gerichtsvollzieher zu unterzeichnen.

§ 249. I. Die Abnahme der Siegel geschieht im Auftrage des Konkursverwalters, der die Siegelung veranlaßt hat.

II. Vor der Abnahme der Siegel ist zu untersuchen, ob die nach dem Protokoll über die Siegelung angelegten Siegel noch sämtlich vorhanden und ob sie unverletzt sind. Liegt eine strafbare Handlung vor, so ist der Staatsanwaltschaft Anzeige zu erstatten.

III. Über die Entsiegelung ist ein Protokoll aufzunehmen. In dem Protokoll ist der Befund der Siegel und der versiegelten Sachen zu vermerken. Das Protokoll ist von dem Gerichtsvollzieher zu unterzeichnen.

§ 250. I. Der zur Aufzeichnung der zur Konkursmasse gehörigen Gegenstände als Urkundsperson zugezogene Gerichtsvollzieher hat ein Protokoll aufzunehmen, in welchem die einzelnen vorgefundenen Gegenstände aufgezeichnet werden. Der Gerichtsvollzieher hat dafür zu sorgen, daß die Aufzeichnung eine vollständige ist. In dem Protokoll ist auch der Wert der aufgezeichneten Gegenstände nach den Angaben der etwa zugezogenen Sachverständigen oder, sofern solche nicht zugegen sind, nach der Schätzung des Verwalters anzugeben. Ob Sachverständige zuzuziehen sind, hat der Verwalter zu bestimmen.

II. Das Protokoll ist von dem Verwalter und dem Gerichtsvollzieher zu unterschreiben.

§ 251. Die Protokolle über die Siegelung, Entsiegelung und die Aufzeichnung der zur Konkursmasse gehörigen Gegenstände sind dem Verwalter auszuhändigen.

§ 252. Eine in die Staatskasse fließende Gebühr wird von den Siegelungen, Entsiegelungen und der Aufzeichnung der zur Konkursmasse gehörigen Gegenstände nicht erhoben (Art. 196 des Gebührengesetzes in der Fassung der Bekanntmachung vom 11. November 1899). Wegen der Gebühr des Gerichtsvollziehers s. § 3 GO.

VIII. Thatsächliches Angebot einer Leistung.

§ 253. Eine gehörig angebotene Erfüllung darf der Gläubiger nicht zurückweisen. Thut er es gleichwohl, so kommt er in Verzug der Annahme (§ 293 des BGB). Aus dem Verzuge des Gläubigers erwachsen dem Schuldner gewisse Rechte, insbesondere kann er sich, wenn die Forderung auf Geld, Wertpapiere oder andere Urkunden gerichtet ist, durch Hinterlegung von der Verbindlichkeit befreien (§§ 300—304, 372 ff. des BGB.). Die Mitwirkung des Gerichtsvollziehers zum thatsächlichen Angebote der Leistung (§ 11 Nr. 1 der GVO.) wird zu dem Zwecke in Anspruch genommen, um für den Fall, daß der Gläubiger die Annahme verweigert, eine öffentliche Urkunde darüber zu erlangen, daß die Erfüllung thatsächlich angeboten und von dem Gläubiger zurückgewiesen worden ist. Eine derartige öffentliche Urkunde ist insbesondere in den Fällen von Bedeutung, daß die Zwangsvollstreckung von einer Zug um Zug zu bewirkenden Leistung des Gläubigers abhängt (§ 726 Abs. 2, § 756 der CPO., § 56 der Anw.).

§ 254. I. Die Mitwirkung des Gerichtsvollziehers kann

1. zu dem Zwecke in Anspruch genommen werden, um das thatsächliche Angebot der Leistung bloß zu beurkunden. In diesem Falle ist das Angebot Sache des Schuldners. Wird die Leistung in Gegenwart des Gerichtsvollziehers von dem Schuldner oder einem Dritten angeboten, so hat der Gerichtsvollzieher den Hergang zu beurkunden.
2. Der Gerichtsvollzieher kann aber auch mit der Bewirkung des thatsächlichen Angebots selbst beauftragt werden. In diesem Falle hat der Gerichtsvollzieher dem Gläubiger die Erklärung des Auftraggebers, worin dieser die Erfüllung anbietet und den Gläubiger zur Annahme auffordert, zuzustellen und zugleich die Erfüllung thatsächlich anzubieten. Die Zustellung erfolgt nach den für Zustellungen außerhalb des Prozesses geltenden Vorschriften (§ 41 der Anw.).

Das Anbieten der Erfüllung geschieht in der Regel dadurch, daß der Gerichtsvollzieher den zu leistenden Gegenstand mitbringt, denselben dem Gläubiger vorzeigt und sich bereit erklärt, ihn nach Maßgabe der zugestellten Erklärung zu übergeben. Ist der Gegenstand an dem Orte zu übergeben, an welchem er sich befindet, so hat der Gerichtsvollzieher dem Gläubiger zu erklären, daß er in den Stand gesetzt und bereit sei, die Übergabe gegen Quittung zu bewerkstelligen. Wird die Annahme verweigert oder eine Antwort nicht abgegeben, so ist der angebotene Gegenstand dem Auftraggeber zurückzugeben.

II. Wegen der Gebühr des Gerichtsvollziehers s. § 7 GO.

§ 255. I. In den beiden im § 254 bezeichneten Fällen muß vom Gerichtsvollzieher ein Protokoll aufgenommen werden. Das Protokoll hat zu enthalten:

1. den Namen des Auftraggebers und der Person, der die Leistung angeboten werden soll;
2. eine genaue Bezeichnung der angebotenen Leistung und die Angabe der etwa verlangten Gegenleistung;
3. die Angabe, an welchem Orte und zu welcher Zeit das Angebot gemacht worden ist;
4. die Beschreibung des Hergangs der Handlung, insbesondere die Erklärungen des Schuldners und des Gerichtsvollziehers und die Antwort des Gläubigers oder die Feststellung, daß der Gläubiger nicht angetroffen worden ist. Wenn der Schuldner oder der Gerichtsvollzieher dem Gläubiger die Leistung vorher angekündigt hatte, ist auf die Ankündigung und die sie beweisenden Urkunden Bezug zu nehmen.
5. die Unterschrift des Gerichtsvollziehers.

II. Das Protokoll über das thatsächliche Angebot kann in dem im § 254 Nr. 2 bezeichneten Falle mit dem Protokoll über die Zustellung der Erklärung des Schuldners verbunden werden.

III. Das Protokoll ist dem Auftraggeber auszuhändigen.

IX. Wechselproteste.

1. Allgemeine Bestimmungen.

Geschäftsbereich des Gerichtsvollziehers.

§ 256. I. Der Gerichtsvollzieher ist nach Art. 66 Nr. 1 des AG. zum GVG. zuständig, Wechselproteste aufzunehmen.

II. Er ist nach § 11 Nr. 2 der GVO. befugt, mit dem Auftrage zur Erhebung des Wechselprotestes auch den Auftrag zur Empfangnahme der Zahlung für den Fall zu übernehmen, daß die Zahlung noch vor der Rückgabe des protestierten Wechsels erfolgt.

Bedeutung des Protestes.

§ 257. I. Der Protest liefert den urkundlichen und unter Umständen ausschließlich zulässigen Beweis für die in ihm bezeugten Thatsachen, welche für die Erhaltung oder die Geltendmachung des Wechselrechts erheblich sind. Jeder formelle Verstoß und jede Verzögerung bei der Aufnahme des Protestes können zu Rechtsnachteilen für den Auftraggeber führen und den Gerichtsvollzieher zum Schadensersatze verpflichten.

II. Der Gerichtsvollzieher hat daher bei der Aufnahme des Protestes mit besonderer Sorgfalt vorzugehen. In Zweifelsfällen hat er sich an den Amtsgerichtsvorstand oder dessen Vertreter, wenn dies aber unthunlich ist, an den Auftraggeber selbst mit der Bitte um Weisung zu wenden; selbstverständlich darf dadurch nicht die rechtzeitige Erhebung des Protestes (§ 265 der Anw.) gefährdet werden.

Auftrag zur Protesterhebung.

§ 258. I. Der Auftrag zur Erhebung des Wechselprotestes kann dem Gerichtsvollzieher mündlich oder schriftlich erteilt werden. Der Auftrag kann auch durch Vermittelung der Post erteilt werden (Postordnung für das Königreich Bayern vom 27. März 1900 § 20 Abs. 6, § 41, G.- u. V.-Bl. S. 249).

II. Der Gerichtsvollzieher hat auf der Rückseite des Wechsels oder der Allonge Tag und Stunde der Erteilung des Auftrags zu vermerken.

Arten des Protestes.

§ 259. An Wechselprotesten kommen folgende in betracht:

1. der Protest mangels Annahme, wenn die Annahme des Wechsels von dem Bezogenen nicht oder nur unter Einschränkungen oder nur auf eine geringere Summe zu erhalten ist (Art. 18—20, 24, 25 die WO.) oder

der Bezogene die Datierung seines Wechsels verweigert (Art. 20 der WO.);

2. der Protest mangels Sicherheitsleistung, wenn der Akzeptant oder beim eigenen Wechsel der Aussteller der ihm wegen Vermögensverfalls obliegenden Sicherheitsleistung nicht nachkommt (Art. 29, Art. 98 Nr. 4 der WO.);

3. der Protest mangels Zahlung, wenn die Zahlung des Wechsels von dem Bezogenen, dem Akzeptanten, dem Domiziliaten, dem Notadressaten, dem Ehrenakzeptanten oder beim eigenen Wechsel von dem Aussteller nicht zu erlangen ist (Art. 41, 43, Art. 98 Nr. 6, Art. 99 der WO.);

4. der Protest mangels Herausgabe des Originalwechsels oder des zum Akzept versandten Duplikats, wenn sie verweigert wird und der Berechtigte auf das in seinen Händen befindliche Wechselduplikat oder auf eine Wechselkopie die Annahme oder die Zahlung nicht erlangen kann (Art. 69, 72, Art. 98 Nr. 8 der WO.).

Gegen wen zu protestieren ist.

§ 260. I. Der Protest mangels Annahme muß gegen den Bezogenen erhoben werden (Art. 18 der WO.).

II. Der Protest mangels Sicherheitsleistung muß gegen den Akzeptanten erhoben werden (Art. 29 der WO.).

III. Der Protest mangels Zahlung muß beim gezogenen Wechsel gegen den Bezogenen (nicht etwa gegen den Akzeptanten) beim eigenen Wechsel gegen den Aussteller erhoben werden. Ist im gezogenen Wechsel ein von dem Wohnorte des Bezogenen oder im eigenen Wechsel ein von dem Wohnorte des Ausstellers verschiedener Zahlungsort angegeben (eigentlicher Domizilwechsel), so ist der Protest am Domizilorte gegen den im Wechsel benannten Domiziliaten (nicht etwa gegen den Bezogenen oder den Akzeptanten) zu erheben; wenn jedoch ein Domiziliat nicht benannt ist, so ist der Protest am Domizilorte gegen den Bezogenen oder beim eigenen Wechsel gegen den Aussteller zu erheben.

IV. Der Protest mangels Herausgabe des Originalwechsels oder des zum Akzepte versandten Wechselexemplars muß gegen den Verwahrer des Originalwechsels beziehungsweise des zum Akzepte versandten Exemplars erhoben werden.

§ 261. Befinden sich Notadressen oder ein Ehrenakzept auf dem nicht eingelösten Wechsel oder auf dessen Kopie, so muß der Protest mangels Zahlung oder ein Anhang zu demselben auch ergeben, daß der Wechsel den sämtlichen Notadressen und dem Ehrenakzeptanten, soweit sie sich an dem Protestorte befinden, zur Zahlung vorgelegt ist und welchen Erfolg die Vorlegung gehabt hat (Art. 62 der WO.).

§ 262. I. Ist derjenige, gegen welchen nach den §§ 260, 261 der Protest zu erheben ist (der Protestat), in Konkurs geraten, so ist der Protest gleichwohl gegen ihn selbst, nicht gegen den Konkursverwalter zu erheben.

II. Ist der Protestat gestorben, so genügt es, im Geschäftslokal oder in der letzten Wohnung des verstorbenen Protestaten (s. § 264 der Anw.) dahin zu protestieren, daß der Protestat, da er verstorben ist, nicht angetroffen ist; nach den Erben hat der Gerichtsvollzieher nicht weiter zu forschen.

III. Der Protestat kann mit dem Protestanten ein und dieselbe Person sein, wenn z. B. der Domiziliat zur Zeit des Protestes Wechselinhaber ist. Von der Protesterhebung darf hier nicht Umgang genommen werden.

Protestort.

§ 263. I. Protestort ist:

1. beim Proteste mangels Annahme der Wohnort des Bezogenen, beim eigenen Wechsel der Wohnort des Ausstellers;
2. beim Proteste mangels Sicherheitsleistung der Wohnort des Akzeptanten, beim eigenen Wechsel der Wohnort des Ausstellers, und zwar auch dann, wenn der Wechsel ein Domizilwechsel ist;
3. beim Proteste mangels Zahlung der Zahlungsort;
4. beim Proteste mangels Herausgabe des Originalwechsels oder des zum Akzepte versendeten Wechselexemplars der Wohnort desjenigen, welcher die herauszugebende Urkunde verwahrt.

II. Dabei gilt, wenn nicht der Wechsel ein Anderes ergibt, der bei dem Namen oder bei der Firma des Bezogenen angegebene Ort als Zahlungsort und zugleich als Wohnort des Bezogenen; beim eigenen Wechsel gilt der Ort der Ausstellung als Zahlungsort und zugleich als Wohnort des Ausstellers (Art. 4 Nr. 8, Art. 97 der WO.). Die Veränderung des gesetzlich als Zahlungsort oder als Wohnort geltenden Wohnorts während des Wechsellaufs ist für den Protestakt unerheblich; der Protest mangels Zahlung z. B. muß an dem Wohnorte, welchen der Bezogene zur Zeit der Wechselausstellung inhaltlich des Wechsels hatte, auch dann erhoben werden, wenn der Gerichtsvollzieher weiß, daß der Bezogene inzwischen seinen Wohnort gewechselt hat.

Proteststelle.

§ 264. I. Innerhalb des Protestorts muß der Wechsel an der richtigen Proteststelle (Art. 91 der WO.) erhoben werden.

II. Proteststelle ist das Geschäftslokal oder in Ermangelung eines Geschäftslokals die Wohnung des Protestaten (Akzeptanten, Ausstellers, Domiziliaten, Bezogenen, Notadressaten, Ehrenakzeptanten u. s. w.). Ob der Protestat am Protestort ein Geschäftslokal hat, muß aus dem Wechselinhalt festgestellt werden. Ist im Wechsel ein Geschäftslokal vermerkt oder ergibt sich aus dem Wechsel, daß der Protestat zu den Personen gehört, die, wie z. B. Kaufleute, ein Geschäftslokal zu haben pflegen, so müssen nach den Geschäftslokal Ermittelungen angestellt werden. Findet der Gerichtsvollzieher den Protestaten in dem Geschäftslokale nicht vor, so braucht er sich nicht in die Wohnung zu begeben. Wird dagegen das Geschäftslokal selbst auf Nachfrage bei der Polizei (s. unten Abs. 4) nicht ermittelt, so muß nunmehr nach der Wohnung des Protestaten geforscht und in dieser der Protest erhoben werden. An der bezeichneten Proteststelle müssen die Präsentation zur Annahme oder zur Zahlung, die Protesterhebung, die Abforderung des Wechselduplikats sowie alle sonstigen bei einer bestimmten Person vorzunehmenden Akte vorgenommen werden. An einem anderen Orte, z. B. an der Börse, in einem Wirtshause, kann dies nur mit Einwilligung des Protestaten geschehen.

III. Hat nach dem Inhalte des Wechsels der Protestat zwar an seinem Wohnorte, aber an einer von seinem Geschäftslokal oder seiner Wohnung verschiedenen Stelle die Zahlung zu leisten (uneigentlicher Domizilwechsel), so ist ihm der Wechsel an der bezeichneten Stelle zum Zwecke der Protesterhebung vorzulegen.

IV. Der Protest muß in dem wirklichen Geschäftslokal und in der wirklichen Wohnung erhoben werden. Wenn der Gerichtsvollzieher das Geschäftslokal oder die Wohnung oder im Falle des Abs. 3 die besondere Zahlstelle an dem Protestorte nicht ermitteln kann, muß er sich an die Ortspolizeibehörde um Aufschluß wenden. Erst wenn sich auch durch Nachfrage bei der Polizei das Geschäftslokal oder die Wohnung nicht ermitteln läßt, darf in dem Protest festgestellt werden, daß der Protestat nicht zu ermitteln ist. Der Protest muß die Feststellung enthalten, daß die Nachfrage bei der Polizeibehörde des Protestorts fruchtlos geblieben ist. Die Nachfrage und die Feststellung sind auch dann erforderlich, wenn der Gerichtsvollzieher weiß, daß der Protestat am Protestorte weder ein Geschäftslokal noch eine Wohnung hat.

Protestfrist.

§ 265. In den folgenden Fällen ist für die Erhebung des Protestes eine gesetzliche Ausschlußfrist (Protestfrist) bestimmt:

1. der Protest mangels Annahme ist bei einem Wechsel, welcher auf eine bestimmte Zeit nach Sicht lautet, nach den besonderen im Wechsel enthaltenen Bestimmungen, in Ermangelung solcher binnen zwei Jahren nach der Ausstellung zu erheben (Art. 19 der WO.);
2. der Protest mangels Zahlung ist am Zahlungstag oder spätestens am zweiten Werktage nach dem Zahlungstage zu erheben (Art. 41, 43, Art. 98 Nr. 6, Art. 99 der WO.); verfällt der Wechsel an einem Sonntag oder allgemeinen Feiertag, so ist der nächste Werktag Zahlungstag (Art. 92 der WO.). Befinden sich Notadressen oder ein Ehrenakzept auf dem nicht eingelösten Wechsel oder auf dessen Kopie, so muß der Protest mangels Zahlung innerhalb der gleichen Frist gegen die sämtlichen Notadressen und Ehrenakzeptanten, die sich am Protestorte befinden, erhoben werden (Art. 62 der WO.).

Wechselproteste an Sonntagen und Feiertagen.

§ 266. An einem Sonntag oder allgemeinen Feiertage kann die Protesterhebung nicht stattfinden (Art. 92 der WO., § 35 Abs. 5 der Dienstvorschriften).

Wechselstempelsteuer.

§ 267. Der Gerichtsvollzieher ist verpflichtet von Amtswegen zu prüfen, ob die bei ihm vorkommenden Wechsel ordnungsmäßig versteuert sind, und die zu seiner Kenntnis kommenden Zuwiderhandlungen gegen die Stempelsteuerpflicht bei dem Rentamte (K. Verordnung vom 8. Mai 1871, JMBl.

S. 103, Bekanntmachung vom 2. Oktober 1879, G. u. VBl. S. 1409) zur Anzeige zu bringen. Der Gerichtsvollzieher ist ferner verpflichtet, in dem Protest und in jeder Abschrift des Wechsels anzugeben, mit welchem Stempel der Wechsel versehen, oder daß er mit einem Stempel nicht versehen ist (§ 21 des Wechselstempelsteuer-Gesetzes vom 20. Juni 1869).

2. Verfahren.

Hergang bei der Protesterhebung.

§ 268. I. Der Gerichtsvollzieher hat sich an den Protestort zu begeben und dort den Protestaten (Akzeptanten, Aussteller, Domiziliaten, Bezogenen, Notadressaten, Ehrenakzeptanten u. s. w.) an der Proteststelle in dem Geschäftslokal oder in dessen Ermangelung in der Wohnung beziehungsweise in der im Wechsel angegebenen Zahlstelle (§ 264 der Anw.) aufzusuchen.

II. Kann die Proteststelle nicht ermittelt werden, so ist nach § 264 Abs. 4 der Anweisung zu verfahren.

III. Trifft der Gerichtsvollzieher die Protesträume verschlossen, so hat er sich auf die Beurkundung dessen zu beschränken.

IV. Trifft der Gerichtsvollzieher die Protesträume offen, so hat er sich nach dem Protestaten zu erkundigen. Trifft er den Protestaten, so hat er ihm den Wechsel je nach dem Inhalte seines Auftrags zur Zahlung, Annahme, Sicherheitsleistung u. s. w. vorzulegen und seine Erklärung entgegenzunehmen.

V. Wird in dem Geschäftslokal oder in der Wohnung oder bei einem uneigentlichen Domizilwechsel (§ 264 Abs. 3 der Anw.) in der besonderen Zahlstelle der Protestat nicht angetroffen, meldet sich dagegen anstatt des Protestaten eine andere Person als Vertreter des Protestaten, so hat der Gerichtsvollzieher deren Namen und Beruf zu erfragen und die erforderliche Aufforderung unter Vorlegung des Wechsels an sie zu machen; wird mit einem Dritten verhandelt, so muß im Proteste die Abwesenheit des Protestaten ausdrücklich festgestellt werden (§ 269 Abs. 2 Nr. 3 der Anw.). Wird niemand angetroffen, so wird der Protest durch Feststellung dieser Thatsache erhoben.

VI. Bietet der Protestat oder, wenn dieser nicht angetroffen wird, ein anderer für ihn die Zahlung des Wechsels oder die anderweite Leistung sachlich an, so hat der Gerichtsvollzieher die Leistung entgegenzunehmen. Hat der Gerichtsvollzieher eine ihm angebotene Wechselzahlung angenommen, so hat er bei Empfang der vollständigen Leistung einschließlich der Kosten den Wechsel auszuhändigen. Ist die Zahlung, Annahme, Sicherheitsleistung u. s. w. teilweise bewirkt, so ist der Protest wegen des Restes zu erheben. Eine Teilzahlung ist im Protest und auf dem Wechsel zu vermerken; dem Wechselschuldner ist über sie auf einer Abschrift des Wechsels Quittung zu erteilen (Art. 39 der WO.).

VII. Das empfangene Geld ist unverzüglich an den Auftraggeber abzuliefern.

Protesturkunde.

§ 269. I. Über den Hergang bei der Protesterhebung ist eine Urkunde aufzunehmen (Art. 88, 91 der WO.).

II. Die Urkunde (der Protest) muß enthalten:

1. eine wörtliche Abschrift des Wechsels oder der Kopie und aller darauf befindlichen Indossamente und Bemerkungen.

   Auch durchstrichene Indossamente sind aufzunehmen. Bei unleserlichen Unterschriften genügt der Vermerk „Unleserliche Unterschrift". Mehrere Wechsel müssen sämtlich abgeschrieben werden.
2. Den Namen oder die Firma der Personen, für welche und gegen welche der Protest erhoben wird, ferner, wenn der Protestat nicht angetroffen wird, die Feststellung dieses Umstandes und die Bezeichnung der an Stelle des Protestaten etwa angetroffenen Person;
3. das an den Protestaten oder an die statt seiner angetroffene Person gestellte Begehren, ihre Antwort oder die Bemerkung, daß keine Antwort gegeben worden ist, oder die Feststellung, daß in dem Geschäftslokal oder in der Wohnung des Protestaten niemand anzutreffen oder daß das Geschäftslokal, die Wohnung oder die angegebene Zahlstelle durch die Nachfrage bei der Polizeibehörde nicht zu ermitteln gewesen ist;
4. die Angabe des Ortes, sowie des Kalendertags, Monats und Jahres, an welchem die Aufforderung (Nr. 3) geschehen oder erfolglos versucht worden ist;
5. im Falle einer Ehrenannahme oder einer Ehrenzahlung die Erwähnung, von wem, für wen und wie sie angeboten und geleistet wird;

6. die Unterschrift des Gerichtsvollziehers;
7. die Beifügung des Dienstsiegels.

§ 270. Wird mit Zustimmung des Protestaten der Protest außerhalb des Geschäftslokals oder der Wohnung erhoben, so ist die Zustimmung in der Protesturkunde zu erwähnen und außerdem anzugeben, ob der Gerichtsvollzieher den Protestaten kennt oder wie er die Persönlichkeit festgestellt hat.

§ 271. Muß eine wechselrechtliche Leistung von mehreren Personen verlangt werden, so ist über die mehrfache Aufforderung nur eine Protesturkunde erforderlich (Art. 89 der WO.).

§ 272. Der Zuziehung von Zeugen oder eines Protokollführers bedarf es zur Aufnahme des Protestes nicht (Art. 87 Satz 2 der WO.).

§ 273. I. Die Protesturkunde ist thunlichst im unmittelbaren Anschluß an den zu beurkundenden Vorgang, jedenfalls aber noch vor Ablauf der gesetzlichen Protestfrist fertigzustellen.

II. Der Protest ist nach der Eintragung in das Wechselprotestregister (§ 275 der Anw.) mit dem Wechsel dem Auftraggeber in Urschrift auszuhändigen oder mittels eingeschriebenen Briefes zu übersenden.

§ 274. Wird der Auftrag ohne Protesterhebung erledigt, so ist ein Protokoll aufzunehmen. Eine Abschrift des Protokolls ist dem Auftraggeber auf Verlangen auszuhändigen.

3. Wechselprotestregister.

§ 275. I. Der Gerichtsvollzieher hat die von ihm aufgenommenen Wechselproteste nach ihrem ganzen Inhalte Tag für Tag und nach Ordnung des Datums in das Wechselprotestregister einzutragen (Art. 90 der WO.). Die Eintragung geschieht in der Form einer beglaubigten Abschrift, in die insbesondere auch die Bemerkung über die Verwendung des Wechselstempels mit aufzunehmen ist.

II. Im übrigen wird wegen des Wechselprotestregisters auf die §§ 147, 148 der Dienstvorschriften verwiesen.

Anlage.

Formulare für Zustellungen*).

---

*) Das in lateinischer Kursivschrift Gedruckte dient als Beispiel für die Benützung der Formulare. Die eingeklammerten Worte gelten als bei der Ausfüllung des Formulars handschriftlich durchstrichen.

Formular I.

Übergabe an den Empfänger in Person (§ 12 der Anw.).

Gebühren:

Zustellung ℳ ₰
Schreibgebühr
(Seiten) " "
Reisekosten
(km) " "

D. R. Nr.

Beglaubigte Abschrift (— Ausfertigung —) *vorstehenden* Schriftstücks nebst einer beglaubigten Abschrift dieser Zustellungsurkunde habe ich heute hier im Auftrage des *Rechtsanwalts Moser* in *München* zum Zwecke der Zustellung an die *Krämerin Elise Wurzelmann*, wohnhaft zu *München Maistr. 105*, dieser in Person übergeben.

(Da der Empfänger die Annahme — in der Wohnung — im Geschäftslokale — verweigerte und derselbe hier weder eine Wohnung noch ein Geschäftslokal hat, — habe ich die Schriftstücke am Orte der Zustellung zurückgelassen.)

München, den *1ten* *März* 19*00*.

Salzhuber

Gerichtsvollzieher bei dem K. Amtsgerichte *München I.*

Formular II.

Übergabe an Hausgenossen oder dienende Personen (§ 13 Abs. 1 der Anw.).

Gebühren: Zustellung *M.* *S* Schreibgebühr (Seiten) " " Reisekosten (km) " " D. R. Nr.	Beglaubigte Abschrift (— Ausfertigung —) *nach*stehende*n* Schriftstücks nebst einer beglaubigten Abschrift dieser Zustellungsurkunde habe ich heute hier im Auftrage des *Rechtsanwalts Moser* in *München* zum Zwecke der Zustellung an den *Melber August Mühlbauer*, wohnhaft in *München, Buttermelcherstrasse 207 a*, da ich den bezeichneten Empfänger selbst in der Wohnung nicht angetroffen habe, dort (— einem zur Familie gehörenden erwachsenen Hausgenossen, nämlich de .... —) der in der Familie dienenden erwachsenen *Köchin Lina Westermaier* übergeben. (— Da die Annahme verweigert wurde, habe ich die Schriftstücke am Orte der Zustellung zurückgelassen. —) *München*, den *2ten* *April* 19*00*. *Salzhuber* Gerichtsvollzieher bei dem K. Amtsgerichte *München I.*

Formular III.

Übergabe an den Hauswirt oder Vermieter (§ 13 Abs. 2 der Anw.)

Beglaubigte Abschrift (— Ausfertigung —) *vor*stehende*r* Schriftstück nebst einer beglaubigten Abschrift dieser Zustellungsurkunde habe ich heute hier im Auftrage de*s* *Kaufmanns Hugo Beutelrock* in *Augsburg* zum Zwecke der Zustellung an d*en* *Arbeiter Ernst Lange*, wohnhaft in *Augsburg*, da ich den bezeichneten Empfänger selbst in der Wohnung nicht angetroffen habe, auch die Zustellung an einen Hausgenossen oder an eine dienende Person nicht möglich war, de*m* in demselben Hause wohnenden — Hauswirt (— Vermieter —) nämlich de*m* *Braumeister Otto Balde*, welche*r* zur Annahme bereit war, übergeben.

Augsburg, den *5ten* *April* 19*00*.

Blattner
Gerichtsvollzieher bei dem K. Amtsgerichte *Augsburg*.

Gebühren:

	ℳ	₰
Zustellung		
Schreibgebühr (Seiten)	"	"
Reisekosten (km)	"	"

D. R. Nr.

Formular IV.

Übergabe an Gewerbegehilfen (§ 16 der Anw.).

Gebühren:

Zustellung ℳ ₰
Schreibgebühr
(Seiten) " "
Reisekosten
(km) " "

D. R. N.

Beglaubigte Abschrift (— Ausfertigung —) *vor*stehenden Schriftstücks nebst einer beglaubigten Abschrift dieser Zustellungsurkunde habe ich heute hier im Auftrage des *Kaufmanns Otto Nagler* in *München* zum Zwecke der Zustellung an d*en* *Kaufmann Gottfried Haller* wohnhaft in *München*, da ich den bezeichneten Empfänger selbst in dem besonderen Geschäftslokale *Thalkirchnerstrasse 13* nicht angetroffen habe, dort de*m* Gewerbegehilf*en* des selben, nämlich d*em Kommis Siegfried Rothschild* übergeben.

(— Da die Annahme verweigert wurde, habe ich die Schriftstücke am Orte der Zustellung zurückgelassen. —)

München, den *5ten* *März* 19*00*.

Salzhuber

Gerichtsvollzieher bei dem K. Amtsgerichte *München I.*

Formular V.

Übergabe an Gehilfen eines Rechtsanwalts, Notars oder Gerichtsvollziehers (§ 17 der Anw.).

Gebühren: Zustellung ℳ ₰ Schreibgebühr (Seiten) " " Reisekosten (km) " " T. R. Nr.	Beglaubigte Abschrift (— Ausfertigung —) *vor*stehende*n* Schriftstücks nebst einer beglaubigten Abschrift dieser Zustellungsurkunde habe ich heute hier im Auftrage des *Rechtsanwalts Moser* in *München* zum Zwecke der Zustellung an den *Rechtsanwalt Goldberg*, wohnhaft zu *München*, da ich ihn selbst in dem Geschäftslokale *Theatinerstr. 107* nicht angetroffen habe, dort dem — Gehilfen (— Schreiber —) desselben *Rechtsconcipienten Huber* übergeben. (— Da die Annahme verweigert wurde, habe ich die Schriftstücke am Orte der Zustellung zurückgelassen. —) *München*, den *5ten April* 19*00*. *Salzhuber* Gerichtsvollzieher bei dem K. Amtsgerichte *München I*.

Formular VI.

Übergabe an Vorsteher oder Vertreter von Behörden, Gemeinden, Korporationen und Vereinen (einschließlich der Handelsgesellschaften)*) in Person (§ 12 Abs. 3 der Anw.).

Gebühren:		
Zustellung	M.	₰
Schreibgebühr (Seiten)	„	„
Reisekosten (km)	„	„

D. R. Nr.

Beglaubigte Abschrift (— Ausfertigung —) *vor*stehende*n* Schriftstück*s* nebst einer beglaubigten Abschrift dieser Zustellungsurkunde habe ich heute hier im Auftrage de*s* *Hausbesitzers Joseph Pichelmayer* in *München* zum Zwecke der Zustellung an die *Firma Schneidmüller & Co.* in *München* dem (Vorsteher —) Vertreter — d*es* vorbezeichneten (— Behörde — Gemeinde — Korporation —) Vereins —, nämlich de*m* *Kaufmann Joseph Schneidmüller* in Person — in de*m* — Geschäftslokale (— Wohnung —) des bezeichneten (Vorstehers —) Vertreters *Karolinenplatz 60* übergeben.

(— Da die Annahme verweigert wurde —, und der bezeichnete Vorsteher — Vertreter — hier weder eine Wohnung noch ein Geschäftslokal hat, — habe ich die Schriftstücke am Orte der Zustellung zurückgelassen.)

München, den *20ten April* 1*900*.

Salzhuber

Gerichtsvollzieher bei dem K. Amtsgerichte *München I.*

*) Die Handelsgesellschaften sind als Vereine zu behandeln.

Formular VII.

Übergabe an Beamte oder Bedienstete einer Behörde oder Gemeinde (§ 18 der Anw.).

Beglaubigte Abschrift (— Ausfertigung —) *vor*stehende*n* Schriftstück*s* nebst einer beglaubigten Abschrift dieser Zustellungsurkunde habe ich heute hier im Auftrage de*s* *Rechtsanwalts Moser* in *München* zum Zwecke der Zustellung an d*ie* *K. Regierungsfinanzkammer von Oberbayern* zu *München*, da ich den Vorsteher (— Vertreter —) den *K. Regierungspräsidenten N. N.* in dem Geschäftslokale der vorbezeichneten Behörde (— Gemeinde —) *in der K. Regierung* während der gewöhnlichen Geschäftsstunden (— nicht —) zwar — angetroffen habe, — derselbe aber an der Annahme verhindert war, — dort dem bei der vorbezeichneten Behörde (— Gemeinde —) angestellten *Boten Joseph Bennetthaler* übergeben.

(— Da die Annahme verweigert wurde, habe ich die Schriftstücke am Orte der Zustellung zurückgelassen. —)

München, den *15ten* *März* 19*00*.

Salzhuber.

Gerichtsvollzieher bei dem K. Amtsgerichte *München I.*

Gebühren:

Zustellung	M.	Pf.
Schreibgebühr (Seiten)	"	"
Reisekosten (km)	"	"

D. R. Nr.

Formular VIII.

Übergabe an Beamte oder Bedienstete von Korporationen und Vereinen (einschließlich der Handelsgesellschaften)*) (§ 18 der Anw.).

Gebühren:

Zustellung *M.* ₰
Schreibgebühr
(Seiten) " "
Reisekosten
(km) " "

D. R. Nr.

Beglaubigte Abschrift (— Ausfertigung —) *vor* stehende*n* Schriftstücks*s* nebst einer beglaubigten Abschrift dieser Zustellungsurkunde habe ich heute hier im Auftrage des *Rechtsanwalts Huber* in *Dillingen* zum Zwecke der Zustellung an d*as* *Elektrizitätswerk Dillingen G. m. b. H.* zu *Dillingen*, da ich in dem Geschäftslokale des vorbezeichneten (— Korporation —) Vereins — während der gewöhnlichen Geschäftsstunden — kein Mitglied des Vorstandes (— keinen Vertreter — von den Mitgliedern des Vorstandes — von den Vertretern nur d.........................) angetroffen habe, (— diese...... aber an der Annahme verhindert war —), dort dem bei de*m* vorbezeichneten — (Korporation) — Verein — angestellten *Buchhalter Fink* übergeben.

(— Da die Annahme verweigert wurde, habe ich die Schriftstücke am Orte der Zustellung zurückgelassen. —)

Dillingen, den *1ten* *Februar* 19*00*.

Meier,

Gerichtsvollzieher bei dem K. Amtsgerichte *Dillingen*.

---

*) Die Handelsgesellschaften sind als Vereine zu behandeln.

Formular IX.

Übergabe an Hausgenossen oder dienende Personen bei Zustellung an Behörden, Gemeinden, Korporationen und Vereine ohne besonderes Geschäftslokal (§ 12 Abs. 3, § 13 Abs. 3 der Anw.).

Beglaubigte Abschrift (— Ausfertigung —) *vor*stehende*n* Schriftstück*s* nebst einer beglaubigten Abschrift dieser Zustellungsurkunde habe ich heute hier im Auftrage de*s* *Handelsmann Nathan Löwenzahn* in *Buttenwiesen* zum Zwecke der Zustellung an di*e* *Gemeinde Buttenwiesen* (zu ....), welche.. ein besonderes Geschäftslokal nicht hat, da ich den Vorsteher (— Vertreter —) nämlich d*en* *Bürgermeister Müller* selbst in seiner Wohnung dahier.......... nicht angetroffen habe, dort — (einem zur Familie gehörenden erwachsenen Hausgenossen, nämlich de.................) — de*r* in der Familie..........dienenden erwachsenen *Magd Anna Eder* übergeben.

(— Da die Annahme verweigert wurde, habe ich die Schriftstücke am Orte der Zustellung zurückgelassen. —)

Buttenwiesen, den *17ten* *Januar* 19*00*.

Stirner

Gerichtsvollzieher bei dem K. Amtsgerichte *Weissenhorn*.

Gebühren:

Zustellung	M.	₰
Schreibgebühr (Seiten) .	„	„
Reisekosten (km)	„	„

D. R. Nr.

Formular X.

Übergabe an den Hauswirt u. s. w. bei Zustellungen an Behörden u. s. w. ohne besonderes Geschäftslokal. (§§ 12, 13 der Anw.)

Beglaubigte Abschrift (— Ausfertigung —) *vorstehenden* Schriftstücks nebst einer beglaubigten Abschrift dieser Zustellungsurkunde habe ich heute hier im Auftrage des *Gutsbesitzers von Volzenhafen* in *Mühlberg* zum Zwecke der Zustellung an *den mit der Flurbereinigung in Mühlberg beauftragten Geometer Huber* zu *Werder*, welcher ein besonderes Geschäftslokal nicht hat, da ich den Vorsteher (— Vertreter —) ....

selbst in seiner Wohnung hier .... nicht angetroffen habe, auch die Zustellung an einen Hausgenossen oder an eine dienende Person nicht möglich war, dem in demselben Hause wohnenden (— Hauswirt —) Vermieter — nämlich *der Privatierswitwe Helder*, welche zur Annahme bereit war, übergeben.

Werder, den *27ten November* 19*00*.

Schmitt

Gerichtsvollzieher bei dem K. Amtsgerichte *Werder*.

Gebühren:

Zustellung	M.	₰
Schreibgebühr (Seiten)	"	"
Reisekosten (km)	"	"

Dr. R. Nr.

Formular XI.

Zustellung an Unteroffiziere und Gemeine (§ 12 der Anw.).

Beglaubigte Abschrift (— Ausfertigung —) *vor*stehende*n* Schriftstücks nebst einer beglaubigten Abschrift dieser Zustellungsurkunde habe ich heute hier im Auftrage der *Näherin Bertha Schulze* in *Würzburg* zum Zwecke der Zustellung an den *Gemeinen Joseph Meier der 7. Kompagnie des 9. Inf. Rgts.*, dem Chef der dem bezeichneten Empfänger zunächst vorgesetzten Kommandobehörde, nämlich dem (— stellvertretenden —)

Kompagnie		*Hauptmann*
(Eskadrons)	Chef	(Rittmeister)
(Batterie)		(Oberleutnant)

Winter in Person übergeben.

Würzburg, den *5*ten *Dezember* 19*00*.

Schmitt,

Gerichtsvollzieher bei dem K. Amtsgerichte *Würzburg*.

Gebühren:

	M.	₰
Zustellung		
Schreibgebühr (Seiten)	"	"
Reisekosten (km)	"	"

D. R. Nr.

Formular XII.

Zustellung durch Niederlegung (§ 14 der Anw.).

Gebühren:

Zustellung ℳ ₰
Schreibgebühr
(Seiten) " "
Reisekosten
(km) " "

D. R. Nr.

Beglaubigte Abschrift (— Ausfertigung —) *vor*stehende*n* Schriftstück*s* nebst einer beglaubigten Abschrift dieser Zustellungsurkunde habe ich heute im Auftrage de*s*

Rechtsanwalts Oeller

in *München* zum Zwecke der Zustellung an de*n*

Bauern Joseph Hinterhuber,

wohnhaft zu *Bachhegel,* da ich den bezeichneten Empfänger in der Wohnung dortselbst

nicht angetroffen habe, und die Zustellung weder an einen Hausgenossen noch an eine dienende Person noch an den Hauswirt oder Vermieter möglich war,

(— auf der Gerichtsschreiberei des K. Amtsgerichts)

(— bei der Postanstalt

zu

— bei dem Gemeinde-Vorsteher zu *Bachhegel*

— bei dem Polizei-Vorsteher zu

niederlegt.

Die Niederlegung habe ich durch eine schriftliche, an der Thüre der Wohnung des Empfängers befestigte Anzeige — sowie durch mündliche Anzeige an — einen (— zwei —) Nachbarn bekannt gemacht. —

— Die Mitteilung an — einen — zweiten — Nachbar war nicht thunlich. —

Bachhegel, den *30* ten *März* 19*00*

Schmitt,

Gerichtsvollzieher bei dem K. Amtsgerichte *Lauingen.*

Formular XIII.

Anzeige über Niederlegung des zu übergebenden Schriftstücks (§ 15 der Anw.).

Gebühren:

Zustellung *M.* *ℌ*
Schreibgebühr
(Seiten) „ „
Reisekosten
(km) „ „

D. R. Nr.

Für den *Bauern Joseph Hinterhuber*

habe ich heute ein im Auftrage des *Rechtsanwalts Oeller* in *München* zuzustellendes Schriftstück

(— auf der Gerichtsschreiberei des K. Amtsgerichts)

(— bei der Postanstalt zu …………)

— bei dem Gemeinde-Vorsteher zu *Bachhegel*

— bei dem Polizei-Vorsteher zu ………… niedergelegt.

Das Schriftstück ist dort abzuholen.

Bachhegel, den *30. März* 19*00*.

Schmitt,

Gerichtsvollzieher bei dem K. Amtsgerichte *Lauingen*.

Formular XIV.

(Blankettformular für die Urkunde über eine gewöhnliche Zustellung, verwendbar für alle Fälle).

Gebühren:

Zustellung M. ₰
Schreibgebühr
(Seiten) " "
Reisekosten
(km) " "

D. R. Nr.

Beglaubigte Abschrift — Ausfertigung —

.... stehenden ....

....

....

nebst einer beglaubigten Abschrift dieser Zustellungsurkunde habe ich heute hier im Auftrage de ....

....

.... zum Zwecke der Zustellung an d ....

....

....

....

....

.... übergeben.

.................., den .... 19....

....

Gerichtsvollzieher bei dem K. Amtsgerichte

....

Formular XV.

Zustellung durch die Post (§§ 28, 32 der Anw.).

Gebühren:

Zustellung M. ₰
Schreibgebühr
(Seiten) " "
Postgebühr " "

D. R. Nr.

I. Postübergabsurkunde.

Beglaubigte Abschrift (— Ausfertigung —) *vor*stehende*n* Schriftstücks habe ich heute im Auftrage de*s* *Rechtsanwalts Moser* in *München* in einem mit meinem Dienstsiegel verschlossenen, mit der Geschäftsnummer D. R. Nr. *17875* bezeichneten und mit folgender Adresse:

An d*en* *Schmiedmeister Joh. Tumblinger*

zu *Rosenheim*

versehenen Briefe zum Zwecke der Zustellung an den bezeichneten Empfänger. der Postanstalt zu *München* mit dem Ersuchen übergeben, die Zustellung einem Postboten des Bestimmungsortes aufzutragen.

Den Namen meines Auftraggebers habe ich auf de*m* für den Empfänger bestimmten Schriftstücke vermerkt.

München, den *20* ten *Februar* 1*900*

Salzhuber,

Gerichtsvollzieher bei dem K. Amtsgerichte *München I.*

II. Vermerk auf dem für den Zustellungsempfänger bestimmten Schriftstücke.

(§. 25 Abs. 2 der Anw.)

Für d*en* *Kläger**)

zum Zwecke der Zustellung zur Post gegeben.

München, den *20* ten *Februar* 1*900*.

Salzhuber,

Gerichtsvollzieher bei dem K. Amtsgerichte *München I.*

---

*) Ergibt sich aus dem zuzustellenden Schriftstücke selbst die Person dessen, für welchen, d. h. in dessen Auftrag die Zustellung erfolgt, so kann, wie in obigem Beispiele, kurz „für den Kläger", „den Beklagten" u. s. w. geschrieben werden; andernfalls ist die Partei namentlich zu bezeichnen.

Formular XVI.

Zustellung durch Aufgabe zur Post (§ 36 der Anw.).

Gebühren:

Zustellung *M.* *₰*
Schreibgebühr
(Seiten) „ „
Postgebühr „ „

D. R. Nr.

Beglaubigte Abschrift (— Ausfertigung —) *vor*stehende*n* Schriftstücks nebst einer beglaubigten Abschrift dieser Zustellungsurkunde habe ich heute im Auftrage des *Rechtsanwalts Huber* in *Bayreuth* in einem mit meinem Dienstsiegel verschlossenen, mit der Geschäftsnummer D. R. Nr. *620* und mit der Adresse:

An de*n* *Kaufmann Elias Schneider*

in *Löwen (Belgien)*

(— sowie mit dem Vermerke „Einschreiben" —) versehenen Briefe der Postanstalt .... hier zur Beförderung übergeben.

Bayreuth, den *18* ten *Juni* 1*901*.

Grastner

Gerichtsvollzieher bei dem K. Amtsgerichte *Bayreuth*.

Formular a.*)

Zustellung für gewöhnliche Fälle.
(§§ 12, 13, 14 der Anw.)

Zustellungsurkunde.

Geschäftsnummer des zuzustellenden Schriftstücks: oder Betreff:

Beglaubigte Abschrift — Ausfertigung — de hiemit verbundenen Schriftstück ....

nebst einer beglaubigten Abschrift dieser Zustellungsurkunde habe ich heute hier im Auftrage de .... in .... zum Zwecke der Zustellung an d .... in ....

1. An den Adressaten selbst. 1. **dem Adressaten selbst** — in der Wohnung — .... übergeben.

2a. An ein Familienglied. 2. da ich den Adressaten selbst in der Wohnung nicht angetroffen habe, dort

a) dem zu seiner Familie gehörigen **erwachsenen Hausgenossen** nämlich de **Ehefrau** — **Sohne** — **Tochter** — .... übergeben.

2b. An eine Dienstperson. b) de in der Familie dienenden **erwachsenen** .... übergeben.

3. Verweigerte Annahme. 3. da der Empfänger die Annahme verweigerte — und derselbe hier weder eine Wohnung noch ein Geschäftslokal hat —

so habe ich den Brief am Orte der Zustellung zurückgelassen.

4. An den Hauswirt. 4. da ich den Adressaten selbst in der Wohnung **nicht** angetroffen habe, auch die Zustellung an einen Hausgenossen oder an eine dienende Person nicht möglich war, de in demselben Hause wohnenden **Hauswirt** — **Vermieter** — nämlich de ....

welche zur Annahme bereit war, übergeben.

5. Niederlegung.

5. da ich den Adressaten selbst in der Wohnung **nicht** angetroffen habe, auch die Zustellung weder an einen Hausgenossen, noch an eine dienende Person, noch an den Hauswirt oder Vermieter möglich war,

auf der Gerichtsschreiberei des Amtsgerichts zu .... niedergelegt.

bei der Postanstalt zu .... niedergelegt.

bei dem Gemeinde-Vorsteher zu .... niedergelegt.

bei dem Polizei-Vorsteher zu .... niedergelegt.

Gebühren:
Zustellung *M.* *S.*
Schreibgebühr
(Seiten) " "
Reisekosten
(km) " "

Die Niederlegung ist bekannt gemacht durch eine an der Thür der Wohnung des Adressaten befestigte schriftliche Anzeige — sowie durch mündliche Mitteilung an $\frac{\text{einen}}{\text{zwei}}$ Nachbarn.

Die Bekanntmachung an $\frac{\text{einen}}{\text{einen zweiten}}$ Nachbarn war nicht thunlich.

............, den .... 19....

....

D. R. Nr.

Gerichtsvollzieher bei dem K. Amtsgerichte ....

*) Die Formulare a bis d werden in der gleichen Weise und in demselben Formate wie die Postzustellungsurkunden gedruckt. Die Formulare werden zweckmäßiger Weise auf der Rückseite oben mit einem schmalen, etwa 2 cm breiten gummierten Streifen versehen, um die Verbindung mit dem Schriftstücke (§ 25 Abs. 1—3 der Anw., § 190 Abs. 2, 3 der CPO.) zu erleichtern. Die Verbindung geschieht am einfachsten dadurch, daß die Zustellungsurkunde am oberen Rande der letzten beschriebenen Seite des Schriftstücks aufgeklebt wird.

Formular b.

Geschäftsnummer des zuzustellenden Schriftstücks: oder Betreff:

Zustellung an Gewerbetreibende.*)

(§§ 12, 13, 14, 16 der Anw.)

Zustellungsurkunde.

Beglaubigte Abschrift — Ausfertigung — de...... hiemit verbundenen Schriftstück ....

....

....

nebst einer beglaubigten Abschrift — dieser Zustellungsurkunde habe ich heute hier im Auftrag de ....

in .... zum Zwecke der Zustellung an d ....

....

in ....

1. An den Adressaten selbst.

1. **dem Adressaten selbst** — in der Wohnung — in dem Geschäftslokale — übergeben.

2. An Gewerbegehilfen rc.

2. da ich den Adressaten selbst in dem besonderen Geschäftslokale — **nicht** angetroffen habe, dort de **Gewerbegehilf** nämlich de ....

.... übergeben.

3a. An ein Familienglied.

3. da ich den Adressaten selbst in der Wohnung **nicht** angetroffen habe, dort
   a) dem zu seiner Familie gehörigen **erwachsenen Hausgenossen,** nämlich de **Ehefrau** — **Sohne** — **Tochter** — ....

.... übergeben.

3b. An eine Dienstperson.

   b) de in der Familie dienenden **erwachsenen** ....

.... übergeben.

4. Verweigerte Annahme.

4. da der Empfänger die Annahme verweigerte — und derselbe hier weder eine Wohnung noch ein Geschäftslokal hat —

so habe ich den Brief am Orte der Zustellung zurückgelassen.

5. An den Hauswirt.

5. da ich den Adressaten selbst in der Wohnung **nicht** angetroffen habe, auch die Zustellung an einen Hausgenossen oder an eine dienende Person nicht möglich war,
de in demselben Hause wohnenden **Hauswirt** — **Vermieter** — nämlich
de ....
welche zur Annahme bereit war, übergeben.

6. Niederlegung.

6. da ich den Adressaten selbst in der Wohnung **nicht** angetroffen habe und die Zustellung weder an einen Hausgenossen, noch an eine dienende Person, noch an den Hauswirt oder Vermieter möglich war,

auf der Gerichtsschreiberei des Amtsgerichts zu .... niedergelegt.
bei der Postanstalt zu .... niedergelegt.
bei dem Gemeinde-Vorsteher zu .... niedergelegt.
bei dem Polizei-Vorsteher zu .... niedergelegt.

Die Niederlegung ist bekannt gemacht durch eine an der Thür der Wohnung des Adressaten befestigte schriftliche Anzeige — sowie durch mündliche Mitteilung an $\frac{\text{einen}}{\text{zwei}}$ Nachbarn.

Die Bekanntmachung an $\frac{\text{einen}}{\text{einen zweiten}}$ Nachbarn war nicht thunlich.

Gebühren:

Zustellung	M.	₰
Schreibgebühr	„	„
(Seiten)	„	„
Reisekosten		
(km)	„	„

.........., den .... 19 ..

....

Gerichtsvollzieher bei dem K. Amtsgerichte ....

D. R. Nr. ....

*) Das Formular ist auch bei Zustellungen an eine Gesellschaftsfirma, die von einem Einzelkaufmann geführt wird, z. B. an die von dem Kaufmann A geführte Firma B und C, zu verwenden (vgl. Bekanntmachung vom 20. Juli 1897, JMBl. S. 159).

Formular c.

Zustellung an Behörden, Gemeinden, Korporationen und Vereine (einschließlich der Handelsgesellschaften*) etc.

(§§ 12—14, 18 der Anw.)

Zustellungsurkunde.

Geschäftsnummer des zuzustellenden Schriftstücks: oder Betreff:

Beglaubigte Abschrift — Ausfertigung — de.... hiemit verbundenen Schriftstück ....

nebst einer beglaubigten Abschrift dieser Zustellungsurkunde habe ich heute hier im Auftrage de..........

in .... zum Zwecke der Zustellung an d ....

in ....

1. An den Vorsteher in Person.

1. dem **Vorsteher** — **Vertreter** — de bezeichneten — Behörde — Gemeinde — Korporation — Vereins —, nämlich dem ....
in Person — in de Geschäftslokale — Wohnung — de bezeichneten Behörde — Gemeinde — Korporation — Vereins — Vorstehers — Vertreters — übergeben.

2. An Beamte 2c.

2. da ich in dem Geschäftslokale de in der Adresse bezeichneten — Behörde — Gemeinde — Korporation — Vereins während der gewöhnlichen Geschäftsstunden
   a) den Vorsteher — Vertreter ....
   nicht angetroffen habe,
   b) den Vorsteher — Vertreter ....
   zwar angetroffen habe, derselbe aber an der Annahme verhindert war,
   c) kein Mitglied des Vorstandes — keinen Vertreter — von den Mitgliedern des Vorstandes — von den Vertretern — nur d ....
   angetroffen habe, diese aber an der Annahme verhindert war,
   dort dem bei de in der Adresse bezeichneten Behörde — Gemeinde — Korporation — Verein angestellten ....
   .... übergeben.

3. Wenn kein besonderes Geschäftslokal vorhanden ist:

3. da d in der Adresse bezeichnete — Behörde — Gemeinde — Korporation — Verein ein besonderes Geschäftslokal **nicht** hat und ich auch de en Vorsteher — den Vertreter, de ....
in der hiesigen Wohnung (..........)
nicht selbst angetroffen habe, dort

3a. An ein Familienglied. a) dem zur Familie gehörigen **erwachsenen Hausgenossen,** nämlich de **Ehefrau** — **Sohn** — **Tochter** — .... übergeben.

3b. An eine Dienstperson. b) de in der Familie dienenden **erwachsenen** .... übergeben.

4. Verweigerte Annahme. 4. da die Annahme verweigert wurde — und der bezeichnete Vorsteher — Vertreter — hier weder eine Wohnung, noch ein Geschäftslokal hat,

so habe ich den Brief an Ort und Stelle zurückgelassen.

5. An den Hauswirt. 5. da d in der Adresse bezeichnete — Behörde — Gemeinde — Korporation — Verein — ein besonderes Geschäftslokal **nicht** hat, und ich den Vorsteher — den Vertreter, de .... in der hiesigen Wohnung (............) **nicht** angetroffen habe, auch die Zustellung an einen Hausgenossen oder an eine dienende Person nicht möglich war, d in demselben Hause wohnenden **Hauswirt** — **Vermieter** nämlich d .... welcher zur Annahme bereit war, übergeben.

6. Niederlegung. 6. da d in der Adresse bezeichnete — Behörde — Gemeinde — Korporation — Verein — ein besonderes Geschäftslokal **nicht** hat, und ich auch de Vorsteher — den Vertreter, de .... in der hiesigen Wohnung (............) **nicht** selbst angetroffen habe, auch die Zustellung weder an einen Hausgenossen, noch an eine dienende Person, noch an den Hauswirt oder Vermieter möglich war,

auf der Gerichtsschreiberei des Amtsgerichts zu .... niedergelegt.
bei der Postanstalt zu .... niedergelegt.
bei dem Gemeinde-Vorsteher zu .... niedergelegt.
bei dem Polizei-Vorsteher zu .... niedergelegt.

Die Niederlegung ist bekannt gemacht durch eine an der Thür der Wohnung des Adressaten befestigte schriftliche Anzeige, sowie durch mündliche Mitteilung an $\frac{\text{einen}}{\text{zwei}}$ Nachbarn.

Die Bekanntmachung an $\frac{\text{einen}}{\text{einen zweiten}}$ Nachbarn war nicht thunlich.

Gebühren:
Zustellung ℳ. ₰
Schreibgebühr
(Seiten) „ „
Reisekosten
(km)

............, den .... 19....

....

D. R. Nr. Gerichtsvollzieher bei dem K. Amtsgerichte ....

*) Die Handelsgesellschaften sind als Vereine zu behandeln.

Formular d.

Zustellung an Rechtsanwälte, Notare und Gerichtsvollzieher.

(§§ 12, 14, 17, 19 der Anw.).

Geschäftsnummer des zuzustellenden Schriftstücks: oder Betreff:

Zustellungsurkunde.

Beglaubigte Abschrift — Ausfertigung — de ..... hiemit verbundenen Schriftstück ......

....

nebst einer beglaubigten Abschrift dieser Zustellungsurkunde habe ich heute hier im Auftrage de ......

....

in .... zum Zwecke der Zustellung an d ....

....

in ....

1. An den Adressaten selbst.

1. **dem Adressaten selbst** — in der Wohnung — in dem Geschäftslokal — übergeben.

2. An Gehilfen, Schreiber.

2. da ich den Adressaten selbst in dem Geschäftslokale **nicht** angetroffen habe, dort **dem Gehilfen — Schreiber — desselben,** nämlich dem .... übergeben.

3a. An ein Familienglied.

3. da ich den Adressaten selbst in der Wohnung **nicht** angetroffen habe, dort
   a) dem zu seiner Familie gehörigen **erwachsenen Hausgenossen,** nämlich de **Ehefrau — Sohne — Tochter** .... übergeben.

3b. An eine Dienstperson.

   b) de in der Familie dienenden **erwachsenen** .... übergeben.

4. Verweigerte Annahme.

4. da der Empfänger die Annahme verweigerte — und derselbe hier weder eine Wohnung noch ein Geschäftslokal hat —

so habe ich den Brief am Orte der Zustellung zurückgelassen.

5. An den Hauswirt.

5. da ich den Adressaten selbst in der Wohnung **nicht** angetroffen habe, auch die Zustellung an einen Hausgenossen *oder an* eine dienende Person nicht möglich war,
de in demselben Hause wohnenden **Hauswirt** — **Vermieter** nämlich
de ....
welche zur Annahme bereit war, übergeben.

6. Niederlegung.

6. da ich den Adressaten selbst in der Wohnung **nicht** angetroffen habe, und die Zustellung weder an einen Hausgenossen, noch an eine dienende Person, noch an den Hauswirt oder Vermieter möglich war.

auf der Gerichtsschreiberei des Amtsgerichts zu .... niedergelegt.
bei der Postanstalt zu .... niedergelegt.
bei dem Gemeinde-Vorsteher zu .... niedergelegt.
bei dem Polizei-Vorsteher zu .... niedergelegt.

Die Niederlegung ist bekannt gemacht durch eine an der Thür der Wohnung des Adressaten befestigte schriftliche Anzeige — sowie durch mündliche Mitteilung an einen / zwei Nachbarn.

Die Bekanntmachung an einen / einen zweiten Nachbar war nicht thunlich.

Gebühren:
Zustellung M. ₰
Schreibgebühr (Seiten) „ „
Reisekosten (km) „ „

...................., den .... 19....

....

Gerichtsvollzieher bei dem K. Amtsgerichte ....

D. R. Nr.

Anhang.

I.

Bekanntmachung vom 16. Dezember 1899,

die Ausführung der Zustellungen von Amtswegen betr.

(JMBl. 1899, S. 475—513.)

Nr. 40436.

Bekanntmachung.

Königliches Staatsministerium der Justiz.

Über die Ausführung der Zustellungen von Amtswegen werden folgende Vorschriften getroffen:

I. Fälle der Zustellung von Amtswegen.

§ 1. In bürgerlichen Rechtsstreitigkeiten erfolgt die Zustellung von Amtswegen nur in den Fällen, in denen es im Gesetz ausdrücklich vorgeschrieben ist (vgl. z. B. § 329 Abs. 3, § 377 Abs. 1, § 389 Abs. 2, §§ 402, 625, 640, 641, 659, 662, 678 Abs. 1, §§ 683, 685 der CPO.). Die Zustellung von Amtswegen ist insbesondere vorgeschrieben hinsichtlich nicht verkündeter Beschlüsse des Gerichts und nicht

Als Abkürzungen sind gebraucht: CPO. = Civilprozeßordnung, KO. = Konkursordnung, ZVG. = Gesetz über die Zwangsversteigerung und die Zwangsverwaltung, GFG. = Gesetz über die Angelegenheiten der freiwilligen Gerichtsbarkeit, GBO. = Grundbuchordnung, BGB. = Bürgerliches Gesetzbuch, StPO. = Strafprozeßordnung, AG. = Ausführungsgesetz.

verkündeter Verfügungen des Vorsitzenden und eines beauftragten oder ersuchten Richters (§ 329 Abs. 3 der CPO.).

§ 2. Im Konkursverfahren, im Zwangsversteigerungs- und Zwangsverwaltungsverfahren, in den Grundbuchsachen und in den Angelegenheiten der freiwilligen Gerichtsbarkeit erfolgen alle Zustellungen von Amtswegen (§ 73 der KO., § 3 Abs. 2 des ZVG., § 16 Abs. 2 des GFG., Art. 129 des AG. zum BGB., Art. 8 des AG. zur GBO. und zum ZVG.).

§ 3. In Strafsachen und in Forstrügesachen erfolgen alle Zustellungen von Amtswegen, soweit sie nicht nach § 38 der StPO. auf Betreiben des Angeklagten (§§ 193, 219, 364, 426, der StPO.), des Privatklägers (§ 426 der StPO.), des Nebenklägers (§ 437 der StPO.) oder gewisser anderer an dem Verfahren beteiligter Personen (vgl. §§ 322, 324, 328, 340, 474, 478 der StPO.) oder der Verwaltungsbehörde, welche die Anklage wegen einer Zuwiderhandlung gegen die Vorschriften über die Erhebung öffentlicher Abgaben und Gefälle selbst erhoben hat (§ 466 der StPO.), erfolgen (§ 37 der StPO., Art. 91 des Forststrafgesetzes, Art. 188 des Forstgesetzes.)

II. Zustellungen in bürgerlichen Rechtsstreitigkeiten und im Konkursverfahren.

§ 4. Für die ordnungsmäßige Bewirkung der Zustellung hat der Gerichtsschreiber Sorge zu tragen.

§ 5. Die Zustellung besteht, wenn eine Ausfertigung zugestellt werden soll, in deren Übergabe, in den übrigen Fällen in der Übergabe einer beglaubigten Abschrift des zuzustellenden Schriftstücks.

Eine bei der Zustellung zu übergebende Abschrift muß, abgesehen von den Fällen des § 77 Abs. 1 der KO., beglaubigt sein. Die Beglaubigung geschieht durch den Gerichtsschreiber.

§ 6. Die Zustellung kann erfolgen:

1. durch den Gerichtsdiener (Diener- und Botenpersonal),
2. durch die Post,
3. durch Aufgabe zur Post.

Der Gerichtsdiener kann Zustellungen nur innerhalb des Bezirkes oder am Sitze des Gerichts ausführen, bei dem er aufgestellt ist. Zustellungen durch die Post können nach jedem Orte des deutschen Reichs bewirkt werden. Bei Zustellungen durch Aufgabe zur Post kommt es nicht darauf an, wo der Bestimmungsort gelegen ist; sie findet insbesondere auch dann statt, wenn die Sendung in einem nicht deutschen Lande zu bestellen ist.

Eine Mitwirkung des Gerichtsvollziehers als solchen findet bei der Zustellung von Amtswegen nicht statt; dagegen kann der Gerichtsvollzieher in seiner Eigenschaft als Amtsgerichtsdiener Zustellungen von Amtswegen vornehmen.

§ 7. Die Zustellung durch Aufgabe zur Post ist nur in den gesetzlich bestimmten Fällen zulässig (vgl. z. B. §§ 175, 244, 829, 994, 1001 der CPO., § 8 des EG. zu der CPO., § 77 der KO.).

Ob die Zustellung durch den Gerichtsdiener oder durch die Post zu wählen ist, hat der Gerichtsschreiber im einzelnen Falle nach pflichtmäßigem Ermessen zu bestimmen. Bei Zustellungen am Gerichtssitze wird in kleineren Orten in der Regel die Zustellung durch den Gerichtsdiener zu wählen sein. Der Gerichtsvorstand kann allgemein anordnen, daß gewisse Zustellungen durch den Gerichtsdiener vorzunehmen sind oder daß gewisse Zustellungen nicht durch den Gerichtsdiener vorgenommen werden dürfen.

§ 8. Der Gerichtsschreiber hat ein Register für Zustellungen von Amtswegen nach dem anliegenden Formular I zu führen. In das Register hat er die durch den Gerichtsdiener, durch die Post und durch Aufgabe zur Post zu bewirkenden Zustellungen nach der Zeitfolge und unter fortlaufenden Nummern (Geschäftsnummern) einzutragen. Formular I.

Die Bestimmung des Zeitraums, für welchen ein Register anzulegen ist, wird dem Ermessen des Gerichtsvorstandes überlassen. Die in Spalte 1 einzusetzenden laufenden Nummern beginnen jedes Geschäftsjahr von neuem und laufen durch das ganze Geschäftsjahr hindurch. In Spalte 2 wird die Bezeichnung des Tages der Veranlassung der Zustellung (d. h. der Beauftragung des Gerichtsdieners oder des Ersuchens der Post) in der Form eines Bruches über die Bezeichnung des Tages der Erledigung (d. h. des Tages der Rücklieferung der Zustellungsurkunde) gesetzt z. B. $\frac{23.\ \mathrm{VI}}{25.\ \mathrm{VI}}$. Bei der Zustellung durch

Aufgabe zur Post wird nur der Tag der Erledigung d. h. der Aufgabe angegeben. In Spalte 5 ist außer dem Aktenzeichen auch der die Art der Rechtsangelegenheit bezeichnende Buchstabe (Nr. I der Bekanntmachung vom 11. Dezember 1880, JMBl. S. 420) einzusetzen. In der Spalte 7, Bemerkungen, wird bei den portopflichtigen Zustellungen die Postgebühr vermerkt.

Als Geschäftsnummer dient die Nummer des Registers mit den beiden letzten Ziffern der Jahreszahl (z. B. 397/00).

Der Vorstand des Gerichts kann anordnen, daß mehrere Register für Zustellungen von Amtswegen zu führen sind. Werden mehrere Register geführt, so ist jedes Register mit einer großen römischen Ziffer oder einem großen lateinischen Buchstaben zu bezeichnen; in jedem Register beginnt die Ordnungsnummer mit der Ziffer 1. Bei der Angabe der Geschäftsnummer muß die römische Ziffer oder der lateinische Buchstabe mit angegeben werden.

Das Register ist mit einem dauerhaften Einbande zu versehen oder in einen festen Umschlag einzuheften.

§ 9. Soll die Zustellung durch den Gerichtsdiener oder durch die Post erfolgen, so hat der Gerichtsschreiber das bei der Zustellung zu übergebende Schriftstück in einem durch das Gerichtssiegel verschlossenen, mit der Adresse der Person, an die zugestellt werden soll, versehenen und mit der Geschäftsnummer (§ 8) bezeichneten Briefumschlag einem Gerichtsdiener oder der Post zur Zustellung auszuhändigen. Auf den Briefumschlag ist in der linken unteren Ecke der Vermerk zu setzen: „Vereinfachte Zustellung".

Auf der Aufschriftseite des Briefes ist die Gerichtsschreiberei als Absender zu bezeichnen.

Auf der Urschrift des zuzustellenden Schriftstücks und zwar in der unteren rechten Ecke der letzten Seite hat der Gerichtsschreiber zu vermerken:

1. im Falle der Aushändigung an einen Gerichtsdiener:
   „An den Gerichtsdiener zur Zustellung
   am . . . . . . unter Nr. . . . "
2. im Falle der Aushändigung an die Post:
   „zur Post am . . . . . . unter Nr. . . . "

oder wenn hiebei die Hülfe eines Gerichtsdieners benützt worden ist:

„zur Post durch den Gerichtsdiener
am . . . . . . unter Nr. . . . “

Die Vermerke können unter Benutzung eines Stempels hergestellt werden.

§ 10. Die auf den Briefumschlag zu setzende Adresse muß eine thunlichst genaue sein. Sie muß die Person, an die zugestellt werden soll, nach Namen, Stand oder Gewerbe und Wohnort, so genau bezeichnen, daß sie leicht und sicher aufgefunden werden kann und Verwechslungen ausgeschlossen sind. Bei Zustellungen an Dienstboten oder Gewerbegehilfen soll, wenn thunlich, der Name des Dienstherrn oder Arbeitgebers beigefügt werden. Bei Zustellungen, die in größeren Städten zu bewirken sind, ist wo möglich die Straße und die Hausnummer anzugeben. Bei häufig vorkommenden Familiennamen und bei Ortsnamen, welche den Namen anderer Ortschaften gleich oder ähnlich sind, ist besondere Sorgfalt geboten, insbesondere ist bei solchen Ortsnamen die Gemeinde oder das Amtsgericht, in dessen Bezirke sie liegen, anzugeben. Bei Briefen nach Orten ohne Postanstalt soll außer dem eigentlichen Bestimmungsorte noch die Postanstalt angegeben werden, von welcher aus die Bestellung des Briefes bewirkt werden soll.

§ 11. Wegen der Frage, an wen zugestellt werden soll, wird auf die §§ 171 bis 178 der CPO. verwiesen.

Besonders zu beachten ist:

Bei Zustellungen an Behörden, Gemeinden, Korporationen sowie bei Vereinen, die als solche klagen und verklagt werden können, ist die Adresse an diese selbst zu richten mit dem Zusatze „zu Handen des Vorstehers“ oder „zu Handen des gesetzlichen Vertreters“. Ist der Namen des Vorstehers oder des gesetzlichen Vertreters dem Gerichtsschreiber bekannt, oder kann er den Namen durch Einsicht in ein bei dem Amtsgerichte seines Amtssitzes geführtes öffentliches Register erfahren, so hat er den Namen auf der Adresse anzugeben.

Für Zustellungen an Handelsgesellschaften (offene Handelsgesellschaften u. s. w.) ist dasselbe Formular wie für Zustellungen an Behörden u. s. w. zu benutzen, jedoch in der Weise, daß die Handelsgesellschaften als „Vereine“ behandelt werden.

Bei Zustellungen an eine Gesellschaftsfirma, die von einem Einzelkaufmanne geführt wird, z. B. an die vom Kaufmanne A geführte Firma B und C, ist dasselbe Formular wie für Zustellungen an Gewerbetreibende zu verwenden.

Zustellungen, welche an einen Unteroffizier oder an einen Gemeinen des aktiven Heeres (vgl. § 38 des Reichs-Militärgesetzes vom 2. Mai 1874, R.-GBl. S. 55) oder der aktiven Marine bewirkt werden sollen, müssen für ihn an den Chef der zunächst vorgesetzten Kommandobehörde (Chef der Kompagnie, Eskadron, Batterie u. s. w.) erfolgen (§ 172 der CPO.). Zu den Unteroffizieren gehören auch die Feldwebel, Wachtmeister und die ihnen gleich- oder nachstehenden Avancierten. Die Adresse ist bei solchen Zustellungen an den Soldaten selbst zu richten, jedoch mit genauer Bezeichnung des Truppenteils und unter Beifügung des Zusatzes „zu Handen des Chefs . . .“

§ 12. Ist aus den Akten ersichtlich oder dem Gerichtsschreiber sonst bekannt, daß eine derjenigen Personen, an die eine Ersatzzustellung (§§ 181, 183, § 184 Abs. 1 der CPO.) erfolgen kann, an dem Rechtsstreit als Gegner der Partei, an welche die Zustellung erfolgen soll, beteiligt ist, so hat der Gerichtsschreiber auf den Briefumschlag und auf die Zustellungsurkunde mit roter Tinte unmittelbar unter dem Namen des Adressaten den Vermerk zu machen:

„Eine Zustellung an . . . . (z. B. an die Ehefrau oder an das Dienstmädchen N.) darf nicht stattfinden.“

§ 13. Der Gerichtsschreiber hat die Zustellung so vorzubereiten, daß sich bei der Ausführung Schwierigkeiten nicht ergeben.

1. Zustellung durch den Gerichtsdiener.

§ 14. Soll die Zustellung durch den Gerichtsdiener erfolgen, so ist dem Schriftstücke (§ 9) das Formular zu einer Zustellungsurkunde (§ 29) beizufügen.

Der Gerichtsschreiber sorgt für die Ausfüllung des Kopfes des Formulars. Es ist darauf zu achten, daß das in dem Einzelfalle zutreffende Formular gewählt wird.

§ 15. Der Gerichtsdiener hat die Zustellung gemäß des ihm vom Gerichtsschreiber erteilten Auftrags mit möglichster Beschleunigung auszuführen. In der Regel soll der Zustellungsauftrag binnen 24 Stunden erledigt werden.

§ 16. Der Gerichtsdiener kann die Zustellung an jedem Orte ausführen, wo der Empfänger angetroffen wird. Hat der Empfänger jedoch an diesem Orte eine Wohnung oder ein

Geschäftslokal, so ist er berechtigt, bei einer außerhalb der Wohnung oder des Geschäftslokals versuchten Zustellung die Annahme zu verweigern (§ 180 der CPO.). Im Falle einer solchen Weigerung muß die Zustellung in der Wohnung oder im Geschäftslokale gemacht werden.

Der Gerichtsdiener soll daher regelmäßig die Wohnung oder das Geschäftslokal des Empfängers zur Vornahme der Zustellung aufsuchen, wo die Zustellung auch in Abwesenheit desselben (vgl. unten §§ 18 bis 23) und bei Verweigerung der Annahme der zu übergebenden Schriftstücke (vgl. unten § 26) erfolgen kann. Bei der Vornahme einer Zustellung außerhalb der Wohnung oder des Geschäftslokals muß der Ort und die Gelegenheit so gewählt werden, daß jede unnötige Belästigung des Empfängers vermieden wird.

§ 17. Die Zustellung erfolgt an den auf dem Briefumschlage bezeichneten Empfänger in Person.

Handelt es sich um die Zustellung an einen Unteroffizier oder Gemeinen des aktiven Heeres oder der aktiven Marine, so muß die Zustellung an den Chef der zunächst vorgesetzten Kommandobehörde (Chef der Kompagnie, Eskadron, Batterie u. s. w.) erfolgen. Zu den Unteroffizieren gehören in dieser Beziehung auch die Feldwebel, die Wachtmeister und die ihnen gleich- oder nachstehenden Avancierten.

Handelt es sich um die Zustellung an eine Behörde, Gemeinde, Korporation oder einen Verein, der als solcher klagen und verklagt werden kann, so erfolgt sie an deren gesetzlichen Vertreter oder Vorsteher. Wenn mehrere gesetzliche Vertreter oder Vorsteher vorhanden sind, genügt die Zustellung an einen derselben.

§ 18. Wird der Empfänger in seiner Wohnung nicht angetroffen, so kann die Zustellung in der Wohnung an einen zu der Familie gehörenden, erwachsenen Hausgenossen oder an eine in der Familie dienende erwachsene Person erfolgen. Die Zustellung an eine der genannten Personen ist nur in der Wohnung des Empfängers zulässig; an einem dritten Orte kann ihnen nicht mit Rechtswirksamkeit zugestellt werden. Daß die in der Familie dienende Person auch im nämlichen Hause wohne, ist nicht erforderlich (§ 181 Abs. 1 der CPO.).

Wird in der Wohnung ein zu der Familie gehörender

erwachsener Hausgenosse oder eine in der Familie dienende erwachsene Person nicht angetroffen, so kann die Zustellung an den Hauswirt oder Vermieter des Empfängers erfolgen, sofern sie mit dem Empfänger in dem nämlichen Hause wohnen. Die Zustellung an den Hauswirt oder Vermieter des Empfängers ist jedoch nur zulässig, wenn diese zur Annahme des Schriftstücks bereit sind. An Familienangehörige oder Bedienstete des Hauswirts oder Vermieters kann die Zustellung nicht gemacht werden (§ 181 Abs. 2 CPO.).

Zustellungen an den gesetzlichen Vertreter oder den Vorsteher einer Behörde, einer Gemeinde, einer Korporation oder eines Vereins (§ 17 Abs. 3) können, wenn die Behörde u. s. w. ein besonderes Geschäftslokal hat, in der Wohnung nur an den gesetzlichen Vertreter oder Vorsteher in Person erfolgen (§ 184 Abs. 2 der CPO.).

§ 19. Wird in einem Falle, in welchem die Zustellung an eine dritte Person nach § 18 Abs. 1 und 2 zulässig ist, der Empfänger in seiner Wohnung nicht angetroffen, und ist die Zustellung nach diesen Bestimmungen nicht ausführbar, so kann sie durch Niederlegung erfolgen (§ 182 der CPO.). Das zu übergebende Schriftstück ist

entweder auf der Gerichtsschreiberei des Amtsgerichts, in dessen Bezirke der Ort der Zustellung gelegen ist,

oder bei der Postanstalt an diesem Orte, oder bei dem Gemeindevorsteher oder dem Polizeivorsteher an diesem Orte

niederzulegen.

Bei Zustellungen am Sitze des Gerichts hat der Gerichtsdiener die Niederlegung stets auf der Gerichtsschreiberei zu bewirken.

Die Niederlegung hat, wenn sie bei dem Gemeindevorsteher oder dem Polizeivorsteher geschehen soll, stattzufinden

a) in den Landesteilen rechts des Rheins bei dem Bürgermeister oder dessen Stellvertreter, in Landgemeinden in den vom Wohnsitze des Bürgermeisters entfernten Orten bei dem als Gehilfe der Polizeiverwaltung aufgestellten Mitgliede des Gemeindeausschusses oder Ortsführer (Art. 139 Abs. 2 der Gemeindeordnung für die Landesteile diesseits des Rheins),

b) in der Pfalz bei dem Bürgermeister oder dessen Stellvertreter, ferner in den vom Wohnsitze des Bürgermeisters entfernten Orten bei dem dort aufgestellten Adjunkten und in denjenigen im Verband einer Bürgermeisterei befindlichen Gemeinden, in welchen der Bürgermeister nicht seinen Wohnsitz hat, bei dem Adjunkten, welchem die Handhabung der Polizei in der Gemeinde übertragen ist (Art. 82 Abs. 3 der Gemeindeordnung für die Pfalz).

Die Niederlegung bei der Postanstalt, bei dem Gemeindevorsteher oder dem Polizeivorsteher ist nur zulässig, wenn die Postanstalt, der Gemeindevorsteher oder Polizeivorsteher sich am Orte der Zustellung befinden; ist dies nicht der Fall, so kann die Niederlegung nur auf der Gerichtsschreiberei des Amtsgerichts erfolgen.

Unter mehreren Niederlegungsstellen hat der Gerichtsdiener thunlichst diejenige zu wählen, welche dem Empfänger am bequemsten zugänglich ist.

§ 20. Die Niederlegung muß sowohl durch eine an der Thüre der Wohnung des Empfängers zu befestigende schriftliche Anzeige, als auch, soweit thunlich, durch mündliche Mitteilung an zwei, in der Nachbarschaft wohnende Personen bekannt gemacht werden. In der schriftlichen Anzeige ist der Ort der Niederlegung anzugeben; die Anzeige hat ferner die Bemerkung zu enthalten, daß die Niederlegung zum Zwecke der Zustellung erfolgt sei, und daß die niedergelegten Schriftstücke an dem Orte der Niederlegung abzuholen seien. Die an zwei Nachbarn zu machende Mitteilung hat an solche Personen zu erfolgen, von denen vorauszusetzen ist, daß sie den Empfänger von der Niederlegung in Kenntnis setzen werden. Dieselben sind hiezu von dem Gerichtsdiener ausdrücklich aufzufordern.

Hat der Gerichtsdiener die Zustellung durch Niederlegung bei dem Gemeinde- oder Polizeivorsteher bewirkt, so sind diese berechtigt, das Schriftstück nach sechs Monaten, vom Tage der Niederlegung ab gerechnet, an den Gerichtsdiener, der die Zustellung bewirkt hat, oder an einen anderen Gerichtsdiener, wenn sie dienstlich im Orte anwesend sind, zurückzuliefern. Jeder dienstlich in dem Orte anwesende Gerichtsdiener ist verpflichtet, solche Schriftstücke in Empfang zu nehmen und auf der Gerichtsschreiberei abzuliefern. Dies gilt auch von den Schriftstücken, welche ein Gerichtsvollzieher niedergelegt hat.

§ 21. Die Zustellung an Gewerbetreibende, welche ein besonderes Geschäftslokal (Laden, Comptoir u. s. w.) haben, kann, wenn sie in dem Geschäftslokale nicht angetroffen werden, an einen darin anwesenden Gewerbegehilfen (Kommis, Ladenmädchen, Buchhalter, Gesellen u. s. w.) erfolgen (§ 183 Abs. 1 der CPO.).

§ 22. Zustellungen an einen Rechtsanwalt, einen Notar oder einen Gerichtsvollzieher können, wenn sie in ihrem Geschäftslokale nicht angetroffen werden, an einen darin anwesenden Gehilfen (Konzipienten, Buchhalter) oder Schreiber erfolgen (§ 183 Abs. 2 der CPO.).

§ 23. Zustellungen an den gesetzlichen Vertreter oder den Vorsteher einer Behörde, Gemeinde, Korporation oder eines Vereins (§ 17 Abs. 3) können, wenn er während der gewöhnlichen Geschäftsstunden der Behörde u. s. w. in dem Geschäftslokale derselben nicht angetroffen wird oder an der Annahme verhindert ist, in dem Geschäftslokal an einen anderen darin anwesenden Beamten oder Bediensteten der Behörde u. s. w. bewirkt werden (§ 184 Abs. 1 der CPO.).

§ 24. Bei Zustellungen an Personen, welche ein Geschäftslokal haben, in dem ihnen auch in ihrer Abwesenheit zugestellt werden kann (§§ 21 bis 23), hat der Gerichtsdiener in der Regel sich zunächst in das Geschäftslokal zu begeben und die Zustellung dort zu versuchen. Kann die Zustellung im Geschäftslokale nicht bewirkt werden, so hat der Gerichtsdiener sich in die Wohnung des Empfängers zu begeben und dort erforderlichen Falles nach § 18 zu verfahren. Die Zustellung durch Niederlegung (§ 19) kann nur erfolgen, wenn die Zustellung in der Wohnung (oder an den Hauswirt oder Vermieter) nicht ausführbar ist.

§ 25. Ehe der Gerichtsdiener die Zustellung an eine der in den §§ 18, 21 bis 23 bezeichneten Personen oder durch Niederlegung (§ 19) bewirkt, hat er sich die Überzeugung zu verschaffen, daß die Wohnung oder das Geschäftslokal, in welchem die Zustellung vorgenommen oder vergebens versucht wird, auch wirklich die Wohnung oder das Geschäftslokal des

Empfängers ist, und daß die Personen, mit denen er verhandelt, auch wirklich diejenigen sind, für welche sie sich ausgeben, und zu dem Empfänger wirklich in dem angegebenen Verhältnisse stehen.

Die Personen, welchen an Stelle des Empfängers zugestellt wird (§§ 19, 21 bis 23), sind zu belehren, daß sie verpflichtet sind, die ihnen übergebenen Schriftstücke dem Empfänger alsbald auszuhändigen.

An unerwachsene Kinder, an Mieter oder an Fremde darf eine Zustellung niemals geschehen.

§ 26. Die Annahme einer gehörig erfolgenden Zustellung darf von der Person, an welche sie bewirkt wird, nicht verweigert werden. Dem Hauswirt oder Vermieter des Empfängers kann jedoch nur zugestellt werden, wenn sie zur Annahme bereit sind (§ 18 Abs. 2). Wird die Annahme ohne gesetzlichen Grund (vgl. §§ 16, 27) verweigert, so ist das zu übergebende Schriftstück am Orte der Zustellung zurückzulassen (§ 186 der CPO.).

§ 27. Zur Nachtzeit sowie an Sonntagen und allgemeinen Feiertagen darf eine Zustellung nur mit richterlicher Erlaubnis erfolgen. Die Nachtzeit umfaßt in dem Zeitraume vom 1. April bis 30. September die Stunden von neun Uhr abends bis vier Uhr morgens und in dem Zeitraume vom 1. Oktober bis 31. März die Stunden von neun Uhr abends bis sechs Uhr morgens.

Die Erlaubnis wird von dem Vorsitzenden des Prozeßgerichts erteilt; sie kann auch von dem Amtsrichter, in dessen Bezirke die Zustellung erfolgen soll, und in Angelegenheiten, welche durch einen beauftragten oder ersuchten Richter zu erledigen sind, von diesem erteilt werden.

Die Verfügung, durch welche die Erlaubnis erteilt wird, ist bei der Zustellung abschriftlich mitzuteilen.

In allen Fällen sollen Zustellungen, welche an Sonntagen oder allgemeinen Feiertagen gemacht werden, soweit thunlich, nicht während des öffentlichen Gottesdienstes vorgenommen werden.

§ 28. Bei Zustellungen an den Vertreter (gesetzlichen Vertreter oder Prozeßbevollmächtigten) mehrerer Beteiligter genügt die Übergabe nur einer Ausfertigung oder Abschrift.

Einem Zustellungsbevollmächtigten (§ 174 der CPO.) mehrerer Beteiligter sind dagegen so viele Ausfertigungen oder Abschriften zu übergeben, als Beteiligte vorhanden sind (§ 189 der CPO.). Das Gleiche gilt bei der für mehrere Unteroffiziere oder Gemeine einer Kompagnie u. s. w. an den Chef der Kompagnie u. s. w. zu bewirkenden Zustellung.

§ 29. Über die Zustellung hat der Gerichtsdiener eine Urkunde aufzunehmen.

Die Urkunde muß enthalten:

1. Ort und Zeit der Zustellung;
2. die Bezeichnung der Person, an welche zugestellt werden soll;
3. die Bezeichnung der Person, welcher zugestellt worden ist; in den Fällen der §§ 18, 21 bis 23 die Angabe des Grundes, durch den die Zustellung an die bezeichnete Person gerechtfertigt wird; im Falle der Zustellung durch Niederlegung die Bemerkung, wie die für diese Zustellungsart geltenden Vorschriften befolgt sind;
4. im Falle der Verweigerung der Annahme die Erwähnung, daß die Annahme verweigert und das zu übergebende Schriftstück am Orte der Zustellung zurückgelassen worden ist;
5. die Bemerkung, daß der näher bezeichnete Briefumschlag übergeben und der Tag der Zustellung auf dem Briefumschlage vermerkt ist;
6. die Unterschrift des Gerichtsdieners unter Beifügung der Amtsbezeichnung.

Die Zustellungsurkunden sind nach Maßgabe der anliegenden auf hellgrünem Papiere herzustellenden Formulare aufzunehmen.

Die Formulare sind verschieden, je nachdem es sich um Zustellungen an Gewerbetreibende, an Rechtsanwälte, Notare oder Gerichtsvollzieher, an Behörden oder Korporationen u. s. w., an Unteroffiziere und Soldaten oder an andere vorstehend nicht bezeichnete Personen handelt.

Die Formulare sind so eingerichtet, daß sie die bei der Zustellung in Betracht kommenden Fälle erschöpfend enthalten, so daß der Gerichtsdiener nur den Namen der Person, welcher der zuzustellende Brief übergeben ist, an der im Vordruck offen gelassenen Stelle niederzuschreiben und den Vordruck soweit zu durchstreichen hat, als er in dem gerade vorliegenden Falle nicht zutrifft.

§ 30. Die Zustellungsurkunden müssen sogleich bei der Zustellung an dem Orte, an welchem diese bewirkt wird, aufgenommen werden.

Die Urkunden sollen deutlich und bestimmt abgefaßt und leserlich geschrieben sein. Der Gebrauch der Bleischrift oder einer ähnlichen Trockenschrift ist unstatthaft.

Die Urkunden sind ohne Lücken anzufertigen. Radierungen sind untersagt. Etwa nötige Durchstreichungen müssen in der Art geschehen, daß das Durchstrichene noch leserlich bleibt. In den Formularen sind die zur Ausfüllung bestimmten Zwischenräume, soweit sie durch die erforderlichen Eintragungen nicht ausgefüllt werden, zu weiteren Eintragungen durch Striche ungeeignet zu machen.

§ 31. Auf dem Umschlage des dem Empfänger zu übergebenden Briefes hat der Gerichtsdiener den Tag der Zustellung zu vermerken. Der Vermerk hat in folgender Fassung zu geschehen:

„Zugestellt am . . . ."
(Tag, Monat, Jahr).

Eine Abschrift der Zustellungsurkunde wird dem Empfänger nicht übergeben (§ 212 der CPO.).

§ 32. Die Zustellungsurkunden sind alsbald nach der Ausführung der Zustellung dem Gerichtsschreiber zu überliefern. Dieser hat zu prüfen, ob die Zustellung ordnungsmäßig erfolgt ist, die Beseitigung etwaiger Mängel herbeizuführen und sodann die Zustellungsurkunde zu den Akten zu bringen.

2. Zustellung durch die Post.

§ 33. Soll durch die Post zugestellt werden, so hat der Gerichtsschreiber dem der Post zur Zustellung zu überliefernden Briefe (§ 9) den soweit als möglich ausgefüllten Entwurf zu der von dem Postboten aufzunehmenden Zustellungsurkunde offen beizufügen und, daß dies geschehen, auf der vorderen Seite des Briefumschlags, unten links, durch die Worte: „Hiebei ein Formular zur Zustellungsurkunde" zu vermerken. Zu dem Entwurfe für die Postzustellungsurkunde sind die von der Postverwaltung unentgeltlich zu beziehenden Formulare, welche auf blauem Papiere hergestellt sind, zu verwenden, nötigenfalls unter Vornahme der erforderlichen Abänderungen. Auf die Rückseite des Formulars der Postzustellungsurkunde hat der Gerichtsschreiber die für die Rücksendung an die Gerichtsschreiberei erforderliche Adresse anzugeben.

§ 34. Soll die Zustellung an einem Sonntag oder allgemeinen Feiertag erfolgen, so ist dies von dem Gerichtsschreiber auf der Aufschrift des Briefes besonders zu vermerken.

§ 35. Die zur Post eingelieferten Briefe mit Postzustellungsurkunden werden von der Postbehörde, falls der Empfänger den in der Aufschrift des Briefes angegebenen Ort verlassen hat und die Zustellung an diesem Orte nicht erfolgen kann, nur dann nachgesendet, wenn der der Postanstalt bekannte neue Aufenthaltsort des Empfängers mit dem ersten Bestimmungsorte der Sendung in demselben Amtsgerichtsbezirke gelegen ist. Liegt der neue Bestimmungsort nicht in dem nämlichen Amtsgerichtsbezirke, so findet die Nachsendung nur auf besonderes Verlangen statt. Soll daher der Brief nachgesendet werden, so hat der Gerichtsschreiber sowohl in der Aufschrift des der Post zu übergebenden Briefes als in dem Kopfe der Zustellungsurkunde den Vermerk: „Nachzusenden innerhalb des Landgerichtsbezirks" oder „Nachzusenden innerhalb des Deutschen Reichs" zu machen.

§ 36. Die Aushändigung der zuzustellenden Schriftstücke an die Post kann durch Einwerfen in einen Postbriefkasten erfolgen. Diesen Weg darf der Gerichtsschreiber nur wählen, wenn er selbst den Brief mit dem Entwurfe der Zustellungsurkunde in den Briefkasten einwirft.

Der Gerichtsschreiber kann den Gerichtsdiener mit der Aushändigung der zuzustellenden Schriftstücke an die Post beauftragen; er hat die pünktliche Ausführung des Auftrags in geeigneter Weise zu überwachen. Die Aushändigung an die Post durch den Gerichtsdiener darf nur durch Einlieferung am Schalter erfolgen.

§ 37. Bei der Zustellung durch die Post wird von dem Postboten die Zustellung nach Maßgabe der §§ 180 bis 186 der CPO. vorgenommen und über die Zustellung eine den Erfordernissen des § 29 dieser Bekanntmachung entsprechende, von ihm zu unterzeichnende Urkunde aufgenommen. Ferner wird von dem Postboten auf dem Umschlage des dem Empfänger zu übergebenden Briefes der Tag der Zustellung vermerkt.

Die Zustellungsurkunde wird von der Postanstalt dem Gerichtsschreiber überliefert. Dieser hat zu prüfen, ob die Zustellung ordnungsmäßig erfolgt ist, und, nachdem etwaige Mängel durch Vermittelung der Postanstalt beseitigt sind, die Zustellungsurkunde zu den Akten zu bringen.

3. Zustellung durch Aufgabe zur Post.

§ 38. Die Zustellung durch Aufgabe zur Post wird in der Weise bewirkt, daß das zu übergebende Schriftstück unter der Adresse der Partei nach ihrem Wohnorte zur Post gegeben wird (§ 175 der CPO.).

§ 39. Die Zustellung durch Aufgabe zur Post darf mit Rücksicht auf den von dem Gerichtsschreiber nach § 40 auszustellenden Vermerk nur in der Art bewirkt werden, daß der Gerichtsschreiber selbst das Schriftstück am Postschalter einliefert oder, wenn es nicht mit der Bezeichnung „Einschreiben" versehen ist, in einen Postbriefkasten legt.

§ 40. Ist die Zustellung durch Aufgabe zur Post bewirkt, so hat der Gerichtsschreiber in den Akten zu vermerken, zu welcher Zeit und unter welcher Adresse die Aufgabe geschehen ist. Der Aufnahme einer Zustellungsurkunde bedarf es nicht (§ 213 der CPO.).

4. Zustellungen im Ausland und öffentliche Zustellungen.

§ 41. Die Zustellungen im Auslande sowie die öffentlichen Zustellungen erfolgen nach Maßgabe der hierüber bestehenden besonderen Vorschriften (s. z. B. §§ 199, 202, 203 bis 206, 208 der CPO., §§ 72, 76, 111 Abs. 2, 116, 163, 190 Abs. 2, 3, 205 der KO.).

III. Zustellungen im Zwangsversteigerungs- und im Zwangsverwaltungsverfahren.

§ 42. Über die Zustellungen im Zwangsversteigerungs- und im Zwangsverwaltungsverfahren werden die erforderlichen Vorschriften in einer über das Zwangsversteigerungs- und das Zwangsverwaltungsverfahren ergehenden allgemeinen Verfügung getroffen werden.

§ 43. Zustellungen, welche in einem Verfahren auf Zwangsvollstreckung in das unbewegliche Vermögen nach Maßgabe des Gesetzes vom 23. Februar 1879, die Zwangsvollstreckung in das unbewegliche Vermögen wegen Geldforderungen betreffend, und des Gesetzes vom 29. Mai 1886, Änderungen der Bestimmungen über die Zwangsvollstreckung in das unbewegliche Vermögen betreffend, zu erfolgen haben, erfolgen nach den für die Zustellungen von Amtswegen in bürgerlichen Rechtsstreitigkeiten geltenden Vorschriften der §§ 4 bis 41 (Art. 17 des Gesetzes vom 23. Februar 1879, § 1 des EG. zum ZVG.).

Die Vorschriften des Art. 63 des Gesetzes vom 23. Februar 1879 über die Bewirkung der Zustellungen durch den Notar als Versteigerungsbeamten bleiben unberührt.

IV. Zustellungen in Grundbuchsachen.

§ 44. Über die Zustellungen in Grundbuchsachen werden die erforderlichen Vorschriften in einer über das Grundbuchwesen ergehenden allgemeinen Verfügung getroffen werden.

§ 45. Für die Zustellungen in Hypothekensachen finden in den Landesteilen rechts des Rheins die Vorschriften Anwendung, welche für die Zustellungen in den Angelegenheiten der freiwilligen Gerichtsbarkeit gelten. Für die Pfalz verbleibt es bei den bisherigen Vorschriften.

V. Zustellungen in den Angelegenheiten der freiwilligen Gerichtsbarkeit.

§ 46. Beginnt mit der Bekanntmachung einer gerichtlichen Verfügung der Lauf einer Frist, so erfolgt die Bekanntmachung, sofern sie nicht zu Protokoll geschieht, vorbehaltlich der Bestimmungen im § 47 durch Zustellung nach den für die Zustellung von Amtswegen in bürgerlichen Rechtsstreitigkeiten geltenden Vorschriften der §§ 4 bis 41 (§ 16 Abs. 2 des GFG.).

Die Vorschrift des Abs. 1 findet insbesondere Anwendung auf die Bekanntmachung sämtlicher Verfügungen, gegen welche die sofortige Beschwerde zulässig ist (z. B. §§ 53, 56, 60, 68,

70, 76, 77, 80, 81, 82, 96, 139, 140, 143, 144, 146, 147, 148, 150, 157, 159, 160, 161 des GFG.), und auf die Bekanntmachung sämtlicher Verfügungen, in welchen der Richter eine Frist setzt, z. B. der die Inventarfrist bestimmenden Verfügung.

§ 47. Ist die Adresse desjenigen, dem zugestellt werden soll, genau bekannt, so können Zustellungen im Auslande durch die Post mittels Einschreibsendungen gegen Rückschein bewirkt werden. Zur Erleichterung der postalischen Behandlung dieser Schreiben empfiehlt es sich, für die Adresse lateinische Schriftzeichen anzuwenden.

In wichtigen Fällen soll übrigens die Zustellung auf diplomatischem Wege oder, soweit der unmittelbare Verkehr mit ausländischen Behörden gestattet ist, durch deren Vermittelung bewirkt werden (vgl. die Bekanntmachung vom 28. November 1887, JMB. S. 279).

§ 48. In denjenigen Fällen, in denen mit der Bekanntmachung nicht der Lauf einer Frist beginnt, geschieht die Bekanntmachung der gerichtlichen Verfügung, sofern sie nicht zu Protokoll erfolgt, nach Maßgabe der Vorschriften der §§ 49, 50.

§ 49. Die Bekanntmachung wird in der Regel durch Übersendung mittels einfachen Briefes oder durch Behändigung ohne Beurkundung zur Ausführung gebracht. Sind der Verfügung wichtige Urkunden, z. B. die Ausfertigung eines Erbscheins, beigegeben, so ist die Postsendung mit der Bezeichnung „Einschreiben" zu versehen und im Falle der Bekanntmachung durch Behändigung anzuordnen, daß die Behändigung nur gegen einen Empfangsschein erfolgt.

Wenn es für denjenigen, dem zugestellt werden soll, offenbar gleichgiltig ist, ob von dem Inhalte des auszuhändigenden Schriftstücks Dritte Kenntnis erhalten, kann die Übersendung mittels einer Postkarte geschehen.

Dem Gerichtsdiener können die auszuhändigenden Schriftstücke von dem Gerichtsschreiber offen übergeben werden. Wird derjenige, dem zugestellt wird, nicht angetroffen, so kann der Gerichtsdiener das Schriftstück einer der im § 18 bezeichneten Personen aushändigen. Schriftstücke, die ihm vom Gerichtsschreiber offen übergeben worden sind, hat er solchen Falles zu verschließen und den Umschlag mit der Adresse des Empfängers zu versehen.

§ 50. Das Gericht kann anordnen, daß die Bekanntmachung nach den für die Zustellung von Amtswegen in bürgerlichen Rechtsstreitigkeiten geltenden Vorschriften erfolgt, wenn dies nach Lage der Verhältnisse angezeigt erscheint. Die Anordnung wird regelmäßig bei Ladungen oder in anderen Fällen, in denen an die Nichtbefolgung der Verfügung Nachteile geknüpft sind, zu treffen sein.

Das Gericht kann die Übersendung mittels eingeschriebenen Briefes oder die Aushändigung gegen Empfangsschein auch in anderen Fällen als den im § 49 Abs. 1 bezeichneten anordnen.

§ 51. In allen Fällen ist in den Akten zu vermerken, in welcher Weise, an welchem Orte und an welchem Tage die Bekanntmachung zur Ausführung gebracht ist.

Im Falle der Übersendung mittels einfachen Briefes oder Postkarte und im Falle der Behändigung ohne Beurkundung genügt die Angabe der Art der Bekanntmachung sowie des Tages, an dem der Brief oder die Karte zur Post gegeben oder der Auftrag zur Behändigung erteilt wird; dem Gerichte bleibt unbenommen, eine Vollzugsanzeige des Gerichtsdieners zu verlangen.

Die Vermerke können auch durch Verwendung von Stempel gemacht werden (vgl. § 10), z. B. im Falle der Übersendung mittels einfachen Briefes oder Postkarte:

„am . . . . durch einfachen Brief (Postkarte) bekannt gemacht."

§ 52. Ist derjenige, dem zugestellt werden soll, bei Gericht anwesend, so soll ihm, wenn nicht besondere Gründe vorliegen, die Verfügung stets zu Protokoll bekannt gemacht werden.

Auf Verlangen ist ihm eine Abschrift der Verfügung zu erteilen.

§ 53. Soweit es sich nur um die Bewirkung einer Benachrichtigung an Beteiligte handelt (vgl. z. B. §§ 1342, 1953, 2081, 2262 des BGB.), findet eine öffentliche Zustellung nicht statt. Es bleibt dem Ermessen des Gerichts überlassen, geeigneten Falles, wenn eine Zustellung nach den sonstigen Vorschriften nicht ausführbar ist, den Versuch zu machen, derartige Mitteilungen auf anderem Wege (z. B. durch Aushang, durch Einrücken in eine inländische oder ausländische Zeitung) zur Kenntnis der Beteiligten zu bringen.

VI. Zustellungen in Strafsachen.

§ 54. Für die Zustellung in Strafsachen gelten die Vorschriften über die Zustellung von Amtswegen in bürgerlichen Rechtsstreitigkeiten und im Konkursverfahren (§ 37 der StPO., §§ 4 bis 41 dieser Bekanntmachung) entsprechend.

§ 55. Im Verfahren vor den Amtsgerichten hat der Gerichtsschreiber für die Bewirkung der Zustellungen, welche von dem Amtsrichter oder dem Amtsanwalte veranlaßt werden, Sorge zu tragen.

Im Verfahren vor den Landgerichten und den Gerichten höherer Instanz hat der Staatsanwalt für die Bewirkung der von ihm zu veranlassenden Zustellungen Sorge zu tragen. Zu diesem Zwecke bedient er sich des Gerichtsschreibers, welcher die nach den Vorschriften über die Zustellung von Amtswegen in bürgerlichen Rechtsstreitigkeiten und im Konkursverfahren dem Gerichtsschreiber obliegenden Verrichtungen vorzunehmen hat. Der Staatsanwalt hat nachzuprüfen, ob die Zustellung ordnungsmäßig ausgeführt ist, und die Beseitigung von Mängeln herbeizuführen. Für die Bewirkung von Zustellungen, welche nicht von dem Staatsanwalte veranlaßt werden, hat der Gerichtsschreiber Sorge zu tragen.

Die Erlaubnis an einem Sonntag oder Feiertag oder zur Nachtzeit zuzustellen (§ 188 der CPO., § 27 dieser Bekanntmachung) wird bei den von dem Staatsanwalte zu veranlassenden Zustellungen von dem Staatsanwalt erteilt.

Das Register für Zustellungen von Amtswegen (§ 8) wird stets von dem Gerichtsschreiber geführt.

§ 56. Wenn durch den Staatsanwalt die Zustellung einer gerichtlichen Entscheidung bewirkt werden soll, hat der Gerichtsschreiber dem Staatsanwalte mit der Urschrift auch die erforderliche Anzahl von Ausfertigungen oder beglaubigten Abschriften zum Zwecke der Zustellung zu übergeben.

Sind Verfügungen oder Beschlüsse des Staatsanwalts zuzustellen, so sind Ausfertigungen zuzustellen. Die Ausfertigungen unterzeichnet der Gerichtsschreiber, welcher nach § 54 Abs. 2 für die Zustellung zu sorgen hat.

§ 57. Bei Zustellungen an Gefangene (Untersuchungs- oder Strafgefangene) in Strafsachen sind folgende besondere Vorschriften zu beachten.

1. Das zuzustellende Schriftstück ist dem Gefangenen auf Verlangen vorzulesen (§ 35 Abs. 3 der StPO.).
2. Bei Zustellung eines Haftbefehls, durch den die Untersuchungshaft angeordnet wird, ist dem Beschuldigten die Eröffnung zu machen, daß ihm das Rechtsmittel der Beschwerde zustehe, sofern diese Eröffnung nicht schon in dem Haftbefehl enthalten ist (§ 114 Abs. 3 der StPO.).
3. Bei der Zustellung einer Ladung zur Hauptverhandlung ist der nicht auf freiem Fuße befindliche Angeklagte zu befragen, ob und welche Anträge er in bezug auf seine Verteidigung für die Hauptverhandlung zu stellen habe (§ 215 Abs. 2 der StPO.).

In der Zustellungsurkunde oder in einem besonderen Protokoll ist zu bemerken, ob die Vorschriften des Abs. 1 Nr. 2, 3, beobachtet worden sind und welche Erklärung von dem Beschuldigten abgegeben worden ist. Die gestellten Anträge in bezug auf die Verteidigung sind, falls nicht die Aufnahme zum Protokolle des Gerichtschreibers verlangt wird, in einem besonderen Protokoll aufzunehmen.

Diese Vorschriften finden Anwendung, auch wenn der Empfänger in einer andern Angelegenheit, als in der Strafsache, auf welche die Zustellung sich bezieht, verhaftet ist.

§ 58. In Ansehung der Benachrichtigungen, Aufforderungen und sonstiger Mitteilungen, für die eine förmliche Zustellung nicht vorgeschrieben ist (vgl. z. B. § 87 Abs. 1, § 101 Abs. 1, 3, § 107, § 110 Abs. 3 der StPO.), verbleibt es bei den Bestimmungen der Ziffer 2 der Bekanntmachung des Staatsministeriums der Justiz vom 29. August 1879 (JMBl. S. 555).

VII. Zustellungen in Forstrügesachen.

§ 59. In Forstrügesachen finden auf die Zustellungen von Amtswegen die für die Zustellungen von Amtswegen in gewöhnlichen Strafsachen geltenden Vorschriften der §§ 54 bis 58 entsprechende Anwendung.

Für die Zustellungen von Vorladungen der Angeklagten, der civilverantwortlichen Personen und der Zeugen zur Hauptverhandlung, für die Zustellung von Urteilen an die in der Hauptverhandlung in ihrer Abwesenheit verurteilten Angeklagten und civilverantwortlichen Personen und für die Zustellung von Strafantrittsbefehlen gelten jedoch im Verfahren vor den Amtsgerichten, sofern die Zustellung durch den Gerichtsdiener erfolgen soll, die Vorschriften der §§ 60 bis 65.

§ 60. Die Zustellung der im § 59 Abs. 2 bezeichneten Schriftstücke erfolgt auf grund der in den Vollzugsvorschriften zum Forstgesetz und zum Forststrafgesetz bestimmten tabellarischen Verzeichnisse (§§ 46, 60 der revidierten Vollzugsvorschriften zum Forstgesetze, JMBl. 1879, S. 1649, 1656 und die Formulare hiezu Ziff. VIII, X, XV JMBl. 1879 S. 1684—1687, 1692, ferner §§ 28, 51 der revidierten Vollzugsvorschriften zum Forststrafgesetze, außerordentliche Beilage zu Nr. 79 des Kreisamtsblatts für die Pfalz von 1879).

§ 61. Der mit der Zustellung beauftragte Gerichtsdiener erhält von dem Gerichtsschreiber für jede Gemeinde, in welcher Zustellungen zu erfolgen haben, ein nach dem im § 60 bezeichneten Formulare hergestelltes Verzeichnis der Personen, welchen zugestellt werden soll, sowie die erforderliche Zahl beglaubigter Auszüge aus den Verzeichnissen. Die Herstellung und Beglaubigung der Auszüge obliegt dem Gerichtsschreiber; für die Auszüge sind in den Vollzugsvorschriften zum Forstgesetz und zum Forststrafgesetze Formulare festgesetzt (s. Formular Ziff. IX, XI, XVI a. a. O.).

§ 62. Die Zustellung geschieht durch Übergabe des Auszugs, d. h. einer beglaubigten Abschrift der die Person, welcher zuzustellen ist, betreffenden Stelle des Verzeichnisses. Der Auszug wird mit der Geschäftsnummer, unter der er in dem Verzeichnis eingetragen ist, bezeichnet und offen übergeben.

Die Beurkundung der Zustellung geschieht dadurch, daß in die dazu bestimmte Spalte des Verzeichnisses die Person, an welche zugestellt worden ist, sowie die Zeit und der Ort der Zustellung angegeben werden. Der Tag der Zustellung ist auf dem zu übergebenden Auszuge zu vermerken.

§ 63. Die Zustellung einer Vorladung an einen Angeklagten oder eine civilverantwortliche Person hat wenigstens drei Tage vor der Sitzung zu geschehen.

In Fällen, in denen Gefahr auf Verzug ist, kann der Richter die Abkürzung der im Abs. 1 bestimmten Frist verfügen; von der Verfügung ist in der Vorladung Mitteilung zu machen.

§ 64. Das Verzeichnis mit der Beurkundung der geschehenen Zustellung ist alsbald nach der Ausführung der Zustellung dem Gerichtsschreiber zu überliefern.

§ 65. Soweit die Zustellungen auf grund von Verzeichnissen erfolgen, sind sie in das Register für Zustellungen von Amtswegen (§ 8) nicht einzutragen.

§ 66. Der Gerichtsschreiber soll die im § 59 Abs. 2 bezeichneten Zustellungen nur in besonderen Fällen durch die Post besorgen lassen.

§ 67. Gegenüber den bisherigen Vorschriften ergeben sich mithin hauptsächlich folgende Änderungen:

1. Die sämtlichen bei der Zustellung zu übergebenden Schriftstücke sind vom Gerichtsschreiber zu beglaubigen.
2. Der Vermerk über die Zustellung (§ 62 Abs. 2 Satz 2) muß künftig auch bei dem Auszuge, welcher die Ladung zum Strafantritt enthält, angebracht werden; das bisherige Formular XVI enthält einen Vordruck hiezu nicht.
3. Die für die Ersatzzustellung durch Niederlegung in Forstrügesachen bisher geltenden Vorschriften des Art. 156 des Forstgesetzes und des Art. 68 des Forststrafgesetzes sind in den Art. 138, 146 des Ausführungsgesetzes zum BGB. gestrichen und damit durch den § 182 der CPO. ersetzt worden. Mit Rücksicht hierauf fällt künftig der in der Bekanntmachung vom 16. August 1879 (JMBl. S. 554) vorgeschriebene Vermerk „Forstrügesache" weg.

VIII. Zustellungen in militärgerichtlichen Strafsachen.

§ 68. Soweit in militärgerichtlichen Strafsachen die Militärbehörde um Zustellung eines Schriftstücks ersucht, erfolgt diese nach den für die Zustellung von Amtswegen im bürgerlichen Strafverfahren geltenden Vorschriften.

Bis zum Inkrafttreten der Militärstrafgerichtsordnung vom 1. Dezember 1898 bleiben für die Zustellung der Ladung des Beschuldigten die Vorschriften des Art. 308 des Strafprozeßgesetzes vom 10. November 1848 aufrecht. Der Gerichtsdiener hat im Falle der Zustellung an den Gemeindevorstand diesen darauf aufmerksam zu machen, daß er die ihm übergebene Ausfertigung so schnell als möglich an den Beschuldigten gelangen zu lassen hat.

IX. Zustellungen in den Gefängnissen der Justizverwaltung.

§ 69. Die Post darf um die Bewirkung der Zustellung an einen Gefangenen (Untersuchungs- oder Strafgefangenen) nicht ersucht werden.

§ 70. Soll einem Gefangenen, der sich in einem Gerichts- oder Strafvollstreckungsgefängnisse befindet, zugestellt werden, so ist mit der Zustellung der Gerichtsdiener zu beauftragen. Ist die Zustellung außerhalb des Amtsgerichtsbezirkes zu bewirken, in dem der Sitz der Behörde, welcher die Zustellung obliegt, sich befindet, so ist der Gerichtsschreiber des Amtsgerichts, in dessen Bezirke der Zustellungsort liegt, um die Bewirkung der Zustellung zu ersuchen.

§ 71. Soll einem Gefangenen, der sich in einer Strafanstalt befindet, zugestellt werden, so obliegen die Zustellungen von Ladungen zur Hauptverhandlung demjenigen Strafanstaltsbeamten und die Zustellung von sonstigen Schriftstücken demjenigen Strafanstaltsbediensteten, welchem die Vornahme von Zustellungen vom Staatsministerium der Justiz übertragen worden ist.

Die Behörde, welcher eine Zustellung an einen Gefangenen in einer Strafanstalt obliegt, übersendet das zuzustellende nach Maßgabe des § 9 verschlossene Schriftstück nebst dem Formulare der Zustellungsurkunde der Direktion der Strafanstalt zur Vermittelung der Zustellung. Bei einer Ladung zur Hauptverhandlung hat der Briefumschlag die Worte „Ladung zur Hauptverhandlung" zu enthalten.

§ 72. Die Zustellung an einen Gefangenen kann auch von dem Gerichtsschreiber bewirkt werden. Das Gericht oder der Staatsanwalt, welchem die Veranlassung der Zustellung obliegt, kann anordnen, daß der Gerichtsschreiber die Zustellung an den Gefangenen zu bewirken hat. Auch ohne eine solche Anordnung soll die Zustellung von dem Gerichtsschreiber bewirkt werden, wenn anzunehmen ist, daß der Gefangene besondere Anträge (§ 57 Abs. 1 Nr. 3) stellen wird, und der Gefangene sich in einem Gerichts- oder Strafvollstreckungsgefängnisse befindet.

Erklärungen, die nach den gesetzlichen Vorschriften zum Protokolle des Gerichtsschreibers erfolgen müssen, in Strafsachen z. B. die Einlegung der Revision, die Begründung der Revision, können nicht zum Protokolle des im § 71 bezeichneten Strafanstaltsbeamten oder Strafanstaltsbediensteten geschehen.

X. Schlußbestimmungen.

§ 73. Die Nr. 1 der Bekanntmachung des Staatsministeriums des Justiz vom 29. August 1879 (JMBl. S. 555) und die Bekanntmachung des Staatsministeriums der Justiz vom 16. Juli 1881 (JMBl. S. 323) werden aufgehoben.

§ 74. Die Justizbehörden haben dafür Sorge zu tragen, daß die Bediensteten, welche bei der Ausführung der Zustellungen von Amtswegen mitzuwirken haben, über das von ihnen zu beobachtende Verfahren entsprechend belehrt werden. Insbesondere haben die Amtsgerichtsvorstände für eine entsprechende Unterweisung der Gerichtsdiener und der Gerichtsvollzieher (§ 6) zu sorgen.

München, den 16. Dezember 1899.

Dr. **Frhr. v. Leonrod.**

Die Ausführung der Zustellungen
von Amtswegen betr.

Formulare.

Formular I.

Register

für Zustellungen von Amtswegen

der

Gerichtsschreiberei

des K. .... gerichts ....

Geschäftsjahr: 190....

---

dnungs- eschäfts-) ummer	Tag der Veranlassung und Tag der Erledigung der Zustellung	Namen des Zustellungsempfängers	Bezeichnung des Rechtsstreits (der Anklagesache)	Aktenzeichen	Art der Zustellung a. Gerichtsdiener b. Post c. Aufgabe zur Post	Bemerkungen
1	2	3	4	5	6	7
1	*23. VI.* *25. VI.*	*Friedrich Kraus*	*Kraus./·Müller*	*54 A*	*b*	

Formular II.*)

Zustellung für gewöhnliche Fälle.

Zustellungsurkunde

über die Zustellung eines mit dem Dienstsiegel verschlossenen, mit folgender Aufschrift versehenen Briefes:

Geschäfts-Nr. ....

An
....
....
in
....
....

Den obenbezeichneten Brief habe ich in meiner Eigenschaft als Gerichtsdiener des K. Amtsgerichts .... heute hier

1. An den Adressaten selbst. 1. **dem Adressaten selbst** — in der Wohnung — .... übergeben.

2a. An ein Familienglied. 2. da ich den Adressaten selbst in der Wohnung **nicht** angetroffen habe, dort

a) dem zu seiner Familie gehörenden **erwachsenen Hausgenossen,** nämlich de **Ehefrau Sohne — Tochter** .... übergeben.

2b. An eine Dienstperson. b) de in der Familie dienenden **erwachsenen** ....
.... übergeben.

3. Verweigerte Annahme. 3 Da der Empfänger die Annahme verweigerte — und derselbe hier weder eine Wohnung noch ein Geschäftslokal hat —

so habe ich den Brief am Orte der Zustellung zurückgelassen.

4. An den Hauswirt.

4. da ich den Adressaten selbst in der Wohnung **nicht** angetroffen habe, auch die Zustellung an einen Hausgenossen oder an eine dienende Person nicht möglich war,

de in demselben Hause wohnenden **Hauswirt** — **Vermieter** — nämlich de .... welche zur Annahme bereit war, übergeben.

5. Niederlegung.

5. da ich den Adressaten selbst in der Wohnung **nicht** angetroffen habe, und die Zustellung weder an einen Hausgenossen, noch an eine dienende Person, noch an den Hauswirt oder Vermieter möglich war,

auf der Gerichtsschreiberei des Amtsgerichts zu .... niedergelegt.

bei der Postanstalt zu .... niedergelegt.

bei dem Gemeinde-Vorsteher zu .... niedergelegt.

bei dem Polizei-Vorsteher zu .... niedergelegt.

Die Niederlegung ist bekannt gemacht durch eine an der Thür der Wohnung des Adressaten befestigte schriftliche Anzeige — sowie durch mündliche Mitteilung an einen / zwei Nachbarn.

Die Bekanntmachung an einen / einen zweiten war nicht thunlich.

Den Tag der Zustellung habe ich auf dem Umschlage des zugestellten Briefes vermerkt.

............, den .... 190 ..

....

*) Die Formulare II—VI werden in der gleichen Weise und in demselben Formate wie die Postzustellungsurkunden, jedoch auf hellgrünes Papier gedruckt.

Formular HI.

Zustellung an Gewerbetreibende.

Zustellungsurkunde

über die Zustellung eines mit dem Dienstsiegel verschlossenen, mit folgender Aufschrift versehenen Briefes:

Geschäfts-Nr. ....

An

....

....

in

....

....

....

Den vorstehend bezeichneten Brief habe ich in meiner Eigenschaft als Gerichtsdiener des k. Amtsgerichts .... heute hier

1. An den Addressaten selbst

1. **dem Adressaten selbst** — in der Wohnung — in dem Geschäftslokale — übergeben.

2. An Gewerbegehilfen 2c.

2. da ich den Adressaten selbst in dem besonderen Geschäftslokale **nicht** angetroffen habe, dort de **Gewerbegehilf** nämlich de .... übergeben.

3a. An ein Familienglied.

3. da ich den Adressaten selbst in der Wohnung **nicht** angetroffen habe, dort
   a) dem zu seiner Familie gehörigen **erwachsenen Hausgenossen,** nämlich de **Ehefrau** — **Sohne** — **Tochter** — .... übergeben.

3b. An eine Dienstperson.

   b) de in der Familie dienenden **erwachsenen** .... übergeben.

4. Verweigerte Annahme.

4. Da der Empfänger die Annahme verweigerte — und derselbe hier weder eine Wohnung noch ein Geschäftslokal hat —

so habe ich den Brief am Orte der Zustellung zurückgelassen.

5. An den Hauswirt.

5. da ich den Adressaten selbst in der Wohnung **nicht** angetroffen habe, auch die Zustellung an einen Hausgenossen oder an eine dienende Person nicht möglich war,

de in demselben Hause wohnenden **Hauswirt** — **Vermieter** — nämlich
de ....

welche zur Annahme bereit war, übergeben.

6. Niederlegung.

6. da ich den Adressaten selbst in der Wohnung **nicht** angetroffen habe und die Zustellung weder an einen Hausgenossen, noch an eine dienende Person, noch an den Hauswirt oder Vermieter möglich war,

auf der Gerichtsschreiberei des Amtsgerichts zu .... niedergelegt.
bei der Postanstalt zu .... niedergelegt.
bei dem Gemeinde-Vorsteher zu .... niedergelegt.
bei dem Polizei-Vorsteher zu .... niedergelegt.

Die Niederlegung ist bekannt gemacht durch eine an der Thür der Wohnung des Adressaten befestigte schriftliche Anzeige — sowie durch mündliche Mitteilung an $\frac{\text{einen}}{\text{zwei}}$ Nachbarn.

Die Bekanntmachung an $\frac{\text{einen}}{\text{einen zweiten}}$ Nachbar war nicht thunlich.

Den Tag der Zustellung habe ich auf dem Umschlage des zugestellten Briefes vermerkt.

.........., den .... 190....

....

Formular IV.

Zustellung an Unteroffiziere und Gemeine.

Zustellungsurkunde

über die Zustellung eines mit dem Dienstsiegel verschlossenen, mit folgender Aufschrift versehenen Briefes:

Geschäfts-Nr. ....

An

....

....

in

....

....

Den oben bezeichneten Brief habe ich in meiner Eigenschaft als Gerichtsdiener des K. Amtsgerichts .... heute hier an den Chef der dem Adressaten zunächst vorgesetzten Kommandobehörde, nämlich den — stellvertretenden —

Kompagnie-	Hauptmann,
Eskadrons- Chef,	Rittmeister,
Batterie-	Oberleutnant

in Person übergeben.

Den Tag der Zustellung habe ich auf dem Umschlage des zugestellten Briefes vermerkt.

.................................., den .... 190.....

....

Formular V.

Zustellung an Behörden, Gemeinden, Korporationen und Vereine (einschl. der Handelsgesellschaften etc).

Zustellungsurkunde

über die Zustellung eines mit dem Dienstsiegel verschlossenen, mit folgender Aufschrift versehenen Briefes:

An ....

Geschäfts-Nr. ....

in ....

Den vorstehend bezeichneten Brief habe ich in meiner Eigenschaft als Gerichtsdiener des K. Amtsgerichts .... heute hier

1. An den Vorsteher in Person.

1. dem **Vorsteher** — **Vertreter** — de in der Adresse bezeichneten — Behörde — Gemeinde — Korporation — Vereins —, nämlich dem ....
in Person — in de Geschäftslokale — Wohnung — de bezeichneten Behörde — Gemeinde — Korporation — Vereins — Vorstehers — Vertreters — übergeben.

2. An Beamte etc.

2. Da ich in dem Geschäftslokale de in der Adresse bezeichneten — Behörde — Gemeinde — Korporation — Vereins — während der gewöhnlichen Geschäftsstunden
   a) den Vorsteher ....
   nicht angetroffen habe,
   b) den Vorsteher — Vertreter ....
   zwar angetroffen habe, derselbe aber an der Annahme verhindert war,
   c) kein Mitglied des Vorstandes — keinen Vertreter — von den Mitgliedern des Vorstandes — von den Vertretern — nur d ....
   angetroffen habe, diese aber an der Annahme verhindert war
   dort dem bei de in der Adresse bezeichneten Behörde — Gemeinde — Korporation — Verein — angestellten .... übergeben.

3. Wenn kein besonderes Geschäftslokal vorhanden ist:

3. Da d in der Adresse bezeichnete — Behörde — Gemeinde — Korporation — Verein — ein besonderes Geschäftslokal **nicht** hat und ich auch de en Vorsteher den Vertreter, de .... in der hiesigen Wohnung (..................)
nicht selbst angetroffen habe, dort

a) an ein Familienglied.

a) dem zur Familie gehörigen **erwachsenen Hausgenossen,** nämlich de **Ehefrau** — **Sohne** — **Tochter** — .... übergeben.

b) an eine dienende Person.

b) de in der Familie dienenden **erwachsenen** .... übergeben.

4. Verweigerte Annahme.

4. Da die Annahme verweigert wurde — und der bezeichnete Vorsteher — Vertreter — hier weder eine Wohnung, noch ein Geschäftslokal hat,

so habe ich den Brief an Ort und Stelle zurückgelassen.

5. An den Hauswirt.

5. Da d in der Adresse bezeichnete — Behörde — Gemeinde — Korporation — Verein — ein besonderes Geschäftslokal **nicht** hat, und ich de en Vorsteher — den Vertreter, — de .... in der hiesigen Wohnung (..................) **nicht** angetroffen habe, auch die Zustellung an einen Hausgenossen oder an eine dienende Person nicht möglich war, d in demselben Hause wohnenden **Hauswirt** — **Vermieter** — nämlich d .... welcher zur Annahme bereit war, übergeben.

6. Niederlegung.

6. Da d in der Adresse bezeichnete — Behörde — Gemeinde — Korporation — Verein — ein besonderes Geschäftslokal **nicht** hat, und ich auch de en Vorsteher — den Vertreter, de .... in der hiesigen Wohnung (..................) **nicht** selbst angetroffen habe, auch die Zustellung weder an einen Hausgenossen, noch an eine dienende Person, noch an den Hauswirt oder Vermieter möglich war,

auf der Gerichtsschreiberei des Amtsgerichts zu .... niedergelegt.
bei der Postanstalt zu .... niedergelegt.
bei dem Gemeinde-Vorsteher zu .... niedergelegt.
bei dem Polizeivorsteher zu .... niedergelegt.

Die Niederlegung ist bekannt gemacht durch eine an der Thür der Wohnung des Adressaten befestigte schriftliche Anzeige, sowie durch mündliche Mitteilung an $\frac{\text{einen}}{\text{zwei}}$ Nachbar.

Die Bekanntmachung an $\frac{\text{einen}}{\text{einen zweiten}}$ Nachbar war nicht thunlich.

Den Tag der Zustellung habe ich auf dem Umschlage des zugestellten Briefes vermerkt.

.................., den .... 190 ..

....

Formular VI.

Zustellung an Rechtsanwälte, Notare und Gerichtsvollzieher.

Zustellungsurkunde

über die Zustellung eines mit dem Dienstsiegel verschlossenen, mit folgender Aufschrift versehenen Briefes:

An ....

Geschäfts-Nr. ....

in ....

Den vorstehend bezeichneten Brief habe ich in meiner Eigenschaft als Gerichtsdiener des Amtsgerichts .... heute hier

1. An den Adressaten selbst.

1. **dem Adressaten selbst** — in der Wohnung — in dem Geschäftslokal übergeben.

2. An Gehilfen, Schreiber.

2. da ich den Adressaten selbst in dem Geschäftslokale **nicht** angetroffen habe, dort **dem Gehilfen — Schreiber — desselben,** nämlich dem .... übergeben.

3a. An ein Familienglied.

3. da ich den Adressaten selbst in der Wohnung **nicht** angetroffen habe, dort

   a) dem zu seiner Familie gehörigen **erwachsenen Hausgenossen,** nämlich de **Ehefrau — Sohne — Tochter** — .... übergeben.

3b. An eine Dienstperson.

   b) de in der Familie dienenden **erwachsenen** .... übergeben.

4. Verweigerte Annahme.

4. Da der Empfänger die Annahme verweigerte — und derselbe hier weder eine Wohnung noch ein Geschäftslokal hat —

so habe ich den Brief am Orte der Zustellung zurückgelassen.

5. An den Hauswirt.

5. da ich den Adressaten selbst in der Wohnung **nicht** angetroffen habe, auch die Zustellung an einen Hausgenossen oder an eine dienende Person nicht möglich war,
de in demselben Hause wohnenden **Hauswirt** — **Vermieter** — nämlich
de ....
welche zur Annahme bereit war, übergeben.

6. Niederlegung.

6. da ich den Adressaten selbst in der Wohnung **nicht** angetroffen habe, und die Zustellung weder an einen Hausgenossen, noch an eine dienende Person, noch an den Hauswirt oder Vermieter möglich war,
auf der Gerichtsschreiberei des Amtsgerichts zu .... niedergelegt.
bei der Postanstalt zu .... niedergelegt.
bei dem Gemeinde-Vorsteher zu .... niedergelegt.
bei dem Polizei-Vorsteher zu .... niedergelegt.

Die Niederlegung ist bekannt gemacht durch eine an der Thür der Wohnung des Adressaten befestigte schriftliche Anzeige — sowie durch mündliche Mitteilung an $\frac{\text{einen}}{\text{zwei}}$ Nachbarn.

Die Bekanntmachung an $\frac{\text{einen}}{\text{einen zweiten}}$ Nachbar war nicht thunlich.

Den Tag der Zustellung habe ich auf dem Umschlage des zugestellten Briefes vermerkt.

...................., den .... 190...

....

II.

Bekanntmachung vom 26. Dezember 1899, die Niederlegung von Schriftstücken im Zustellungsverfahren betr.

JMBl 1900 S 100 - 112

Bekanntmachung.

Königliches Staatsministerium der Justiz

und

Königliches Staatsministerium des Innern.

Nach den Vorschriften des § 182 der Civilprozeßordnung (Fassung von 1898) kann die Zustellung von Schriftstücken in allen Angelegenheiten der ordentlichen streitbaren Gerichtsbarkeit durch Niederlegung bei dem Gemeindevorsteher oder dem Polizeivorsteher erfolgen. Diese Vorschrift findet im Konkursverfahren, im Zwangsversteigerungs- und Zwangsverwaltungsverfahren, im Strafprozesse, in Forstrügesachen und in den Angelegenheiten der freiwilligen Gerichtsbarkeit, sowie in dem Verfahren vor Gewerbegerichten und in dem Verfahren in Verwaltungsrechtssachen gleichfalls Anwendung.

Zum Vollzuge dieser Vorschriften wird Folgendes angeordnet.

§ 1. Die Niederlegung des Schriftstücks und der beglaubigten Abschrift der Zustellungsurkunde — soweit eine Abschrift der Zustellungsurkunde bei der Zustellung zurückgelassen wird — erfolgt, wenn die Niederlegung bei dem Gemeindevorsteher oder dem Polizeivorsteher am Orte der Zustellung erfolgen soll.

1. in den Landesteilen rechts des Rheins bei dem Bürgermeister oder dessen Stellvertreter (Art. 101 Abs. 2, 125 Abs. 3 der Gemeindeordnung für die Landesteile rechts des Rheins), ferner in größeren Städten bei dem Distriktsvorsteher (Art. 120 der Gemeindeordnung) und in Landgemeinden in den vom Wohnsitze des Bürgermeisters entfernten Orten bei dem als Gehilfen der Polizeiverwaltung aufgestellten Mitgliede des Gemeindeausschusses oder Ortsführer (Art. 139 Abs. 2 der Gemeindeordnung);
2. in der Pfalz bei dem Bürgermeister oder dessen Stellvertreter (Art. 56 Abs. 3 der Gemeindeordnung für die Pfalz), ferner in den vom Wohnsitze des Bürgermeisters entfernten Orten bei den aufgestellten Adjunkten (Art. 73 der Gemeindeordnung) und in denjenigen im Verbande einer Bürgermeisterei befindlichen Gemeinden, in welchen der Bürgermeister nicht seinen Wohnsitz hat, bei dem Adjunkten, welchem die Handhabung der Polizei in der Gemeinde übertragen ist (Art. 82 Abs. 3 der Gemeindeordnung).

Der Gemeindebeamte muß am Orte der Zustellung (in der Stadt, dem Dorfe, dem Weiler u. s. w.) seinen Wohnsitz haben.

§ 2. Die im § 1 bezeichneten Gemeindebeamten haben Schriftstücke, die bei ihnen zum Zwecke der Zustellung von einem Gerichtsvollzieher, einem Gerichtsdiener, einem Bediensteten einer Verwaltungsbehörde, dem Zustellungsbeamten eines Gewerbegerichts oder einem Postboten niedergelegt werden, anzunehmen und sechs Monate vom Tage der Niederlegung an aufzubewahren.

§ 3. Meldet sich innerhalb der im § 2 bezeichneten Frist derjenige, welchem zugestellt werden soll, so sind ihm die Schriftstücke auszuhändigen. Bei der Aushändigung hat sich der Gemeindebeamte gehörig darüber zu vergewissern, daß die Person, welcher er die Schriftstücke aushändigt, diejenige ist, welcher die Zustellung gemacht werden soll, oder daß sie zur Vertretung berechtigt ist. Der Gemeindebeamte kann eine Empfangsbescheinigung verlangen.

§ 4. Nach Ablauf der bezeichneten Frist sind die niedergelegten Schriftstücke, falls sie nicht inzwischen von dem Empfänger abgeholt worden sind, von dem Gemeindebeamten gelegentlich zurückzugeben und zwar

1. wenn die Niederlegung durch einen Postboten erfolgt ist, an die Postanstalt des Ortes oder an einen Postboten bei dessen dienstlicher Anwesenheit im Orte;
2. wenn ein Gerichtsvollzieher oder ein Gerichtsdiener die Niederlegung vorgenommen hat, an die Gerichtsschreiberei oder an einem im Orte dienstlich anwesenden Gerichtsvollzieher oder Gerichtsdiener;
3. wenn der Zustellungsbeamte eines Gewerbegerichts die Niederlegung vorgenommen hat, an den im Orte dienstlich anwesenden Zustellungsbeamten oder an das Gewerbegericht;
4. wenn die Niederlegung durch einen Bediensteten einer Verwaltungsbehörde erfolgt ist, an diese Behörde oder an einen mit Zustellungen oder Vollstreckungen beauftragten Bediensteten derselben bei der dienstlichen Anwesenheit des Bediensteten im Orte.

München, den 26. Dezember 1899.

Frhr. v. Feilitzsch. Dr. **Frhr. v. Leonrod.**

Die Niederlegung von Schriftstücken im Zustellungsverfahren betr.

Die einfachsten Begriffe des Wechselrechts.

Die Vorschriften über den Wechselverkehr sind in der allgemeinen deutschen Wechselordnung enthalten, einem für das ganze Gebiet des deutschen Reiches giltigen Gesetze, dessen Bestimmungen durch das bürgerliche Gesetzbuch und die zu diesem erlassenen Nebengesetze im allgemeinen nicht geändert worden sind.

Die Wechselordnung kennt verschiedene Formen von Wechseln; die im Verkehr häufigste Form ist der „gezogene Wechsel" (auch „Tratte", „trassierter Wechsel" genannt).

Der gezogene Wechsel ist eine Urkunde, in der eine Person — der Aussteller — einer zweiten Person — dem Bezogenen — aufträgt, eine bestimmte Geldsumme an eine dritte Person — den Remittenten — zu zahlen, und sich dafür haftbar erklärt, daß die Zahlung durch den Bezogenen auch wirklich erfolgen werde.

Der gezogene Wechsel hat regelmäßig folgende Form:

PRIMA-WECHSEL

München, den 5. Januar 1900.

Für M. 1000.

Am 1. April 1900 zahlen Sie gegen diesen Prima-Wechsel an Herrn Sebastian Huber *eintausend Mark.*

Herrn Karl Roth *in Freising.*

Eugen Schwarz.

Eugen Schwarz ist der **Aussteller** (auch Trassant genannt), **Karl Roth** der **Bezogene** (auch Trassat genannt), **Sebastian Huber** ist der **Remittent**.

Vorstehender Wechsel schafft zunächst nur eine wechselrechtliche Beziehung zwischen **Schwarz** und **Huber**: eine solche zwischen **Roth** und **Huber** tritt erst ein, wenn **Roth** den Wechsel **annimmt, acceptiert**, d. h. sich zur Zahlung der Wechselsumme verpflichtet; in diesem Falle wird Roth **Acceptant.** Diese Annahme erfolgt dadurch, daß Roth seinen Namen oder seine Firma auf die Vorderseite des Wechsels schreibt, sei es nun mit oder ohne einen weiteren Beisatz.

Weigert sich der Bezogene den Wechsel zu acceptieren, so kann gegen ihn der Protest mangels Annahme erhoben werden (Geschäftsanweisung § 260 I).

Hat der Bezogene den Wechsel angenommen, so ist er in gewissen Fällen dem Wechselgläubiger zur Sicherheitsleistung verpflichtet. Weigert er sich deren, so kann der Protest mangels Sicherheitsleistung gegen ihn erhoben werden. (Geschäftsanweisung § 260 II).

Bezogener und Acceptant werden, wie sich aus Vorstehendem ergibt, regelmäßig eine und dieselbe Person sein. Notwendig ist dies aber nicht, es kann auch ein anderer, als der Bezogene den Wechsel annehmen: Ehrenaccept. Der Wechsel würde in diesem Falle folgende Gestalt haben:

PRIMA-WECHSEL

München, den 5. Januar 1900.

Für M. 1000.

Am 1. April 1900 zahlen Sie gegen diesen Prima-Wechsel an Herrn Sebastian Huber *eintausend Mark.*

Herrn Karl Roth *in Freising.*

Angenommen: Eduard Weiss.

Eugen Schwarz.

Eduard Weiß ist in diesem Fall **Ehrenacceptant** (Geschäftsanweisung § 261).

Ist der Wechsel fällig, erfolgt Zahlung aber nicht, so ist gegen den Bezogenen (der auch Acceptant sein kann, aber nicht notwendig sein muß, wie erörtert), Protest mangels Zahlung zu erheben. Der Aussteller des Wechsels kann durch einen Vermerk auf dem Wechsel dafür sorgen, daß der Wechsel auch noch anderen Personen, als dem Bezogenen zur Zahlung vorgelegt werde: er kann eine Notadresse auf den Wechsel setzen. Es geschieht dies meistens durch Beifügung eines Namens oder einer Firma mit dem Zusatz „im Falle".

PRIMA-WECHSEL

München, den 5. Januar 1900.

Für M. 1000.

Am 1. April 1900 zahlen Sie gegen diesen Prima-Wechsel an Herrn Sebastian Huber eintausend Mark.

Herrn Karl Roth in Freising.

Im Falle bei Herrn Maier.

Eugen Schwarz.

Maier ist hier **Notadressat.** Über die Form des Protestes in diesem Falle s. § 261 der Geschäftsanweisung.

Zuweilen ist durch einen Vermerk im Wechsel vorgesehen, daß die Zahlung an einem anderen Orte, als an dem Wohnorte des Bezogenen erfolgen solle: eigentlicher Domizilwechsel (Geschäftsanweisung § 260^{III}). Der Domizilwechsel hat zwei Unterarten.

1. Es kann eine vom Bezogenen verschiedene Person als Zahler benannt sein, der Domiziliat genannt, dann ist der Protest mangels Zahlung gegen diese zu erheben.

PRIMA-WECHSEL

München, den 5. Januar 1900.

Für M. 1000.

Am 1. April 1900 zahlen Sie gegen diesen Prima-Wechsel an Herrn Sebastian Huber eintausend Mark.

Herrn Karl Roth in Freising.

zahlbar bei Herrn Grün in Moosburg.

Eugen Schwarz.

Grün ist hier **Domiziliat.** Es ist gegen **ihn** in **Moosburg** zu protestieren.

2. Ist keine vom Bezogenen verschiedene Person als Zahler benannt, so wird angenommen, der Bezogene selbst wolle die Zahlung an dem angegebenen Orte, also nicht in seinem Wohnorte leisten.

PRIMA-WECHSEL	
	München, den 5. Jänner 1900. *Für M. 1000.* *Am 1. April 1900 zahlen Sie gegen diesen Prima-Wechsel an* Herrn Sebastian Huber *eintausend Mark.* *Herrn* Karl Roth *in Freising.* *Zahlbar in* Moosburg. Eugen Schwarz.

In diesem Falle ist gegen **Roth** in **Moosburg** zu protestieren.

Der gezogene Wechsel hat zwei Unterarten. Deren eine ist der „Wechsel an eigene Ordre", eine sehr häufig vorkommende Wechselform. Beim Wechsel an eigene Ordre sind Aussteller und Remittent eine und dieselbe Person.

PRIMA-WECHSEL	
	München, den 5. Januar 1900. *Für M. 1000.* *Am 1. April 1900 zahlen Sie gegen diesen Prima-Wechsel an* die Ordre meine eigene *eintausend Mark.* *Herrn* Karl Roth *in Freising.* Eugen Schwarz.

Eugen Schwarz ist hier **zugleich Aussteller** (Trassant) und **Remittent.**

Für die Erhebung des Wechselprotestes gelten beim Wechsel an eigene Ordre besondere Vorschriften nicht.

Die zweite, weniger häufige Unterart des gezogenen Wechsels ist der sogenannte „trassierte Eigenwechsel" (eigentrassierte Wechsel). Hier sind Aussteller und Bezogener eine und dieselbe Person, es wird aber ein vom Orte der Ausstellung des Wechsels verschiedener Zahlungsort angegeben.

PRIMA-WECHSEL	*München, den 5. Januar 1900.* *Für M. 1000.* *Am 1. April 1900 zahlen Sie gegen diesen Prima-Wechsel an Herrn Sebastian Huber eintausend Mark.* *Herrn Eugen Schwarz in Augsburg.* *Eugen Schwarz.*

Hier ist **Schwarz** zugleich **Aussteller** (Trassant) und **Bezogener** (Trassat). Der Wechsel ist in einem solchen Falle gegen **Schwarz** in **Augsburg** zu protestieren.

Die zweite Hauptform des Wechsels ist der „eigene Wechsel", auch „Solawechsel", „trockener Wechsel" genannt. Im eigenen Wechsel kommen nur zwei Personen vor: der **Aussteller** und der **Wechselgläubiger.** Ersterer verpflichtet sich zur Zahlung einer Summe an den Letzteren.

	München, den 5. Januar 1900. *Für M. 1000.* *Am 1. April 1900 zahle ich gegen diesen Wechsel an Herrn Sebastian Huber eintausend Mark.* *Eugen Schwarz.*

Schwarz ist hier **Aussteller, Huber Wechselgläubiger.**

Als Wohnort des Ausstellers und als Zahlungsort gilt der Ort der Ausstellung des Wechsels, also **München,** (s. Geschäftsanweisung § 263 II). Der Wechsel wäre im vorliegenden

Falle mangels Zahlung gegen **Schwarz** in **München** zu protestieren. Auch der eigene Wechsel kann domiziliert sein und zwar, wie der gezogene Wechsel, in doppelter Form. Es kann ein Domiziliat, d. h. eine vom Aussteller verschiedene Person benannt sein, durch die an einem anderen Orte, als dem Orte der Ausstellung, Zahlung zu leisten ist, oder es kann lediglich der Vermerk auf den Wechsel gesetzt werden, daß an einem anderen Ort, als dem Orte der Ausstellung Zahlung zu leisten sei.

Würde z. B. der obige Wechsel den Vermerk tragen:

„zahlbar bei Herrn Grau in Augsburg,“

so wäre **Grau Domiziliat** und es wäre mangels Zahlung gegen **Grau** in **Augsburg** zu protestieren. Würde dagegen der Vermerk nur lauten:

„zahlbar in Augsburg“

so wäre anzunehmen, daß **Schwarz** selbst in Augsburg Zahlung zu leisten habe und es wäre gegen **Schwarz** in **Augsburg** zu protestieren.

Der Kreis der in einer Wechselurkunde vorkommenden Personen vergrößert sich zuweilen dadurch, daß eine Person eine auf den Wechsel gesetzte Erklärung mitunterzeichnet, in der Absicht, sich für einen der zunächst Beteiligten zu verbürgen und die von diesem übernommene Haftung auch auf sich zu erstrecken. Man nennt eine solche Unterschrift „Aval“, den Unterzeichnenden den „Avalisten“.

PRIMA-WECHSEL

Angenommen: Karl Roth
Ernst Grün.

München, den 5. Januar 1900.

Für M. 1000.

Am 1. April 1900 zahlen Sie gegen diesen Prima-Wechsel an Herrn Sebastian Huber eintausend Mark.

Herrn Karl Roth in Freising.

Eugen Schwarz.

Ernst Grün ist hier **Avalist,** er hat die von **Karl Roth** abgegebene Annahmeerklärung mitunterzeichnet. Die Vor=

schriften über die Erhebung des Protestes ändern sich bei Vorhandensein eines Avals nicht. Der Wechsel wäre z. B. mangels Zahlung gegen **Roth** in **Freising** zu protestieren.

Der Wechsel kann aus der Hand des ursprünglichen Erwerbers an eine Menge von Personen weiterbegeben werden und zwar durch das sogenannte „Indossament". Unter „Indossament" ist also eine Übertragung der Ansprüche aus dem Wechsel zu verstehen. Den Übertragenden nennt man „Indossanten", den neuen Empfänger des Wechsels den „Indossatar".

Die Weiterbegebung erfolgt in der Regel durch einen Vermerk auf der Rückseite des Wechsels. Wird das zuletzt angeführte Formular zu Grunde gelegt, in dem **Sebastian Huber** als **Remittent** der erste Wechselempfänger ist, so würde die Rückseite etwa folgende Form haben:

Für mich an Herrn Ernst Grün

Sebastian Huber.

Hier ist **Sebastian Huber** der **Indossant, Ernst Grün** der **Indossatar.** Auf diese Weise kann der Wechsel beliebig oft weiterbegeben werden z. B.

Für mich an Herrn Ernst Grün
Sebastian Huber.
Für mich an Herrn Gabriel Weiss
Ernst Grün.
Für mich an Herrn Balthasar Grau
Gabriel Weiss.

Das Indossament kann auch in der Form vorkommen, daß derjenige, der den Wechsel weiter begibt, **nur seinen Namen** auf den Wechsel setzt und diesen einem Andern einhändigt, der dann das Indossament auf seinen Namen ausfüllen oder den Wechsel einfach weiter indossieren kann. Diese Form des Indossaments heißt Blanko-Indossament; z. B.

Sebastian Huber.
Für mich an Herrn Gabriel Weiss
Ernst Grün.

In diesem Falle hat **Grün** den Wechsel von **Huber** durch **Blankoindossament** erworben. **Grün** hat ihn auf die gewöhnliche Art an **Weiß** weitergegeben.

Eine Protesterhebung gegen den Indossanten als solchen kommt nicht vor.

Sachregister.

(Die Zahlen ohne näheren Zusatz bedeuten die Seiten).

B.

E.

F.

G.

N.

O.

T.

U.

V.

W.

Druck von Rudolf Abt, München.

FSC
www.fsc.org
MIX
Papier | Fördert
gute Waldnutzung
FSC® C083411

Kolibri 360 GmbH
Ferdinand-Jühlke-Straße 7
99095 Erfurt, Deutschland
produktsicherheit@kolibri360.de